北京市教育科学"十四五"规划2022年度一般ⅰ
"家园共促幼儿品格发展的研究——以绘本为载

U0690811

幼儿品格培养

——以绘本为载体的幼儿园活动案例

董欣 铁艳红 主编

中国农业出版社

北 京

编 委 会

幼儿期是孩子品格养成的关键时期，而家庭和幼儿园是幼儿成长的两大重要场所。家庭是孩子最初的社会化场所，幼儿园则是孩子在外部社会中学习和成长的重要环境。家庭和幼儿园的协同合作对于幼儿的全面发展至关重要。在这个过程中，教师扮演着至关重要的角色，他们不仅需要在幼儿园中引导幼儿的成长，还需要与家长进行紧密的合作，共同促进幼儿的品格发展。

绘本故事一般较为简短，但内容却很丰富，符合幼儿发展特点，是幼儿所喜爱的。绘本作为一种富有想象力和故事性的文学形式，能够吸引幼儿的注意力，激发他们的想象力和创造力。通过绘本，幼儿可以接触到各种各样的故事和情境，从中学习到如何应对不同的情况，如何理解和表达自己的情感，以及如何与他人和谐相处。另外，绘本本身也有其独特的教育价值，品格主题方面的绘本能够对幼儿品格培养起到较大的作用。在以绘本为载体开展品格教育活动的过程中，教师通过讲述绘本故事，向幼儿呈现绘本中的故事情节，并通过与幼儿讨论等方式，引导幼儿更好地理解相关的品格概念，加深幼儿对品格内涵的理解。因此，绘本不仅是一种文学形式，更是一种教育工具，可以帮助幼儿在情感、认知和社会交往等方面得到全面的发展。

在家庭和幼儿园的协同合作中，绘本可以成为一种桥梁和纽带，帮助家长和教师共同促进幼儿的品格发展。家长可以通过阅读绘本与孩子进行亲子阅读，引导孩子从故事中学习品德和价值观。同时，家长还可以利用绘本中的情节和角色，与孩子进行情感沟通，帮助孩子理解和表达自己的情感，培养孩子的人际交往能力。在家庭中，绘本不仅是一种教育工具，更是一种亲子交流的媒介，可以帮助家长和孩子建立良好的亲子关系。在幼儿园中，教师可以通过绘本教育，引导幼儿养成独立、礼貌、感恩等多项品格。教师可以根据绘本内容，设计丰富多彩的教学活动，引导幼儿在互动中学习品德和价值观。同时，通过绘本教育，幼儿可以在轻松愉快的氛围中学习品德和价值观，养成积极向上的人生态度和行为习惯。绘本作为一种教育工具，可以帮助家长和教师共同促进幼儿的品格发展。家庭和幼儿园的协同合作，可以让幼儿在家庭和园所两个重要场所得到全面的品格培养，帮助他们健康快乐地成长。

本书是北京市教育科学规划办课题"家园共促幼儿品格发展的研究——以绘本为载体"的研究成果，以绘本为载体，通过教师的实际案例，探讨了家庭和幼儿园协同促进幼儿品格发展的教育成果。这些案例不仅是教师在日常教学中的成功经验，也是家长在家庭教育中的一些好方法。通过这些案例，我们可以更好地了解家庭和幼儿园在幼儿品格发展中的作用，以及如何更好地协同合作，共同促进幼儿的全面发展。在本书中，我们将看到教师如何通过绘本教育，引导幼儿养成秩序、独立、礼貌、感恩、积极和耐心六项品格。针对每项品格，结合幼儿小、中、大三个年龄班的年龄特点，共设计了36个活动案例，每个案例涉及绘本推荐、集体教育活动、区域活动、生活活动、环境创设、家园共育（亲子共读、家长进课堂等）、公众号推送等活动内容。这些品格不仅是幼儿成长的基石，也是他们未来成功的关键。同时，我们也将了解到家长在家庭教育中的一些成功经验以及他们与幼儿园的合作方式，这些案例不仅可以为教师和家长提供一些实用的教育方法，而且可以为幼儿园和家庭之间的合作提供一些建议和借鉴。

出版本书的目的不仅在于分享教师和家长的成功经验，更在于唤起更多人对于幼儿品格发展的关注。我们希望通过这些案例的分享，能够让更多的教师和家长意识到家庭和幼儿园协同合作的重要性，以及如何更好地促进幼儿的品格发展。同时，也希望能够为幼儿教育领域的发展贡献一份力量，让更多的幼儿能够在温馨的家庭和幼儿园氛围中茁壮成长。

　　在这个充满挑战的时代，我们需要投入更多的关爱和关注，让每一个孩子都能够健康快乐地成长。愿本书成为广大教育工作者和家长的指南，帮助他们更好地关注幼儿的品格发展；愿每一个孩子都能够成为品行端正的人，为社会的发展贡献自己的力量。

首都师范大学学前教育学院副教授

2024 年 1 月

党的十八大以来，落实立德树人的根本任务已铭刻在每一位教育工作者的心中，内化为大家的每一个教育行为。《幼儿园教育指导纲要（试行）》和《3～6岁儿童学习与发展指南》也都强调要重视德育教育。众所周知，学前期是人生成长与发展的关键时期，好的行为习惯、性格品质和思维情感会对幼儿的一生产生不可磨灭的影响。因而，作为学前教育工作者，我们认为落实立德树人根本任务在学前教育工作上的具体体现就是运用多种形式与方法对幼儿进行良好行为习惯的养成教育，促使幼儿形成各种积极的品格，为其今后成长为德才兼备的合格接班人奠定坚实的基础。

本书的全体编写人员，在充分借鉴、总结、概括前人理论成果的基础上，立足于园所的实际情况，探索幼儿园对幼儿进行品格教育的有效策略，重点是丰富以绘本为载体，家园协同促进幼儿六项品格发展的实施策略，设计有趣的教育活动和区域活动，开展渗透式的一日生活活动，创设丰富的教育环境等，促进大中小各年龄班幼儿品格的发展。

本书由三部分组成。第一部分是概述，主要介绍了本书的理论与实践背景，简要分析了幼儿品格教育的必要性；探索了家园协同下如何通过绘本以及相应的延伸活动促进幼儿品格发展。第二部分是以绘本为载体促进幼儿六项品格发展的精选活动案例。内容包括秩序、独立、礼貌、感恩、积极和耐心六项品格，每项品格分为小、中、大三个年龄班，共36个活动，每个活动包括绘本推荐、集体教育活动、区域活动、生活活动、环境创设、家园共育（亲子共读、家长进课堂等）、公众号推送等活动内容。第三部分是教师经验分享，内容包含教师在日常生活中的指导策略与反思、家园沟通中的个别指导、绘本的有效利用策略等。

本课题得到有关单位及多位领导、专家的帮助和指导，特别是首都师范大学立德树人品格课题组对此课题的高度重视与悉心指导，为我们的研究指明了正确的方向，提高了研究水平，在此表示诚挚的谢意！

本书是北京市第二幼儿园全体教师智慧的结晶，实践研究的过程是艰难的，但看到幼儿健康快乐地成长，我们又感到无比欣慰。希望这本书能使广大读者受益，能给广大学前教育工作者以启发，能帮助我们更好地落实立德树人的根本任务。

本书作者均为幼儿园一线教师，水平有限，书中仍有诸多需要完善的地方，敬请各位读者谅解。

董　欣　铁艳红

2023 年 9 月

···目录

序
前言

第一章

概　述

第一节　品格教育及绘本教育的基本概念

一、品格及品格教育

陈会昌认为"品格指个体在遗传和环境交互作用下，形成的道德品质、人格特质和社会性方面的情感、认知和行为特征"。（陈会昌，2018）

本书将幼儿品格教育定义为：以幼儿园为基础，教师有目的、有计划地开展相关教育活动，通过多种方式与家庭共育，发展幼儿良好的品格意识、情感和行为的社会活动，以实现幼儿的品格启蒙、人格塑造，进而成为有良好品格的人。

在活动开展前，我们依托《3～6岁儿童学习与发展指南》（以下简称《指南》）和"品格金字塔"设计了《家园共促幼儿品格发展的研究——以绘本为载体》调查问卷，本问卷分为家长问卷和教师问卷，旨在筛选对3～5岁幼儿重要且适合在一日生活中培养的六项品格。从调查问卷结果来看：在做人方面，教师和家长对于"积极"（83.6%）和"秩序"（64.2%）的选择比例均最高；在做事方面，教师和家长对"独立"品格无异议，对"耐心""责任"两个品格的选择存在异议。最终我们确定了"耐心"品格，是因为家长问卷中选"耐心"（71.96%）的比较多，选"责任"的比较少（38.05%），而教师问卷中选"耐心"（44.68%）和"责任"（50%）的差不多；在共处方面，教师和家长对"礼貌"品格无异议，对"分享""感恩"两个品格选择存在异议。最终我们确定"感恩"品格，因为教师和家长问卷中选"分享"和"感恩"的差不多，而"分享"在小班中不太好实施，"感恩"更好体现。最终我们确定的六项品格为"秩序""独立""礼貌""感恩""积极""耐心"。六项品格的含义和内容具体界定如下：

（1）秩序品格：对幼儿来说，指稳固的生活环境以及稳固的生活环境中有序的物品摆放。

具体包括：能按先后顺序认真做事；能够有序收放物品；能够保持有规律

的生活；知道他人不遵守秩序的行为是不对的；能够排队做事情。

（2）独立品格：不仅仅指能够照顾好自己的日常生活，也包括能管理好自己的情绪，拥有完整的自尊和自信，能独立思考。

具体包括：知道并乐于自己的事情自己做，不愿意依赖别人；敢于尝试有一定难度的任务；遇到事情能有自己的想法。

（3）礼貌品格：是在与人交往的过程中，幼儿的言语和行为大方得体，符合社会公序良俗，懂得尊重、礼让他人。

具体包括：能使用文明语言，如您好、谢谢、请、没关系等；与人交往时态度亲和，使用适当的手势和动作；举止端庄，如给他人物品时使用双手等。

（4）感恩品格：是对别人所给的帮助表示感激。

具体包括：知道当别人帮助自己时，要对对方表示感谢；对自己拥有的生活知足，不攀比不抱怨；爱惜物品，珍惜粮食，保护环境；知道要关心身边的人。

（5）积极品格：是一种正向、愉悦、阳光的情感体验。

具体包括：能够保持愉快的情绪；在群体活动中表现出积极、乐观的状态；自己的事情自己做，不会的愿意学；主动承担任务，遇到困难能坚持。

（6）耐心品格：是指不急躁、不厌烦的性格。

具体包括：做事情不急躁、不厌烦、认真细致；遇到困难会反复尝试克服；轮流时能耐心等待。

二、绘本及绘本教育

绘本教育是教师以绘本为载体，挖掘其中的价值，并根据幼儿的身心发展特点，通过角色模仿、情境演示、绘本游戏等方法，进行有目的、有计划的教育活动。

本书中的绘本指以图和文共同演绎一个故事的图画书。本书根据品格发展点，选取了《乱扔东西的塔格叔叔》《自己的事情自己做》《谢谢，谢谢你》《有礼貌的丫丫》等近七十本绘本。

第二节　为什么以绘本为载体对幼儿进行品格培养

一、对幼儿进行品格教育的必要性

（一）"立德树人"国家政策的引导

党的二十大，以习近平同志为核心的党中央，继续落实立德树人的根本任务，努力培养德智体美劳全面发展的社会主义建设者和接班人。国有国格，人有品格，立德树人在学前教育工作上呈现出的教育重点就是对于幼儿品格培养的重视。另外，《幼儿园教育指导纲要（试行）》（以下简称《纲要》）和《指南》中也都强调了德育教育的重要性，明确指出幼儿园德育应以情感教育和培养良好行为习惯为主。幼儿德育是幼儿素质教育的重要内容，是对幼儿道德品质方面的教育。2022 年 2 月，教育部颁布的《幼儿园保育教育质量评估指南》在办园方向中也首次提到了"品德启蒙"。因此，学前期的品格教育是幼儿品德教育的重要启蒙，幼儿德育工作的展开不仅对幼儿素质发展具有很重要的影响，而且对整个社会都有重要影响，关乎着国家的强盛和民族的复兴。

（二）学前期对幼儿进行品格教育的重要性

现在很多人身上出现的一些不适宜行为，说明目前品格教育的缺失和不受重视。拥有良好品格是调和人际关系、维护社会稳定的重要因素，对人未来的发展、行为习惯、性格品质和思维情感等都有不可磨灭的影响。古人云："三岁看大，七岁看老。"罗素也提出："儿童在 6 岁前就形成了基本的品格，之后的学校教育只是在原有基础上进行强化。"学前期幼儿可塑性强，身心尚在发育，处于启蒙阶段，这一时期对幼儿进行品格教育，能够提高其道德意识，激发其道德情感，从而产生良好的道德行为。这些都表示学前期是幼儿品格形成与发展、进行品格教育的关键时期，只有把握好教育的时机，才能让教育事半功倍。

二、绘本是进行幼儿品格教育的有效载体

（一）绘本能够帮助幼儿理解品格概念

绘本故事一般较为简短，但内容却很丰富，符合幼儿发展特点，为幼儿所喜爱。另外，绘本本身也有其独特的教育价值，品格主题方面的绘本能够对幼儿品格培养起到较大的作用。在以绘本为载体开展品格教育活动的过程中，教师通过讲述绘本故事，向幼儿呈现绘本中的故事情节，并通过与幼儿进行讨论等方式，引导幼儿更好地理解相关的品格概念，加深对品格内涵的理解。以中班"不要哭，清楚地说"教育活动为例，幼儿不太容易理解什么是积极品格，但此绘本以生动形象的故事情节，告诉了幼儿遇到事情时不要慌、不要哭，可以清楚地说出遇到了什么事，需要怎样的帮助，要学会积极地去面对。

（二）绘本可以在对幼儿的品格教育方面提供行为示范

绘本中鲜明的人物形象会给幼儿留下深刻的印象。学前期幼儿的主要学习方式是模仿，绘本中人物的良好品格行为会提供相应的榜样示范，成为幼儿模仿的对象，从而有助于促进幼儿品格的发展。以中班"把坏脾气收起来"教育活动为例，绘本中讲述了一只小老虎的故事，如果事情没有按照它的想法来，

它就会发脾气，有时候会大叫、大哭，甚至跺脚，而这是不礼貌的行为。但故事最后，小老虎学会了收起自己的脾气，礼貌地对待他人。通过教育活动，幼儿也会学习小老虎的做法，知道当自己要发脾气时可以学习小老虎的方法，收起脾气，礼貌对待他人。

（三）绘本能够帮助幼儿进行价值澄清，提供反思的契机

绘本中的故事情节可以将品格价值进行具体化和生活化，同时绘本通过比喻、拟人等手法将文字和插图巧妙地结合在一起，成人在有重点地引导幼儿思考和发现时，可以引导幼儿走进绘本故事中，感悟故事的真善美，更好地去理解、接受绘本中所蕴含的品格教育价值，引发幼儿较深层次的感悟。在绘本讲述后，教师也会组织幼儿进行相关的讨论，引导幼儿结合自身经验进行反思，并以绘本中良好的品格行为为榜样，鼓励幼儿去学习模仿，从而发展幼儿良好的品格。以小班"排队喽"教育活动为例，绘本中的小蚂蚁、小鸟等会有序排队，幼儿在绘本教育活动后，也要向故事中的小蚂蚁、小鸟等学习，学会排队。

三、家园共育开展品格教育具有重要意义

《纲要》中指出"幼儿园应与家庭、社区密切合作，综合利用各种教育资源，共同为幼儿的发展创造良好的条件"。2021年北京市东城区开展"家校社·共育2035工程"，鼓励家校社携手，健全学校、家庭、社会协同育人机制，以切实落实立德树人根本任务。2022年《中华人民共和国家庭教育促进法》正式实行，为幼儿园开展品格家园共育奠定了法理基础。以上都强调了家园共育开展品格教育的重要性。具体如下：

（一）促进教师专业化成长和发展

1. 在研磨活动过程中提升了教师品格教育活动的设计能力

教师往往只是给幼儿讲述绘本故事，或是以一本绘本引出一节教育活动，但是很少会选择一类绘本进行长时间的、综合的品格教育活动。此次研究，更新了教师对绘本教育活动的认识和见解。在此过程中，教师由最初的无从下手、只设计绘本阅读活动，到后期的强调品格认知、情感和行为统一的活动设计，让幼儿感知品格内涵，体验品格情感，践行品格行为。同时，教师开始注重通过多种方式、多种途径去指导幼儿感受、体验、践行品格价值。三轮行动研究在层层递进中逐步调整、改进、深入，其中每一轮是上一轮活动的强化，都是在反思上一轮活动效果的基础上再开展下一轮活动，从而引导教师根据幼儿基本情况、身心发展特点更深层次地挖掘品格教育的培养模式与方法，制定能有效促进幼儿品格发展的活动方案，促进幼儿良好品格的形成。

2. 在活动实施过程中提升了教师的观察和反思能力

在活动实施过程中，教师首先需要对班级幼儿进行认真观察，才能从品格主题中选择出班级大部分幼儿的发展弱项内容。此外，教师还需要观察幼儿在一日生活各项活动中的状态和行为表现，以及幼儿在品格活动开展前后的发展变化。同时，教师需要结合幼儿的性格特点、发展水平、教育背景等，分析幼儿行为背后的原因，提出指导方法，并反思活动开展的优势和问题，从而进行改进。

3. 在活动实施过程中提高了教师与幼儿交流、互动的能力

在活动实施过程中，教师需要跟幼儿保持良好的师幼互动关系，这样才能更好地引导幼儿在活动中充分地表达自己的想法和观点。另外，教师通常会更关注那些活泼好动或自身小问题较多的幼儿，对于平时比较安静或不怎么表现的幼儿关注得较少。但在此次品格教育活动中，对平时表现比较安静的幼儿也增加了关注。因此，通过三轮行动研究，教师更加注重与每一位幼儿的交流互动，并在一定程度上提升了师幼互动的能力。

（二）提升家长对绘本和幼儿品格培养的重视程度

在研究前，通过问卷调查结果可以看出，家长对绘本的认识比较少，一些家长认为绘本就是给孩子讲故事，会买一些比较热门的绘本给孩子看，涉及的内容也比较杂乱。另外，家长对品格教育的认识也较为模糊、零散。而家庭是孩子人生的第一所学校，父母是孩子的第一任老师。在孩子的成长过程中，他们会不断地在潜意识中模仿自己身边的人，特别是最亲密的父母，家长的行为和做法会潜移默化地影响幼儿。幼儿除了要在幼儿园中接受品格教育，在家庭中同样要进行家园一致的品格教育。因此，家园共育很重要，这样才会延续品格教育的作用。《纲要》中也明确指出："家庭是幼儿园重要的合作伙伴，应本着尊重、平等、合作的原则，争取家长的理解、支持和主动参与，并积极支持、帮助家长提高教育能力。"因此，在三轮行动研究中，家长认真学习教师推送的亲子共读视频和操作性强的品格育儿文章，参加家长小妙招交流分享活动和一些品格培养亲子小活动。在活动中，家长看到了幼儿在品格方面的发展变化，也逐渐了解并认识到绘本的教育价值，在参与品格教育活动的过程中，也开始重视品格教育对孩子的重要作用，并学会了一些教育指导方法，能更积极地与幼儿园配合，促进孩子的品格发展。

第三节　以绘本为载体的品格
教育实施路径

本书主要是以绘本为载体开展的品格教育活动。绘本载体具体运用分为以下三个阶段。1. 选择绘本。教师会根据确定的研究内容，筛选适宜幼儿发展的相关品格的绘本。2. 研读绘本。根据筛选的绘本，教师会细致研读绘本内容，进行品格价值分析。3. 巧用绘本。教师会进行绘本阅读活动，并将绘本中的典型形象或故事情节渗透于幼儿一日生活各环节中。同时，教师会录制亲子绘本共读视频，推送品格育儿文章，让绘本故事及其教育价值走进幼儿家庭中。家长和幼儿共读绘本及文章后，也会将自己的育儿经验分享给大家，推送更多的品格教育绘本或是参与亲子活动。通过多种活动形式和内容，利用多种途径，引导幼儿感受、体验和践行品格价值，在品格认知、情感、行为有机统一的基础上，最终促进幼儿品格的发展。具体实施路径如下：

（一）理论学习，结合幼儿发展情况，确定教学目标和内容

在每个品格活动开展前，教师需要先学习该品格的相关理论知识，并结合《指南》和各年龄班幼儿发展情况，确定教学目标和内容。

（二）筛选绘本，确定绘本教育价值

教师会根据研究内容筛选绘本，进行品格价值分析。

其中，对于绘本的选择要遵循以下三个原则。（1）主题教育性原则。教师所选择的绘本要与研究的品格主题相对应，具有一定的教育价值，并且是与幼儿生活经验紧密相连的。（2）趣味性原则。绘本内容和语言要丰富、有趣，绘本中的人物形象要鲜明，能让幼儿以此为榜样进行学习。（3）适宜性原则。绘本的内容和长短要符合幼儿年龄特点，是幼儿能看懂、读懂的，从而引导幼儿理解故事情节和内容，更好地促进幼儿品格发展。

另外，对绘本价值的不同运用和内容的不同设计，可以培养幼儿不同品格的发展。如礼貌品格选择的是《把坏脾气收起来》这本绘本，重在引导幼儿当遇到不开心的事情时，能控制自己的脾气，用礼貌的行为对待他人。而此绘本同样也可以用于培养幼儿的积极品格。

（三）巧用绘本，设计并实施幼儿园品格教育活动，促进幼儿对品格的认知、理解和践行

筛选绘本后，教师需要根据绘本的主题设计相关教育活动，同时设计相关的延伸活动，加强对幼儿的品格教育。

1. 引导幼儿初步感受品格的内涵与意义

根据教学目标和本年龄段幼儿发展特点，教师会从绘本入手，先开展绘本阅读活动，以引导幼儿初步感受该品格的内涵与意义。这个阶段主要是想通过相关绘本的阅读活动，让幼儿在绘本故事中感知与理解该品格的内涵与意义，在其中找到学习与模仿的榜样，以引导幼儿初步感知该品格。同时，教师还会开展绘本延伸活动，以渗透五大领域教育内容，促进幼儿对该品格的认知。

2. 引导幼儿体验品格，加强情感体验

教师会将相关绘本投放至游戏区中，并将该绘本活动延伸至区域游戏活动中，以游戏形式让幼儿在活动中进行体验，感受该品格背后所带来的良好情感体验，从而促进幼儿对该品格的理解，并愿意在日常生活中践行该品格。

3. 引导幼儿深化理解与践行品格

《幼儿园工作规程》中提出"幼儿园的品德教育应以情感教育和培养良好的行为习惯为主，注重潜移默化的影响，并贯穿于幼儿生活及各项活动之中。"因此，教师会挖掘绘本与品格之间的联系，注重在日常生活中对幼儿的品格教育，在一日生活中抓住教育契机对幼儿进行随机教育。比如感恩活动中，教师借助绘本中丫丫的形象，结合小班幼儿爱模仿的特点，在日常各环节开展活动。（1）入园时，将丫丫的形象贴在班级门口，并播放音频"小朋友早上好，小心台阶别摔倒"，引导幼儿听到后，愿意去和丫丫说"丫丫早上好，谢谢你"。后期又对游戏进行了改进，请幼儿扮"真人版丫丫"迎接小朋友入园，与小朋友互动。（2）与幼儿一起讨论话题"当别人关心你时，你开心吗"，引导幼儿产生关爱同伴的行为。（3）创设"我爱丫丫"温馨角落，投放有录音功能的鸭子玩具，幼儿可对未来园、请病假或自己喜欢的同伴录一段话，教师将录音发到家长群中，鼓励家长与幼儿一同倾听，让幼儿知道同伴对自己的关心与想念。同时，教师会注重言传身教，并在活动开展过程中创设相关环境和互动墙，鼓励和引导幼儿在潜移默化中发展良好的品格行为。

（四）设计家庭品格教育活动，家园协同促进幼儿品格发展

幼儿的品格教育除了在幼儿园中进行外，家庭中的品格教育也是特别重要的，教师要注重家园合作的力量。教师会录制亲子绘本共读视频，包括品格绘本故事、关键性提问、绘本教育价值、幼儿园班级培养方法、家长指导建议以及一些亲子小活动等方面的内容。教师还会将品格相关的公众号文章"聊聊娃的那些事儿"推送给家长。在推送的文章中，首先向家长介绍品格的内容、意义和幼儿的典型行为表现，接下来会以实例的形式向家长介绍幼儿园老师遇到不同情境时的做法，之后以专家视频讲座的形式向家长呈现相关品格的一些培养建议，最后会将一些跟该品格有关的绘本故事及音频推送给家长，为家长提供一些操作性较强的育儿指导建议，以延续幼儿品格培养。除此之外，教师还会组织家长小妙招交流分享活动，可以通过腾讯会议，也可以通过录制视频等形式，鼓励家长分享各自的育儿小妙招。通过以上各种活动的开展，提高家长对该品格的认知，提高家长对品格价值和意义的认识，提高家长参与活动的积极性和热情，从而愿意加入幼儿品格教育的活动中来，在日常生活中能有意识地对幼儿进行品格教育，最终家园协同促进幼儿品格的发展。

（五）进行幼儿品格发展监测

在活动开展过程中，要观察幼儿的活动状态和反应，并在日常生活中与幼儿进行相关交流，再通过教师和家长对幼儿品格发展方面的持续观察，以教育随笔、案例分析、家长反馈等质性形式，了解活动开展前后幼儿的发展变化，从而更全面地了解幼儿品格的发展情况及品格培养策略的有效性。

第 二 章

秩 序 品 格

　　秩序感是指由幼儿内在秩序引发的，对所处环境中各事物的位置、顺序、状态以及规律的感受，是对日常规则状态的理解与内化，同时伴随着一定主观感受的情绪体验，并通过外在的、显性的社会行为表现出来。秩序敏感期是大部分小班幼儿正在经历的，他们对秩序有一种近乎固执的要求，因此这是培养秩序品格的最佳年龄段，可以满足幼儿的心理需求。蒙台梭利强调，儿童对秩序的内在敏感性一直持续到 5 岁，在此期间他以一种惊人的方式从环境中感知事物。

　　在《指南》中社会领域目标的子目标"社会适应"中包含"遵守基本的行为规范"，其在 3～4 岁的年龄表现主要是"在提醒下，能遵守游戏和公共场所的规则"，这里可以理解为在提醒下能遵守秩序。这里的秩序包括物品摆放秩序、排队秩序等具体的生活秩序。4～5 岁表现为"感受规则意义，并能基本遵守规则"，5～6 岁表现为"理解规则意义，能与同伴协商制定游戏和活动规则"。

　　在秩序品格主题下，教师根据幼儿的发展水平、兴趣需求及《指南》引领，选取了《排队喽》《乱扔东西的塔格叔叔》《如果不遵守交通规则》等绘本，结合家园共育，开展了关于"学会排队""在公众场所不吵闹""把自己的物品物归原位""集体生活中需要遵守哪些秩序"以及"当别人不遵守秩序时怎么办"等内容的活动。

主要内容	年龄班	推荐绘本
有序排队	小班	《排队喽》
有序整理	小班	《全都收拾好》
收拾好，不乱放	中班	《乱扔东西的塔格叔叔》
遵守学校秩序	中班	《大卫上学去》
时间管理	大班	《快点快点，时间变多了》
遵守公共（交通）秩序	大班	《如果不遵守交通规则》

第一节 小 班

活动一：有序排队

一、绘本推荐

绘本推荐表——秩序品格	
绘本名称	《排队喽》
绘本作者	［日］三浦太郎 文/图　黄超 译
推荐理由： 　　3～6岁是幼儿建立社会秩序的重要阶段，我们要尊重孩子的秩序感，同时创设有序的环境，帮助其发展。这本绘本用孩子们日常生活常见的事物告诉大家，看着杂乱的事物也要排好队，比如椅子、鞋子、玩具等都有可能被排起队来。让孩子在游戏的世界里感受并探索事物的秩序。我们应该尊重孩子的秩序感，并创设有序的环境，帮助儿童发展秩序感。秩序敏感期的孩子对世界开始有了自己的感知与认识，脑海里已经开始形成一些固定的秩序，他觉得每个人都要遵守，一旦这个秩序被打破，他就会感到不适应，有时还会大哭大闹，甚至要求重新来过。 （推荐教师：任继莉）	

二、集体教育活动

集体教育活动 1：排队喽

活动目标：

1. 通过绘本，认识排队的有序性。

2. 在与同伴相处过程中学会礼让。

活动准备：

绘本 PPT、放学排队照片。

活动过程：

（一）出示幼儿排队照片，引出活动主题

提问：图片中的小朋友们在干什么？

（二）听故事，培养幼儿的排队意识

1. 出示小蚂蚁在土地上的图片。

引导语：小蚂蚁要回家吃饭了，只有一个洞口，这么多小蚂蚁不能同时进去，它们应该怎样做呢？

2. 出示零散摆放的小蜡笔图片并提问。

提问 1：盒子里的三只蜡笔有什么不一样的地方呢？

提问 2：旁边的蜡笔是怎么摆放的呢？

提问 3：小朋友们在收蜡笔的时候是怎样收的？

3. 出示小汽车的图片并提问。

提问 1：我们看到的马路上的车都是怎么行驶的？

提问 2：这些小汽车是怎么开的呀？应该怎么开呢？

4. 出示散落的衣服并提问。

提问：洗好的衣服应该挂在什么地方呀？怎么挂呢？

（三）完整欣赏故事

引导语：故事里的小蚂蚁、小鸟都知道做事情的时候要排队，那我们小朋友在日常生活中应该怎么做呢？

提问 1：做什么事情的时候需要排队呢？

提问 2：小朋友们为什么要排队做事情呢？

（教师：姬明月）

集体教育活动 2：小动物们去旅行

活动目标：

1. 能一个跟着一个排队等候，不插队，遵守游戏中排队的规则。

2. 初步感受有序排队的快乐和好处。

活动准备：

绘本 PPT、小车、垫子、小动物头饰、梅花桩、彩圈。

活动过程：

（一）回忆绘本《排队喽》，激发幼儿的兴趣

出示蚂蚁图片并提问：小朋友还记得小蚂蚁们在干什么吗？

出示小汽车图片并提问：路上的小汽车应该怎么开？

（二）创设游戏情景，能一个跟着一个排队来游戏

1. 幼儿共同讨论小动物们应该怎样排队去郊游。

引导语：秋天到了，森林里面的小动物们要去旅行了，它们要通过很多的障碍才能到达游乐园。这么多小动物在一起，应该怎么做才能快速通过这些障碍物呢？小朋友快来帮小动物们想想办法。

2. 总结：要排好队，一个跟着一个地通过障碍，不插队，这样才能快速到达游乐场。

3. 幼儿来操场上扮演小动物们体验排队。

提问：我们都需要通过哪些关卡才能开着小汽车到达游乐场呢？我们应该怎样做呢？故事中的小汽车在马路上是怎么开的呀？

4. 教师小结：要和故事中的小鸟、小蜡笔、小汽车一样，一个一个地排好队来通过这些障碍，不能插队，这样才能又快又安全地到达游乐场。

（三）联系生活，感知排队的好处

提问：刚刚你们为什么都要排好队来通过这些障碍呢？生活中还有哪些地方需要小朋友们排队呢？

教师小结：我们在玩游戏、上厕所、坐公交车、超市付钱的时候都需要排队，排队会很安全。生活中还有很多地方需要排队，小朋友们可不要忘记哦，要做一个会排队的好宝宝。

（教师：王雪杰）

三、区域活动

图书区

活动目标：

幼儿通过自主阅读自制绘本《排队喽》，养成排队意识。

活动内容：

1. 自制绘本《排队喽》，让幼儿自主阅读，培养排队意识。

2. 设置情景，投放图片，让幼儿尝试用绘本里面的语言"排队喽"来讲述绘本。同时可以一边操作一边讲述，把小动物、小蜡笔、小汽车等都一个一个排好队。

3. 制作拼图书。将绘本里的小鸟、小蜡笔、小汽车排队的图片做成拼图，让幼儿可以一边阅读一边操作。

4. 通过故事板让幼儿来讲述故事内容，感受排队的秩序。

（教师：任继莉）

四、一日生活

活动 1：小花猫去洗手

活动目标：

1. 引导幼儿养成排队洗手的好习惯。

2. 培养幼儿安静有序的意识。

活动过程：创设小花猫洗手的情境，引导幼儿安静进入盥洗室并排队盥洗，培养幼儿有序排队的良好习惯。

（教师：陈鑫）

活动2：轰隆隆！火车要开啦！

活动目标：

1. 知道排队的重要性，学会依次排队。

2. 养成自觉排队的好习惯。

活动过程： 在教室中设置火车道，在户外活动前引导幼儿扮演小司机，有序排队，一起开火车。

（教师：孟凯雯）

活动3：小鸭子喝水

活动目标：

1. 有效利用绘本内容，让幼儿知道接水时要排队。

2. 培养幼儿有序接水的好习惯。

活动内容： 与幼儿日常生活活动联系，将绘本里面相关的内容图片（蚂蚁、小鸟、蜡笔、车、衣服）粘贴在功能墙上，例如在饮水机上面贴几个排队的小蚂蚁，旁边贴上孩子排队的照片，让幼儿知道接水的时候要排队。

活动 4：小玩具要回家

活动目标：

1. 培养幼儿团结友爱、相互谦让的良好品质。

2. 引导幼儿养成有序排队的意识。

活动过程： 活动区开始以及结束时，引导幼儿排队拿取玩具，有序收放玩具。

（教师：韩秋芳）

五、环境创设

主题墙：一起排队喽

第一板块：将绘本中的主要内容做成影集粘贴在上面。

第二板块：共同讨论幼儿园以及公共场所中哪里需要排队，以对话框和图片的形式呈现。

第三板块：收集幼儿在日常活动和游戏中排队等待、不插队的照片，同时家园沟通，收集孩子在公共场所（游乐园、商场、车站）排队等候的照片，呈现在墙上。

（教师：张圆红）

六、家园共育

亲子共读

◆小朋友们好，今天老师给大家带来一个有意思的故事，故事的名字叫《排队喽》。

好听的故事讲完了：

1. 小朋友仔细看一看，盒子里的蜡笔有什么不一样的地方呢？

2. 旁边的蜡笔是怎么摆放的呢？

3. 小朋友在收蜡笔的时候是怎样收的？

扫码看视频

◆家长指导：

1. 绘本《排队喽》讲述的是依次让蚂蚁、小鸟、蜡笔、汽车、衣服从杂乱无章到排列得整齐有序的故事。三到六岁是幼儿建立社会秩序的重要阶段。我们要尊重孩子的秩序感，同时创设有趣的环境帮助其发展。这本绘本用孩子们日常生活中常见的事物讲述了排队这个行为，让孩子感受并探索事物的秩序，培养孩子对秩序感的认知，同时以重复的、可预测的节奏缓缓呈现，画面最后落在一家三口，笑眯眯的脸排在一起，让孩子感受到幸福感。

2. 我们在教室的门口、区域内、盥洗室、饮水机等多处都设计粘贴了绘本中排队的场景，用无声的语言提醒幼儿知道要一个一个排队、不拥挤。在图书区投放了自制绘本和玩教具，幼儿可以一边操作一边讲述。不仅如此，我们还投放了拼图书和故事板，让幼儿充分感受排队的秩序。

3. 家长朋友们在家中应该如何指导幼儿阅读这本图书呢？首先，家长可以和孩子一起阅读这本书，和幼儿共同观察图书中的画面，让幼儿了解排队的重要性。去公共场所，比如公园、游乐场、商场等地方的时候，要提醒幼儿像故事中的小主人公一样，学会排队、不插队、耐心等待。

◆家长小妙招：

1. 家长以身作则，塑造良好的形象。家中所有的家庭成员都要以身作则，用自身行为影响孩子。

2. 多带幼儿到公共场所，增加幼儿的社会经验。如超市结账时要排队，去游乐场玩项目时要排队等。

3. 亲子阅读。与孩子一起阅读故事，理解排队的重要性，如果不排队，可能会发生危险。

4. 当幼儿主动排队或者有排队意识的时候，家长要及时表扬鼓励，也可以拍视频发给老师，与教师一起赞赏幼儿的正确行为。

（教师：王雪杰）

活动二：有序整理

一、绘本推荐

绘本推荐表——秩序品格	
绘本名称	《全都收拾好》
绘本作者	《全都收拾好》编写组
推荐理由： 　　这本绘本讲述了小猪球球从把东西乱丢乱放到学会整理归类的过程。这本书不仅适用于幼儿园，也适用于家庭中。绘本将一个个生动有趣的小故事串联起来，通过日常生活中的一些小事情（收拾玩具、整理内务等）来引导幼儿把东西归回原位，把房间收拾整洁，从小培养良好的习惯。本书告诉我们要懂得自己收拾房间，学会做一些力所能及的事情，从而帮助家人，养成讲卫生、爱整洁的好习惯，体验劳动的乐趣。 （推荐教师：张钰）	

二、集体教育活动

集体教育活动 1：全都收拾好

活动目标：

1. 根据画面说出小猪整理物品的顺序。

2. 喜欢并愿意整理自己的物品。

活动准备：

物质准备：PPT 图片、小猪头饰。

经验准备：有过收拾物品的经历。

活动过程：

(一)通过情景引发幼儿听故事的兴趣

提问：今天咱们班来了一位小客人小猪球球，它来给小朋友们讲故事。

(二)出示 PPT 图片，理解物品摆放的重要性

1. 教师讲述片段一，引发幼儿体会屋子乱了，心里很难受的感觉。

提问：你都看到了谁？小猪球球做了什么事情？

2. 教师讲述片段二，引导幼儿初步知道物品要摆放整齐。

提问：小猪球球找到了自己的东西后，他是怎么说的？然后他又是怎么做的？

3. 教师讲述片段三，引导幼儿知道做事情要按顺序。

提问：小猪球球起床之后做了哪些事情？

4. 教师讲述片段四，引导幼儿把用完的玩具送回家。

提问：小猪球球都把什么送回了家？

(三)引导幼儿说出平时应该怎样收放物品

提问：我们小朋友平时可以如何做呢？

活动延伸：

与家长沟通，鼓励幼儿在家也要尝试收拾自己的玩具等物品。

(教师：翟一凡)

集体教育活动 2：玩具要回家

活动目标：

1. 尝试根据玩具标记图一一对应收拾摆放玩具。

2. 体验收玩具的乐趣。

活动重难点：

活动重点：通过活动能把玩具和玩具筐的图标一一对应。

活动难点：能快速对应玩具标志，把散落的玩具送回家。

活动准备：

物质准备：PPT 图片、玩具标记图。

经验准备：有过收活动区玩具的经历。

活动过程：

（一）以送玩具娃娃回家的游戏形式，引起幼儿兴趣

提问：玩具为什么会哭呢？

（二）认识玩具标记图，学会一一对应收放玩具

1. 出示 PPT 图片，引导幼儿说一说班内有哪些玩具。

提问：我们有哪些玩具？这些玩具的家都在哪里？

2. 讨论：说一说如何帮助玩具回家。

提问：我们怎样帮助它们找到自己的家？

3. 出示几种不同的玩具和设计好的玩具标记图，说一说它们分别是哪里的玩具。

提问：你都在哪里见过这些玩具，我们应该把它放在哪里？

4. 体验活动：送玩具回家。

分小组把玩具送回家。

（三）颁奖典礼，体验收玩具的快乐

快速送玩具回家的小朋友，可以获得"整理小达人"的称号。

活动延伸：

区域活动时，每天请一位幼儿当小小整理师，监督大家收玩具。

（教师：翟一凡）

三、区域活动

图书区

活动名称：绘本故事墙

活动目标：

1. 能利用操作墙上的角色和同伴一起讲演故事。

2. 愿意将玩具摆放整齐。

活动过程： 在区域游戏时，幼儿可以在图书区借助故事墙和同伴玩表演游戏，可参考旁边的故事情节进行言语、动作表演。

（教师：石海荣）

四、一日生活

活动1：柜子里的秘密

活动目标：

1. 能按照小书包、帽子、围巾、外套的先后顺序整理小柜子。

2. 愿意每天保持柜子整齐。

活动过程： 利用过渡环节引导幼儿有序整理自己柜子中的物品。

活动 2：来园几部曲

活动目标：

1. 能按照打卡、晨检、和老师打招呼、把书包和衣服放柜子里等顺序有规律地做事。

2. 愿意养成规律的来园生活。

活动过程：鼓励幼儿每天来园后按照打卡、晨检、和老师打招呼、把书包和衣服放柜子里等顺序做事。

（教师：梅梦雅）

五、环境创设

基于绘本《全都收拾好》的角色及情节，借助折纸呈现了叠衣服的步骤，以图片形式展现了幼儿整理玩具柜、衣柜的瞬间，使用立体折纸的方式呈现了整理书架的好办法，帮助幼儿巩固学会的新本领，萌发成就感和满足感，做个能干的整理小达人。

（教师：张钰）

六、家园共育

(一) 亲子共读

◆小朋友们好，今天老师给大家带来一个有意思的故事，故事的名字叫《全都收拾好》。

好听的故事讲完了，小朋友们想一想：

1. 故事里的球球做了什么事情？
2. 他为什么找不到自己的作业本？
3. 找不到作业本的球球心情怎么样？
4. 看完书后球球是怎么做的？
5. 玩完玩具后球球是怎么做的？
6. 把房间全部收拾好后，球球的心情怎么样？

扫码看视频

◆家长指导

1. 绘本教育价值。此绘本讲述了小猪球球从把东西乱丢乱放到有秩序地将物品摆放整齐的故事。主要从日常生活中，通过一些小事情（如早晨起床后、饭后、玩完玩具、整理自己用过的物品）引导幼儿把用完的东西归回原位，让房间变整洁，养成良好的习惯。

2. 如何引导家长运用绘本。

(1) 家长为幼儿讲述故事内容，帮助幼儿理解故事内容。

(2) 在日常生活中，引导幼儿像小猪球球一样，把家中的物品摆到指定的位置。

(3) 在家长不主动帮助的情况下，幼儿能自己穿脱衣服、摆放碗筷等，引导幼儿自己的事情尽量自己完成。

(4) 为幼儿记录下收拾玩具、整理衣服的视频或照片，并让幼儿观看视频或照片，鼓励幼儿坚持自己的事情自己做，体验其中的快乐。

(5) 制作奖励墙，幼儿完成一项任务就为幼儿粘贴一枚小贴画，并及时肯定和表扬幼儿。

温馨提示：在活动过程中，家长朋友们也要包容宝贝的"三分钟热度"和"笨手笨脚"，鼓励我们的宝贝坚持自己的事情自己做。

(教师：石海溶)

(二) 亲子小任务

家长和幼儿共同制订一周家务安排表，每完成一项任务，由幼儿自己贴上小笑脸，家长可以和幼儿商定奖励机制。

一周家务活安排表

周一	扫地	 ☺☺☺ ☺
周二	倒垃圾	 ☺☺☺☺ ☺
周三	扫地	 ☺☺☺ ☺ ☺
周四	扫地	 ☺☺☺ ☺ ☺
周五	擦桌子	 ☺☺☺ ☺ ☺
周六	倒垃圾	 ☺☺☺ ☺ ☺
周日	收拾玩具	 ☺☺☺ ☺

（教师：石海溶）

第二节　中　班

活动一：收拾好，不乱放

一、绘本推荐

绘本推荐表——秩序品格	
绘本名称	《乱扔东西的塔格叔叔》
绘本作者	［美］李安·布兰肯西普 文　凯伦·杜根 图　白天惠 译
推荐理由： 塔格叔叔总是乱扔东西。周一塔格叔叔找不到自己的帽子了，中午塔格叔叔坐在外面吃午餐，一枚鸽子屎落在他的头上。周二塔格叔叔找不到自己的鞋子了，别人踩到了他的脚。周三他又找不到自己的衬衫了，蜜蜂围着他嗡嗡叫。周四他找不到自己的雨伞了，淋了一场大雨。于是他开始整理自己的物品。周五他想到自己的衣服都好好地放在各自的位置，再也不会找不到了，他的心情就像百叶窗照进来的阳光一样明媚。 　塔格叔叔发现只要把所有的东西放回原处，东西就很容易找到，生活也变得容易得多。	

（续）

（推荐教师：潘楠楠、李杨）

二、集体教育活动

集体教育活动 1：我会把物品送回家

活动目标：

1. 理解物归原处的意义，愿意将物品放回原处。

2. 感受物归原处的便利。

活动重难点：

活动重点：理解物归原处的意义。

活动难点：有物归原处的意识，并能体现在行动中。

活动准备：

故事 PPT、活动区材料。

活动过程：

（一）观察绘本封面，回忆绘本内容

提问：还记得《乱扔东西的塔格叔叔》这个故事吗？故事中发生了什么事情？为什么会找不到东西？最后怎么样了？

（二）通过讨论，了解物归原处的方法并实践

1. 出示图片，引发思考。

提问：图片中发生了什么事情？没有把物品送回家会怎么样？

2. 物归原处小标记。

提问：要把物品放回原处，你有什么好方法吗？

3. 一起试一试。

提问：这个玩具筐应该放在哪儿？你的水杯、毛巾、拖鞋应该放在哪儿？

（三）教师小结

总结：物归原处可以方便我们下次找到需要的物品，否则就会像塔格叔叔那样找不到东西了。

（教师：李琦）

集体教育活动 2：我不是塔格叔叔

活动目标：

1. 能分清衣服的正面和反面，会将衣服翻正并有序放入衣柜中。

2. 在游戏的情景中体验成功的乐趣。

活动重难点：

活动重点：区分衣服的正反面。

活动难点：将衣服叠整齐并完好地放入衣柜。

活动准备：

物质准备：衣柜一个、幼儿服装若干。

经验准备：幼儿有简单摆放物品的经验。

活动过程：

（一）情景体验，展现自己整理衣物的能力，激发活动兴趣

幼儿自选一件衣服进行整理，并放进衣柜里。

（二）区分不同衣服的正反面，探寻翻正衣服、整理衣服的方法，提升幼儿整理经验

1. 师幼共同寻找衣服正反面的不同，引导幼儿尝试学习翻正衣服。

提问：你怎么区分这些衣服的正反面？正反面有什么不同？

2. 师幼共同探讨将衣服翻正的方法，提升幼儿的已有经验。

提问：你觉得这些衣服整理得好吗？为什么？

教师引导幼儿观察衣服，指出整理衣服的优点，讨论叠衣服的好方法。

3.师幼共同总结整理衣服的方法,并按总结的步骤再次整理衣服。

(三)动手实践,自主尝试翻正衣服,并有序放入衣柜中

1.幼儿整理自己柜子中的衣服,并放进衣柜。

2.幼儿相互检查,体验成功的快乐。

（教师：王一惠、陈季晗）

三、一日生活

(一)过渡环节表演故事

为了巩固幼儿物归原处的好习惯,在过渡环节中,教师会和幼儿一起演一演《乱扔东西的塔格叔叔》这个绘本。在滑稽搞笑的模仿中,幼儿进一步了解了乱扔东西的麻烦,有了物归原处的意愿。

(二)生活中整理柜子

活动开展一段时间后,幼儿有了物归原处的意识,如能够有意识地将衣服叠好放进柜子或将自己的物品按自己的习惯放进柜子,但还是不能持续做好,如衣服没有叠整齐。为了引导幼儿将物品物归原处且放好,教师会在生活中不断引导幼儿将衣服叠好,将物品放进柜子摆好,帮助幼儿不断巩固物归原处的好习惯。

（三）物归原处小达人游戏

游戏玩法：在区域活动中，收区音乐响起后，各组幼儿快速将玩具收入对应的玩具筐中，并将玩具筐放到玩具柜对应标识的位置，收好玩具的组举手示意。各组收好玩具后，教师和全班幼儿一起核对检查玩具的收放情况，评出物归原处小达人，鼓励幼儿坚持做好，养成物归原处的好习惯。

游戏规则：将玩具装入对应玩具筐，将玩具筐放入玩具柜对应标识处。

（教师：卢佳）

四、环境创设

教师通过对幼儿的观察，发现他们对于物品摆放和整理的能力较弱，经常出现找不到自己柜子中的物品的现象，并且在日常活动中，幼儿不能按照柜子上的标识收放玩具。因此通过阅读绘本《乱扔东西的塔格叔叔》，引发幼儿思考不放好物品的后果，激发他们及时整理物品的意识。再通过活动，引导幼儿找一找班中需要整理的区域，并讨论整理的办法，最后通过实际操作，用实践巩固幼儿的整理技能。在此期间，幼儿也发现了将物品摆放整齐的好处就是可以很快找到自己需要的物品，节约时间。

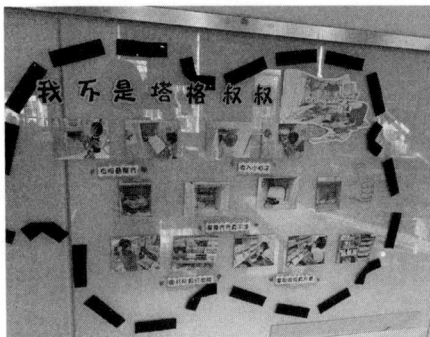

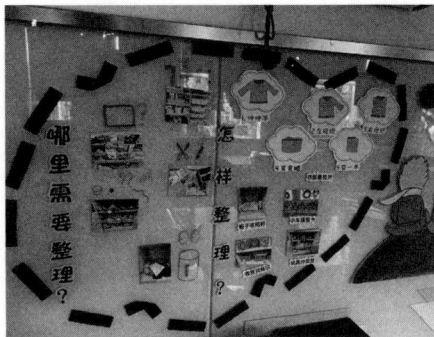

（教师：李杨）

五、家园共育

亲子共读

◆小朋友们，今天我给大家带来一个故事，故事的名字叫《乱扔东西的塔格叔叔》。

故事讲到这里就结束了，小朋友们想一想：

1. 塔格叔叔都找不到什么东西了？后来发生了什么事情？最后塔格叔叔改变乱放东西的习惯了吗？

2. 你还有什么好办法可以帮助我们把物品送回家？

◆家长指导：

《乱扔东西的塔格叔叔》告诉我们乱放物品会给我们带来很多麻烦，因此，培养幼儿养成将物品放回原处的习惯是很重要的。

家长朋友们可以怎么做呢？第一，为孩子提供一个井然有序的家庭生活环境。如家里所有物品都"有定位"，孩子的物品也放在固定位置，引导孩子在公共场所用完东西后也要物归原处。第二，成人以身作则，将用完的物品放回原处，为孩子做好榜样。

扫码看视频

（教师：冯芃、王晨琪）

活动二：遵守学校秩序

一、绘本推荐

绘本推荐表——秩序品格	
绘本名称	《大卫上学去》
绘本作者	［美］大卫·香农 文/图　余治莹 译

（续）

推荐理由：

在《大卫上学去》中，作者以鲜艳的色彩营造出明亮的效果，衬托精力旺盛、到处闯祸的大卫；以精练的文字概括了老师对大卫说的话，通篇的大幅图画描述了大卫在学校学习规矩的情况。在学校里，他必须学会与别人相处，并且尊重学校里的规矩。在孩子的成长过程中，大人总会教给他们许多行为规范，以帮助孩子在行为处事等方面合乎基本的社会礼仪和秩序。大人常常需要反复地说"不可以""不行"或者"不要"。而故事的结尾用温情来结束，告诉我们作为成人，应该允许孩子犯错，应该给孩子自我成长的空间，我们的孩子就是在不断犯错中渐渐长大的。

（推荐教师：赵松阳）

二、集体教育活动

集体教育活动1：大卫上学去

活动目标：

1. 知道在集体生活中需要遵守的秩序。

2. 当别人不遵守秩序时愿意主动提醒他人。

活动重难点：

活动重点：知道在幼儿园需要遵守的秩序，并能主动遵守。

活动难点：能主动提醒他人遵守秩序。

活动准备：

物质准备：《大卫上学去》课件、幼儿日常图片。

经验准备：幼儿对于集体生活中的规则有一定了解。

活动过程：

（一）出示大卫图片，引出主题

提问：这是谁？猜猜他在哪儿？一起来听《大卫上学去》的故事。

（二）讲故事并展开讨论

1. 教师讲述故事并提问。

提问：大卫在学校做了哪些事情？你眼中的大卫是一个什么样的小朋友？为什么？在学校我们应该怎么做？

教师总结：在幼儿园，我们要遵守幼儿园的秩序，不可以影响别人。

2. 出示幼儿日常图片，与幼儿讨论如何遵守班级秩序。

图一：幼儿争抢玩具。

提问：图片上的小朋友在做什么？我们应该怎样做？

图二：幼儿拥挤。

提问：图片上发生了什么事？我们应该怎么做？

图三：玩具散落在整张桌子上。

提问：图片上的玩具怎么了？我们应该怎样做？

教师总结：在班里我们要排队、玩自己的玩具、有序收放玩具，做遵守秩序的小朋友。

3. 师幼情景展示，幼儿联系实际讨论如何提醒他人遵守秩序。

提问：遇到有人插队、抢玩具，我们可以怎样提醒他？除了告诉他，还有哪些好方法？

教师总结：我们可以通过直接告诉他、拍肩膀、大声说出来等方式提醒他。

（三）自然结束

活动延伸：

在一日生活环节中，利用随机教育提醒幼儿遵守秩序，并主动提醒别人也遵守秩序。

（教师：苑轶凡、赵骞禹）

集体教育活动2：遵守秩序

活动目标：

1. 知道遵守秩序的重要性。

2. 体验遵守秩序带来的舒适感。

活动准备：

《大卫上学去》课件、有序乘坐电梯的照片。

活动过程：

（一）回忆绘本内容，引出活动

提问：还记得大卫在学校做了哪些事吗？

（二）了解生活中需要遵守的秩序，体会遵守秩序的重要性

1. 引导幼儿讨论生活中需要遵守的秩序。

提问：除了在学校的秩序，你还知道哪些生活中需要遵守的秩序？

2. 出示生活中的秩序图片，体会秩序感的重要。

3. 秩序小游戏。

（1）集体游戏：红灯停、绿灯行。

要求：根据红绿灯牌体会过马路的秩序感。

（2）小组游戏：上下楼梯。

要求：靠右侧上下楼梯，不推挤，有序排队。

（三）联系生活实际开展讨论

提问：我们在幼儿园什么时候需要排队？我们应该怎样做？

（教师：王岩）

三、环境创设

主题墙：大卫上学去

活动目标：通过环境支持，引导幼儿养成良好的秩序感。

活动过程：开学初期，幼儿从半日班升入整日班，需要重新建立常规，学习并遵守新的班级规则秩序。为更快让幼儿适应整日中班生活，我们以"遵守秩序我最棒"为主题开展了一系列活动。主要分为三个小板块。1. 什么是秩序？通过组织幼儿讨论，丰富幼儿对"秩序"一词的理解。2. 哪里需要秩序？此过程调动幼儿的实际生活经验，在了解了什么是秩序的基础上，思考生活中有哪些需要遵守秩序的地方。3. 你会遵守秩序吗？此板块为互动墙，幼儿运用实际生活经验判断图片上的人是否在遵守秩序，如果是，则将图片放入笑脸区域，否则放入哭脸区域。

当幼儿对于"秩序"一词有了简单了解和认识后，我们利用秩序绘本《大卫上学去》开展了一系列活动。通过大卫有趣的形象，引导幼儿不但自己要遵守秩序，还要知道当遇到不遵守秩序的同伴时该怎样提醒别人，提升幼儿的社会经验。主要分为三个板块。1. 绘本介绍：介绍大卫这一卡通形象及故事中的主要内容。2. 班里找大卫及大卫应该这样做：通过随机抓拍，寻找班里没有遵守秩序的"大卫"，和正确做法进行对比，引导幼儿通过观察图片思考如果在班级中遇到这样的情况该怎么办。3. 讨论怎样提醒"大卫"：利用图片形式总结幼儿的讨论结果，鼓励幼儿在发现班里有不遵守规则的"大卫"时主动提醒他。

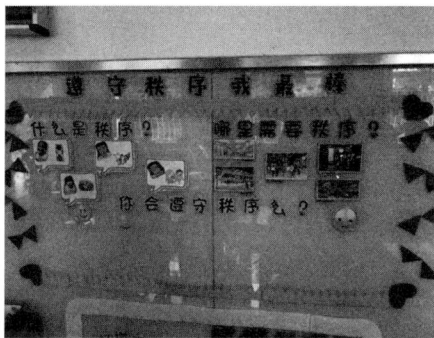

（教师：赵松阳）

四、家园共育

亲子共读

◆小朋友们好，可爱调皮的大卫又来了。今天这本绘本讲述的是大卫在学校学习规矩和秩序时遇到的各种情况。与之前不同的是，这一次大卫的身边有了很多其他的小朋友，他必须得学会与别人相处，并遵守学校里的规矩。我们一起来听听大卫在学校里发生的故事吧。

小朋友们，故事讲完了，那老师也有几个小问题想问问你和你的爸爸妈妈。

1. 大卫在学校里做了哪些事情？

2. 请你想一想，还有哪些事情是不能在学校里做的？

扫码看视频

3. 如果你身边也有这样的小朋友，当他做了不符合规矩的事情时，你应该怎样提醒他呢？

◆家长指导：

作为家长，我们应该怎样在生活中引导孩子去学习规矩，知道哪些事情该做，哪些事情不该做呢？当别人做了不对的事情时，我们应该怎样去提醒他呢？我们可以和孩子玩一个角色扮演的小游戏，由家长来扮演大卫，由孩子来

扮演老师，当"大卫"做了调皮捣蛋的事情时，请"老师"指出哪些是可以做的，哪些是不可以做的，帮助孩子建立良好的秩序感。还可以和孩子一起讨论，当别人做了不对的事情时，我们应该怎样提醒他，例如可以举手告诉老师，可以轻轻拍拍他的肩膀，或者大声地对他说"喂，你不可以这样做"。我们还可以和孩子一起亲子阅读，在这里向家长们推荐关于大卫的另一本书叫《大卫不可以》，这本书讲述的是大卫在家里做出的种种不可以做的事情，如果您有兴趣，快和宝贝一起读起来吧。

（教师：赵松阳）

第三节　大　　班

活动一：时间管理

一、绘本推荐

绘本推荐表——秩序品格	
绘本名称	《快点快点，时间变多了》
绘本作者	［日］角野荣子 著　荒井良二 绘　程静睿 译
推荐理由：	

推荐理由：

1. 故事内容：小航在杂物间找到一块旧手表。手表越走越快，小航的动作也跟着越来越快，飞快地起床、上学。爸爸妈妈、邻居、街上的人、学校的老师和同学，也都不由自主地干什么都加快了速度。大家忙完了，回到家里准备睡觉，发现太阳还挂在天上呢。因为动作快了，一天多出了好多自由的时间，在自由的时间里，大家都开心地出去玩了。

2. 推荐理由：这是一本充满想象力、节奏欢快、趣味幽默的绘本故事，生活化的情景很容易引起孩子的共鸣。有趣的故事能让孩子明白快点做事，能够为自己赢得更多的自由时间，引导幼儿养成做事情不拖沓的好习惯。

3. 自我管理：趣味的故事容易被幼儿接受。幼儿在故事里能够感受到管理时间带来的乐趣，愿意进行自我管理，提高对时间的运用效率以及专注性、自主性和持久性，养成良好的时间观念以及节约时间的良好品质。

4. 科学认知：运用自己认识的数字，学会辨认钟表上的整点、半点，知道时针、分针及它们的运转规律。

（续）

（推荐教师：李淑平）

二、集体教育活动

集体教育活动 1：魔法一分钟

活动目标：

1. 感受一分钟的长短，知道秒针走一圈，分针走一格，就是一分钟。

2. 乐于表达自己的想法，对小学生活有好奇和向往。

活动准备：

物质准备：幼儿游戏操作材料（蘑菇钉、插板、穿项链、摆花片）、教师自制多媒体课件、一分钟动画。

经验准备：课前小调查"一分钟能做什么"；已经认识过时钟。

活动过程：

（一）游戏导入，引导幼儿感知"一分钟"的不同

1. 游戏"金鸡独立"。

玩法：看谁能够在规定的时间内坚持到底。

2. 观看一分钟动画，引发幼儿讨论与第一个游戏的不同。

重点提问：小朋友们，你们觉得看动画片用的时间和金鸡独立用的时间是一样的吗？你有什么感觉？

总结：刚才我们做这两件事情都用了一分钟，一分钟有 60 秒。它的时间长度是一样的，只是会因为做的事情不同而感觉不一样。

（二）在游戏和讨论中感受一分钟能做很多有意义的事情

1. 分享"一分钟能做什么"小调查。

引导幼儿感受一分钟很神奇，只要有效利用时间，每天都能做很多有意义的事情。

2. "魔法一分钟"游戏。

幼儿分三组玩游戏摆花片、穿项链、蘑菇钉，引导幼儿在两次实验操作过程中感受相同一分钟内所完成的不同数量。

（1）组织幼儿在老师计时一分钟的情况下进行第一次操作活动，并引导幼儿在纸上记录完成的数量。

（2）"挑战一分钟"游戏。告诉幼儿进行一分钟计时，再次玩游戏。引导幼儿完整表达、比较和验证第二次的进步与抓紧时间有关系，从而理解越专注越熟练，效率就会越高。

重点提问：第二次做的事情与第一次有什么不一样？为什么？

（三）观看视频《一分钟能做什么？》

提问：你想抓紧每分每秒做些什么？你会获得什么？

活动延伸：

1. 讨论交流：你想用一分钟来做些什么事情？

2. 马上要上小学了，小朋友制订相应的作息时间表，提醒自己遵守时间，抓紧每一分钟，做一个珍惜时间的好孩子。

（教师：李淑平）

集体教育活动 2：我的时间我做主

活动目标：

1. 知道时间管理的重要性，在情节讨论和设计实践中合理安排时间。

2. 对即将到来的小学生活有信心，增强入学期待。

活动准备：

物质准备：课件《小熊的时间表》、操作材料"时间表"。

经验准备：幼儿有在区域活动前做计划的经验，有时间观念和计划意识。

活动过程：

（一）倾听故事《时间去哪了》，激发幼儿对"来不及"的讨论兴趣

1. 了解小熊"来不及"的原因。

重点提问：小熊的苦恼是什么？放学回家后，小熊做了什么？他还有哪些事情没来得及做？

2. 了解小熊"来不及"做事的危害。

借助故事，引导幼儿设身处地感受不合理安排时间会给自己带来不便，对身体健康等各方面都会造成影响，从而激发幼儿帮助小熊找到解决苦恼的方法。

重点提问：如果小熊不睡觉，坚持把重要的事情都完成，可以吗？对身体有什么危害？

（二）围绕"帮帮小熊"展开讨论，了解安排时间的基本原则

1. 理解熊博士的两招秘诀。

教师播放小熊和熊博士对话的录音，学习熊博士的小妙招，请幼儿根据熊博士的方法尝试标记。

第一：要事为先，先做着急的事情，合理安排要做事情的先后顺序。第二：松紧有度，紧张的学习和休息放松交叉安排，注意劳逸结合。

2. 操作摆放"时间卡"，帮小熊安排放学后的时间。

邀请一位幼儿在白板上演示，将"时间卡"逐一拖拽在"时间表"上，帮助小熊安排放学后的时间。

重点关注：鼓励幼儿一边操作一边说说这样安排的原因，也可以鼓励其他幼儿参与评价，这样的安排是否符合"两招秘诀"。

3. 开展"我是时间小主人"操作游戏，进一步学习安排时间的方法。

（1）介绍游戏规则：黄色代表重要的事，绿色代表让你放松的事。选择自己要做的事情并添加到自己的计划表中。

（2）幼儿动手操作，教师巡视指导，引导幼儿运用两招秘诀合理安排时间，完成"时间表"。

（3）分享操作结果，进一步明确合理安排时间的方法。

（三）师幼小结

师：今天大家一起学习了根据自己的需要来安排时间，这个方法可以帮助我们上小学后合理安排自己的生活，让我们成为时间的主人，做一个快乐的小学生。

活动延伸：

1. 谈话活动：你的计划表是怎样实施的？

2. 家园共育：家长和幼儿在假期前、旅游前、逛超市前等做计划表。

（教师：张宇桐）

集体教育活动3：我们的一天

活动目标：

1. 知道一天有 24 小时，理解一天中活动的顺序。

2. 知道时间过得很快，要珍惜时间，合理安排好自己的生活。

活动准备：

物质准备：幼儿操作材料（记录纸、笔、皮球、数学益智游戏卡片）、一日生活内容的图片若干、录音一份、钟面。

经验准备：知道一日生活中都有哪些活动，认识钟表的构造。

活动过程：

（一）理解一天中活动的顺序

观察麦兜的一日生活，幼儿跟随麦兜的语音，将图片按一日生活的时间顺序进行排序。把时间图片放到相应的生活内容图片下面，感受一日生活各环节所对应的时间。

（二）知道一天有 24 小时，了解用数字表示时间的方式

1. 请幼儿说一说自己的一天是怎样安排的。（幼儿边说，教师边操作钟面，并在纸上用数字有顺序地记录时间）

2. 教师说一说自己一天的时间安排。（同样操作钟面，并补充完整 24 小时的内容）

引导幼儿观察下午表示时间的数字，如 13：00、14：30、24：00。

教师：从这些表示时间的数字里，你看出了什么秘密？

重点提问：为什么钟面上只有 12 个小时呢？时钟怎么走，才能把一天的时间都走完？

小结：一天有 24 小时，钟面却只有 12 个数字，所以短针要走两圈才是 1 天。

3. 通过游戏感知时间的流逝，知道时间过得很快。

（1）小游戏：1 分钟拍球赛。

（2）小游戏：5 分钟解谜题。

小结：时间过得很快，过去就不会再回来了。所以要珍惜时间，合理安排时间，才能把自己想做的事情都有时间完成。

（三）师幼讨论

1. 说一说哪些行为是浪费时间。

2. 有什么好方法可以珍惜时间？

3. 总结管理时间的好方法，定制小主人公约。

小结：做事有计划，做事要守时，做事有主次。

活动延伸：

家园共育，制定业余时间安排计划表。

（教师：刘燕婷）

三、区域活动

（一）美工区

幼儿在美工区游戏时经常有想做的作品来不及完成的情况，通过绘本我们可以鼓励幼儿在完成作品时将注意力集中在作品上，这样才能尽快完成。多出来的时间可以用来制作更多的作品。

（二）建筑区

将绘本中"快速做事"的概念融入建筑区中。由于材料的特殊性，建筑区往往在收纳积木的环节用时比较长，导致其他活动的时间被压缩。作为教师，我们会引导幼儿找到适合在建筑区游戏的方式，合理利用游戏时间，快速收纳。例如在搭建时分工合作，每个人负责不同的搭建内容，这样既减少矛盾发生的次数，又可以在短时间内快速完成较复杂的作品。在收区时，有人负责运输，有人负责摆放，这样可以节省不少时间，多出来的时间就可以去做想做的事了。

四、一日生活

在上午加餐后的几分钟过渡时间中，引导幼儿去自己小柜子门上粘贴的"过渡环节计划表"中，对自己过渡环节想要完成的内容制订相应的计划，合理分配空闲时间，为接下来的活动做好安排，减少等待的时间，从而快速完成想做的事情。例如，值日生可以在计划表中贴好值日的图标，提醒自己完成值日生的相关小任务。

又如，区域游戏结束时，由于时间原因，往往没有充足的时间收拾整理区域玩具，只能简单地摆放，因此为了不占用后续环节的时间，收区时可以先将玩具暂时摆好，计划利用过渡环节再去收拾自己使用过的玩具。

五、环境创设

第一阶段：利用 1 个月左右的时间带领幼儿熟悉绘本《快点快点，时间变多了》，认识时间的重要性，同时认识时钟、半点、整点以及分针、时针的运转规律。通过活动"魔法一分钟"感受时间的"快"和"慢"。

第二阶段：利用半个月的时间，结合大班下半学期幼小衔接的主题内容，引导幼儿发现快速做事情的好处有哪些，过渡环节我们可以做些什么，合理利用时间在一日生活中的重要性；讨论在过渡环节哪些事情必须要做，哪些事情根据实际情况可做可不做。

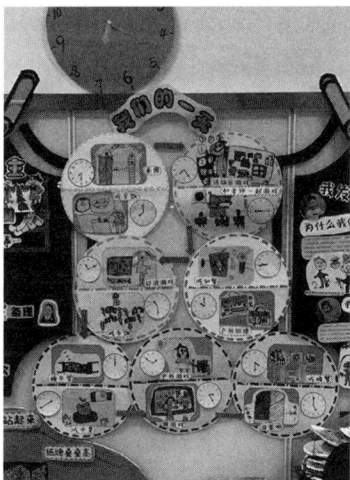

六、家园共育

亲子共读

◆此绘本非常生动、有趣，特别贴近孩子们的生活，让孩子们体会到合理利用时间、做事不拖拉就可以收获更多可以自由支配的时间，从而养成珍惜时间的好习惯。在日常生活中，孩子做事拖拉、磨蹭也是很多家长关注的问题，这个绘本为家长在这方面提供了教育帮助，在亲子共同阅读的同时，家长可以给予幼儿正面的引导。

◆在班级中，我们创设了有关时间的小板块，如认识时间，一分钟可以做什么等，让孩子们感受时间的宝贵，并通过同伴之间的相互交流和影响，知道在有限的时间里完成更多的事情是一件很了不起的事情。

扫码看视频

◆家长在家中可以先通过阅读《快点快点，时间变多了》这个绘本，向幼儿提出相关的问题。如"小航是怎样把时间变多的？我们怎样才能拥有把时间变多的魔法呢？"鼓励幼儿与家长交流想法，并把这些想法记录下来，在日常生活中试着实践一下，看看时间是不是变多了。在这里倡导家长们要尽可能地参与到孩子的实践中，亲子间的比赛、鼓励都是孩子们努力做事、不拖拉的动力。

◆家长小妙招：

1. 家长首先要以身作则，做事的时候珍惜时间、不拖拉。

2. 用绘本故事中的行为影响幼儿，引导幼儿养成珍惜时间的好习惯。

3. 当幼儿有些许进步的时候，家长一定要及时肯定幼儿，并和幼儿一起总结时间变多了的经验，让孩子们在不断的实践中获取经验。

4. 借助同伴之间的影响，如果家中有两个孩子，可以让孩子之间相互影响、相互模仿。

5. 实践的形式可以多样化，如情境表演、家人之间的小竞赛、记录的表格等。

（教师：张雨桐）

活动二：遵守公共（交通）秩序

一、绘本推荐

绘本推荐表——秩序品格	
绘本名称	《如果不遵守交通规则》
绘本作者	黄小衡 著　棉花糖 绘

推荐理由：

　　本书帮助孩子提高自我保护意识，远离意外伤害。故事内容夸张却不夸大，情节幽默却不失严谨。这本绘本画风夸张，角色设计鲜明，深受小朋友们喜欢。同时，这也是一本为家长准备的教育秘籍，书中蕴含了"试错教育"的理念，看似笑眯眯、拿明一没有办法的"怂妈"，其实是个深谙教育之道的"教育家"。

（推荐教师：王琦）

二、集体教育活动

集体教育活动 1：交通规则要遵守

活动目标：

1. 了解基本的交通规则，知道哪些行为是错误的。

2. 自觉遵守并能提醒他人遵守交通规则。

活动重难点：

活动重点：了解基本的交通规则，能够判断马路上的哪些行为是错误的。

活动难点：自觉遵守并能提醒他人遵守交通规则。

活动准备：

PPT、马路情景图片、材料贴纸、胶棒。

活动过程：

(一) 出示红绿灯图片，引出活动内容

师：小朋友们，看看这个是什么？（红绿灯）

师：那我们要怎么看红绿灯，怎么过马路呢？

(二) 出示 PPT，引导幼儿在观看中了解基本的交通规则。

1. 出示 PPT。

师：小朋友，看看这是什么地方呀？（马路）

师：这里是我们经常走的马路，这里有许许多多的规则。我们称这些规则为交通规则。

师：这个标志是人行横道，这个地方只允许行人通过，自行车、电动车、汽车都是不能走的。（强调词语，人行横道。出示人行横道的标志并再次进行解说）

2. 再次出示马路 PPT，介绍禁止翻越。

师：小朋友，看看这是什么？对，是防护栏。防护栏有什么作用？

3. 再次出示 PPT，介绍人行指示灯。

师：小朋友，我们在斑马线的路口总会看到这样的红绿灯，它的里面有一个小人，绿色是走路的小人，红色是站立的小人，它在提示我们什么呢？

师：人行指示灯是提示行人的，红色告诉我们要停下来等待，绿色的小人出现时我们才可以过马路。

4. 幼儿观察并分享讨论。出示 PPT，引导幼儿再看一遍图片。再次出示错误的交通行为，让幼儿继续巩固知识。

(三) 在游戏中感受交通规则的重要性

师：小朋友们都认真观察思考，也看到了错误的行为，那我们在和家人一起过马路的时候，要提醒他们遵守交通规则，才可以让我们的出行更安全。

师：现在我们每张桌子上都有一张交通图，请你们将行人贴到相应的位置。一会儿我们一起分享你贴的小朋友都遵守了什么交通规则。

(四) 幼儿分享交流，活动结束

（教师：韩丽敏）

集体教育活动 2：我们的约定

活动目标：

1. 理解"约定"的含义，体会"约定"的重要性。

2. 在交流、体验、分享中梳理"我们的约定"，并能初步遵守"我们的约定"。

活动重难点：

活动重点：理解"约定"的含义，体会"约定"的重要性。

活动难点：尝试在生活和活动中初步遵守"我们的约定"。

活动准备：

活动课件，了解幼儿在班级中、区域中遵守"约定"的情况。

活动过程：

（一）谈话导入，引出"约定"这一内容

1. 什么是"约定"？

小结：约定就是说好的事情要能做到。

2. 你跟谁有过约定？你们约定了什么？

小结：你们和同伴、老师、家长都有过约定，约定的内容有游戏方面的，有锻炼方面的，有过生日方面的，有来幼儿园方面的……内容真丰富。

（二）讨论分享，理解"约定"

1. 观看视频：好朋友玩游戏，互相拥挤，都想先滑滑梯，堵住了出口。

2. 小组讨论交流，为什么要这样约定？为什么要排队？你可以怎么帮帮他们？教师与幼儿现场体验排队。

3. 教师小结：这是大家约定好的规则，如果违反了，谁都玩儿不好。

4 我们在班中有哪些约定？教师根据幼儿回答出示图片，思考：我们为什么要这样约定？

5. 梳理小结：约定让我们的游戏更自主、更有序。

（三）迁移到生活中，遵守约定

1. 师：约定就是说好的要做到，我们该怎么记住这些约定，并遵守约定呢？

2. 讨论交流，进行梳理：做记录（自我提示），老师或小伙伴帮忙（他人提示）。

3. 小结：今天，我们一起聊了"约定"这个话题，一起讨论了我们在幼儿园里、班中的"约定"。孩子们，我们不但要记住这些约定，更要遵守这些约定哦！

三、区域活动

图书区

在第一阶段，与幼儿一同筛选了秩序方面的图书，为幼儿梳理日常生活中哪里需要遵守秩序，在不同的情景中，我们应该如何遵守秩序，提升幼儿生活经验。

在第二阶段，投放绘本《如果不遵守交通规则》，让幼儿不断熟悉故事内的情景，知道在生活中要遵守交通规则。同时在图书区投放不同情景的图片，提升幼儿在不同情景中使用不同礼貌用语的经验。

（教师：马素雨）

四、一日生活

1. 在一日生活中，很多时候都要排队做事，不能插队，不能推挤，要有秩序做事情。

2. 自己的物品要有序收放，不仅要把小柜子收拾整齐，还要把自己的小书包收拾整齐。

3. 玩完玩具，要把玩具按照标记收放回原来的位置。

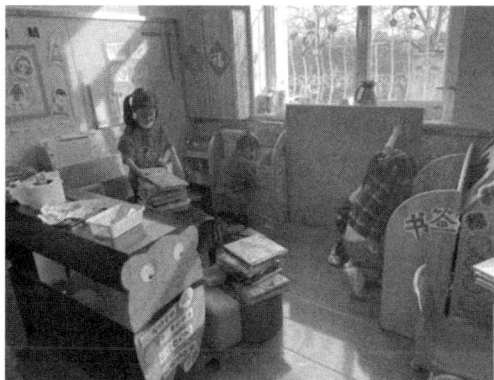

五、环境创设

主题墙：遵守秩序

通过三个板块来进行创设。第一板块是绘本介绍，将绘本中重要的画面呈现在墙面上，帮助幼儿熟悉故事内容；第二板块是跟孩子们一起总结出在班里需要遵守的秩序，再用前书写的形式展现出来，如上幼儿园不迟到，排队做事，上课认真听讲等；第三板块是孩子们用自己的画笔记录下什么行为是遵守秩序的正确行为，什么行为是不遵守秩序的错误行为，从而进一步了解遵守秩序的重要性。

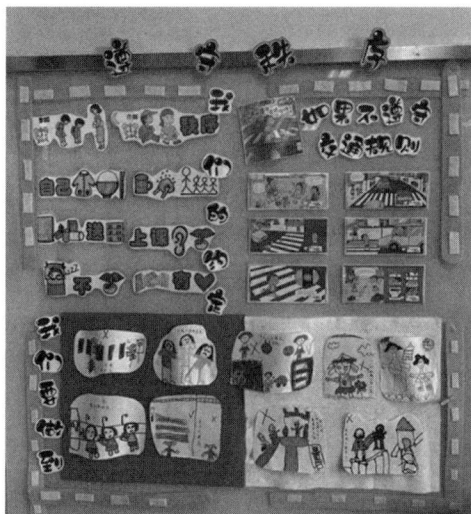

（教师：王琦）

六、家园共育

亲子共读

◆《如果不遵守交通规则》的主要内容是明一准备为好朋友送一个很棒的礼物，可就在去好朋友家的路上，明一看到一只小狗冲到了马路中间，他赶忙跑过去抱起小狗，却被来来往往的汽车困在了马路中间。故事让孩子了解斑马线的重要性，也告诉孩子们不要在马路上乱跑，知道不遵守交通规则会有什么危险，或者不遵守交通规则会给交通带来什么样的危害。交通规则是为了保护我们，给我们提供方便的，反之则会有各种风险和不便。

◆我们班借助明一这一形象，在班内外各环节中渗透交通规则，让孩子们知道过马路时要左右看确定是否安全。我们还利用操场中的小车真实模拟路面情况，让小朋友感受到如果不遵守规则就会遇到危险和伤害。

扫码看视频

◆家长们可以怎么做呢？在家陪同幼儿共同阅读绘本《如果不遵守交通规则》，知道红灯停、绿灯行；知道走人行横道，不闯红灯；绿灯亮起时，要快速通过斑马线，不要在马路中间停留等。更重要的是，在生活中及时提示，正确引导，让规则与生活对接，在生活中理解并掌握规则。

◆家长小妙招：

1. 榜样示范。家长应以身作则，在生活中为孩子做榜样，遵守交通规则。

2. 用故事影响幼儿的行为，知道怎么做是正确的行为。

3. 在出行、出游的过程中引导幼儿遵守交通规则。

4. 亲子互动，增强社交能力。如父母在家中与幼儿进行社交场合的角色扮演、情景游戏等，让幼儿增加社会经验。

（教师：韩丽敏）

文章推送《和您聊聊娃的那些事儿——秩序》

各位家长朋友：

本月我们迎来了秩序品格，对幼儿来说，秩序是指稳固的生活环境以及稳固的生活环境中有序的物品摆放。遵守与维护社会秩序可以培养幼儿良好的道德，有利于幼儿更好地融入社会。守秩序的行为也对幼儿认知发展和健康成长起到了积极的促进作用，因此家长要重视对幼儿秩序品格的培养。

一、情景再现

2～4岁是幼儿秩序感发展的敏感期，他们对秩序有一种近乎固执的要求，无论是物品的摆放，前后的顺序，还是固定的座位，都有着自己的要求和记忆。一旦他熟悉的环境改变了，他就会感到无所适从。幼儿会因为无法适应环境而害怕、哭泣，甚至大发脾气。

秩序敏感期的幼儿会有哪些表现呢？比如走路时只能走同一条路线，做事都要按固定的程序来，一旦秩序被打乱就会哭闹或要求重新再做一遍……家长们要注意幼儿的这些行为是由其年龄特点和发展规律决定的，并不是叛逆或是挑战家长的权威哦。

但尊重幼儿的秩序感并不等于不立规矩，那么如何培养幼儿的秩序品格呢？今天我们就来一起聊聊关于"秩序"的那些事儿。

二、老师会这样做

1. 为幼儿创设整洁有序的环境，使幼儿能够更好地控制自己的行为。如游戏区角设置井然有序，物品摆放整齐，从而给幼儿整洁、有序的心理暗示。

2. 教师会将班级中需要幼儿把物品归位、送回原处的场景拍照或做标记，如在玩具筐与玩具柜对应的位置上贴上相同图案的贴纸，帮助幼儿养成物归原处的好习惯。

3. 身教重于言教，教师会以身作则，随时遵守秩序。如教师会及时将用过的笔、剪刀等放进抽屉里，教师每天都会按照幼儿作息安排好幼儿的 日生活等。

4. 利用生活点滴，培养幼儿的秩序感。如幼儿在户外活动、盥洗时能有序排队，教师就会及时给予幼儿积极正向的鼓励与肯定；拍摄一些幼儿遵守秩序的照片并在班内进行展示，为幼儿提供榜样。

三、家长可以这样做

我们了解了教师是如何培养幼儿秩序品格的，那么家长朋友们可以怎么做呢？我们一起来看看德耕教育专家夏婧博士是如何讲的。

视频看完了，让我们再一起回顾一下吧。

1. 稳定的照料者，帮助幼儿形成稳定的亲子关系。

2. 为孩子提供一个井然有序的家庭生活环境。

3. 父母以身作则，随时遵守秩序。

4. 利用生活点滴，培养幼儿的秩序感。

5. "不要给别人添麻烦"的教育。

扫码看视频

四、绘本推荐

1. 品格故事《被挤烂的丸子店》。

故事启示：马特人你争我抢，就为了能吃到神奇的啦啦丸。丸子店被一次次挤垮，怎么能解决这个问题呢？故事传递给孩子们最基本的秩序意识，告诉我们要文明排队，还要制止别人插队的错误行为。

扫码听故事

2. 品格故事《亨利的地图》。

故事启示：亨利是只爱干净又有条理的小猪，它的家里总是整整齐齐、井然有序。当它看到乱糟糟的农场时，它决定想出一个办法来拯救这个秩序混乱的农场，让所有小伙伴们都各归其位。故事告诉我们要养成将物品归位的好习惯，用完东西后要放回原处。

扫码听故事

3. 品格故事《首先有一个苹果》。

故事启示：这是一个好玩的数数故事，整个故事反映出的数学逻辑本身就是一种秩序的体现。1～10 数字的排列，帮助幼儿在学习数数的同时，建立秩序感和逻辑性。

扫码听故事

4. 品格故事《这是什么队列》。

故事启示：幼儿在生活中都有过排队的体验，而故事中有 50 种小动物正在排队！它们越等越着急，却仍要有序排队。将动物从小到大排列，在帮助幼儿学习排列规则和认识动物的同时，建立了秩序感。

扫码听故事

亲爱的家长朋友们，在幼儿成长与生活的过程中，很多事情都需要遵守一定的秩序。秩序给幼儿带来安全感，只有内在的秩序建立好了，幼儿才会内外和谐统一、健康快乐成长！

（教师：陈璐、冯芃）

第 三 章

独 立 品 格

独立是指一个人具有的善于自我决策、寻找解决问题的方法并实施解决问题行为的能力，主要包括生活独立、思想独立、独立解决问题等。独立是孩子成长的必修课，是他们适应新环境必不可少的内在品质。

教育家蒙台梭利认为："教育者先要引导孩子沿着独立的道路前进。"《指南》中健康领域指出，幼儿应具有基本的生活自理能力，如小班幼儿能在帮助下穿脱衣服或鞋袜，能将玩具和图书放回原处；中班幼儿能自己穿脱衣服、鞋袜、收拾整理衣服、独立进餐；大班幼儿能根据冷热增减衣服，会系鞋带，能按类别整理好自己的物品。社会领域中指出，幼儿应具有自主的表现，如小班能根据自己的兴趣选择游戏或其他活动，自己能做的事情愿意做；中班能按照自己的想法进行游戏或其他活动，自己的事自己做，不愿意依赖别人；大班能主动发起活动或在活动中出主意想办法，自己的事自己做，不会的愿意学等。

在独立品格主题下，教师根据幼儿的发展水平、兴趣需求及《指南》引领，选取了《我会勇敢表达》《自己穿衣服》《小豆豆的假期》等绘本。结合家园共育，班级开展了关于"如何大胆表达自己的想法""学会自己的事情自己做，如穿裤子等""我会自己判断不盲从""我也有长处"以及"遇到问题要尝试自己解决"等内容的活动。

主要内容	年龄班	推荐绘本
自理能力	小班	《阿力会穿裤子了》《自己穿衣服》
敢于表达	中班	《我会勇敢表达》
独立做事，敢于尝试	中班	《不会做，没关系》
独立做决定	大班	《小豆豆的假期》
独立做事	大班	《小兔当家》

第一节 小 班

活动一：我长大了

一、绘本推荐

绘本推荐表——独立品格	
绘本名称	《阿立会穿裤子了》
绘本作者	［日］神泽利子 文 ［日］西卷茅子 图 米雅 译
推荐理由： 　　阿立会穿裤子了，一个普通得不能再普通的事件，却蕴含了早期儿童学习和发展的观念。这个小小的男孩阿立，在不会穿裤子的时候，因为一只脚穿裤子，另外一只脚无法独立站住而跌倒了。他放弃了穿裤子，光着屁股跑到外面去，遇到了一个又一个嘲笑他光屁股没尾巴的动物……对成年人来说，这是不是一件根本不足挂齿的小事？可是对幼儿来说，学习独立吃饭穿衣可是一件件了不起的大事。用儿童的眼光去看生活，让孩子懂得生活中小事的重要，让孩子更加自立。 （推荐教师：刘伊依）	

二、集体教育活动

集体教育活动：阿立会穿裤子了

活动目标：

1. 能用简单的语言说出阿立怎样穿裤子。

2. 愿意自己的事情自己做。

活动准备：

物质准备：绘本 PPT。

经验准备：幼儿有玩玩具、收玩具的经验。

活动过程：

（一）出示绘本中的主人公阿立，引起兴趣，引出主题

提问：图片上有谁，他在做什么？

（二）教师利用 PPT 讲述绘本故事

1. 提问：绘本里的阿立在做一件什么事情？穿裤子的时候，阿立是怎么做的？

2. 再次讲述绘本。

注意：只讲述阿立学习穿裤子的重点情节，同时验证幼儿刚才的回答是否正确。

（三）教师结语

师：我们今天和阿立学会了穿裤子，我们一起试试吧！

活动延伸：

1. 幼儿和老师一起按照阿立的方法，将穿裤子的图片作为娃娃家的互动墙饰。

2. 将阿立的图片贴在玩具柜、图书角旁，幼儿在收放玩具时可以通过和阿立的互动帮助自己正确收好玩具。

（教师：孙颖）

三、生活活动

互动小任务：我们在每个小朋友的储物柜门上都贴了一张彩图，这张彩图上有三个内容，分别是冬季的外衣、裤子以及饼干，这些形象的图画信息代表着自己穿外衣、大小便后自己把衣服放进裤子里以及进餐后自己清理桌面。幼儿每天做了哪项事情，就在相应图片上贴个小星星来鼓励自己，看看谁的小星星最多。

为什么选择这三个内容呢？因为这三项内容与近期我们对孩子自理能力的培养、指导和关注是紧密相连的，可以通过互动小任务来鼓励孩子独立做事情。

（教师：申悦）

四、环境创设

主题墙：我长大了

在创设主题墙时，我们把幼儿小班刚入园时需要老师抱着、哭着找妈妈、自己不会擦鼻子等情景和近期孩子们逐渐自己的事情可以自己做，如自己把衣服放进裤子里、自己穿厚厚的羽绒服、用正确的方法叠衣服、学习制作新年装饰品等情景进行对比，让孩子们可以直观地通过墙饰观察到自己的进步和变化。

（教师：孙颖）

五、家园共育

（一）亲子共读

◆小朋友们，今天新新老师给大家带来一个故事，故事的名字叫《阿立会穿裤子了》。

故事讲到这里就结束了，小朋友们想一想：

1. 阿立是怎么把裤子穿上的呢？

2. 你觉得阿立自己穿上裤子之后的心情是怎么样的？

扫码看视频

◆家长指导：

在幼儿园的教育中，独立性的培养对幼儿的成长具有非凡的意义。什么是独立呢？上小班的幼儿面对的挑战就是能够自己穿衣服。《阿立会穿裤子了》的故事内容很普通，但蕴含了早期儿童学习与发展的观念，这是一本可以帮助孩子养成良好行为习惯的绘本。小男孩阿立在不会穿裤子的时候遇到了很多有趣的事情，故事的最后，阿立发现原来自己躺下就可以穿上裤子了！对于成年人来说，这是一件不足挂齿的小事，可是对经验十分有限的幼儿来说，会是一件特别好玩儿的事。在我们为孩子讲这本绘本的时候，可以让孩子猜一猜小动物的叫声，引导孩子学习小鸟单腿站立，最后学习阿立躺着穿裤子。在孩子自己尝试穿衣服、吃饭时，成年人也要有耐心，鼓励孩子去探索并协助提高孩子的生活自理能力。

（教师：赵新宇）

（二）其他活动

活动名称：自己的事情自己做

活动目标：

1. 鼓励幼儿在家独立完成力所能及的事情。

2. 指导家长大胆放手，为幼儿提供独立做事的机会。

活动准备：与班级幼儿衣柜上相同的提示图（穿衣服、叠裤子、进餐等提示图）。

活动过程：

1. 教师将幼儿叠衣服、穿裤子、独立进餐（光盘行动）的正确方法先用视频或图片向家长作介绍，确保家园教育方法统一。

2. 教师将提示图做成电子文档，利用寒假假期，指导家长每周鼓励幼儿独立完成文档中的相应内容，哪项完成得很好就给那项贴小贴画以示鼓励。

3. 交流分享：家长可以每周或隔周的固定一天向群里分享宝贝的进步。

4. 幼儿如果还有其他可以独立完成的内容，家长可以替换提示图。

（教师：孙颖）

活动二：自己穿衣服

一、绘本推荐

绘本推荐表——独立品格	
绘本名称	《自己穿衣服》
绘本作者	［法］提埃里·顾旦 著　余治莹　孙智绮 译

推荐理由：

　　这本绘本主要是让成人学会尊重孩子的意见，培养孩子的独立意识和自理能力。通过乔比想要自己选衣服、穿衣服，让孩子学会做自己的"小主人"。对于每个孩子来说，学会穿衣服是一门必修课。在幼儿园，教师可以通过游戏、儿歌的方式让幼儿来练习穿衣服，掌握穿衣服的方法。同时可以家园配合，家长让孩子在家也尝试独立穿衣服。

（推荐教师：姬明月）

二、集体教育活动

集体教育活动1：自己穿衣服

活动目标：

1. 观察图片，简单描述图片内容，了解穿衣服的方法。

2. 愿意自己穿衣服，对自己有信心。

活动准备：

绘本 PPT。

活动过程：

(一) 出示图片，激发幼儿的活动兴趣

提问：图片中的是谁，它在做什么？你们的衣服是自己选的吗？

(二) 出示绘本，幼儿尝试描述，启发幼儿讨论

1. 出示乔比穿裤子的图片并提问。

(1) 内裤套在头上对吗？

(2) 在穿外裤之前要先穿什么呀？

2. 出示乔比穿上衣的图片并提问。

(1) 乔比的上衣穿对了吗？

(2) 应该怎么区分衣服的正面和反面呢？

3. 出示绘本最后一页并提问。

(1) 乔比都自己做了什么事情？

(2) 你们都能自己独立做哪些事情呢？

(三) 幼儿尝试自己练习穿衣服，能区分衣服的正反面

引导语：请小朋友尝试自己穿外套，要记得区分正面和反面哦。

（教师：张圆红）

集体教育活动 2：衣服我会穿

活动目标：

1. 学习穿开衫衣服的方法，尝试自己穿衣服。

2. 体验自己穿衣服的快乐。

活动准备：

物质准备：穿衣服步骤图、衣服若干、桌子。

活动过程：

(一) 开始活动：情景表演，激发幼儿的兴趣

播放小企鹅乔比哭泣的声音并提问：是谁在伤心地哭呀？小企鹅乔比怎么啦？

(二) 基本活动：结合儿歌和视频来学习穿衣服的方法，培养幼儿的独立性

1. 看图片并启发幼儿讨论：我们应该怎样穿衣服？

2. 出示实物，让幼儿认识衣服的正反面。

提问：老师用手抓住了哪里？谁来告诉老师衣服哪面是正面，哪面是反面？

3. 教师小结：有小标签的是反面，没有小标签的是正面。

4. 老师用视频、儿歌介绍穿衣服的方法及要领。

提问：视频里面的小朋友是怎么穿衣服的？学会了穿衣服之后，我们还需要家长的帮忙吗？

（三）穿衣服比赛，体验成功的快乐

1. 引导语：学会了穿衣服，我们要来比赛，看看谁把衣服穿得又快又好。

2. 幼儿练习正确穿衣服。

（教师：张圆红）

三、区域活动

（一）图书区

活动目标：自制绘本《小小衣服我会叠》，尝试练习自己叠衣服。

活动过程：根据绘本《自己穿衣服》来培养幼儿的独立性和自主性，自制绘本《小小衣服我会叠》，在穿衣服的基础上尝试练习自己叠衣服。

（二）娃娃家

活动目标：给娃娃搭配衣服、穿衣服。

活动过程：在绘本的最后，小企鹅乔比要给妈妈搭配衣服，因此在娃娃家出示穿衣步骤图，让幼儿在娃娃家游戏时也可以给娃娃搭配衣服、穿衣服。

（教师：任继莉）

四、生活活动

活动 1：我最棒

活动目标：

1. 鼓励幼儿在老师的提醒下整理好小柜子。

2. 培养幼儿随手关柜门的安全意识。

活动过程：

1. 通过集体教育活动，告诉幼儿柜子里的东西要放整齐。

2. 告诉幼儿如果东西不放好导致柜子门关不上是很危险的。

利用过渡环节等指导和鼓励幼儿整理柜子，并启动奖励机制，如果幼儿整理好柜子中的物品，教师就给幼儿拍照并打印出来贴到班中墙上展示。

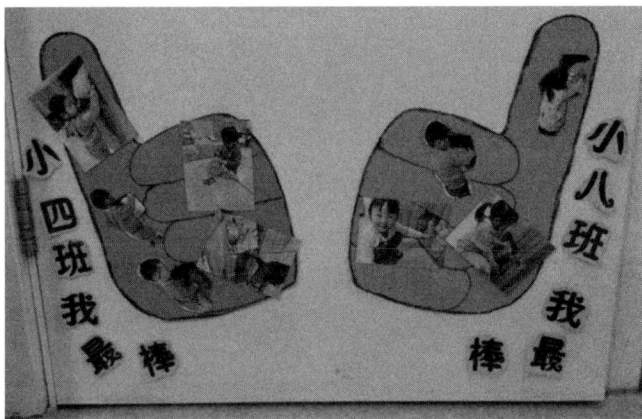

（教师：翟一凡）

活动 2：我会……

活动目标：

1. 鼓励幼儿完成一些简单的小任务。

2. 培养幼儿的自我服务意识。

活动过程：

1. 依据班级幼儿情况，创设互动功能墙，从穿鞋、玩玩具、穿衣、吃加餐、喝水五个方面鼓励幼儿独立自主。

2. 为每位幼儿准备照片，鼓励幼儿每独立完成一个小任务后，将自己的照片置于相应的图示旁。

（教师：张圆红）

五、环境创设

主题墙：自己穿衣服

第一板块：将绘本《自己穿衣服》中的主要内容做成影集粘贴在上面。

第二板块：结合绘本，将穿衣服的步骤图以照片的形式呈现，帮助幼儿巩固穿衣服的步骤和方法。

第三板块：在幼儿掌握穿衣服方法的基础上，开展穿衣服和叠衣服的比赛，让幼儿体验成功的快乐，鼓励幼儿自己的事情自己做，培养幼儿的独立性与自主性。

（教师：姬明月）

六、家园共育

（一）亲子共读

◆小朋友们好，我是小一班的红红老师，今天给大家带来一个小企鹅乔比的故事，名字叫《自己穿衣服》。

故事讲到这里就结束了，小朋友们想一想：

1. 你们的衣服是自己选的吗？

2. 你们是自己穿衣服吗？

扫码看视频

◆家长指导：

1. 教育价值：对于每个孩子来说，学会穿衣服是一门必修课。在幼儿园，教师可以通过游戏、儿歌的方式让幼儿来练习穿衣服，掌握穿衣服的方法。在家里，家长可以让孩子尝试自己独立穿衣服。这本绘本可以更好地培养幼儿的独立意识，使幼儿更乐于做自己生活的小主人。

2. 在幼儿园里，我们结合家庭和幼儿园的不同情况，利用测查表的形式全面对比出本班幼儿独立能力最弱的一项为"独立穿衣服"，所以选取的绘本为《自己穿衣服》。利用教育活动向幼儿介绍绘本，并借助环境，将故事里的角色和日常评选出的榜样贴在主题墙上，让幼儿随时可以看到，鼓励幼儿自己做事情。在娃娃家投放小衣服，鼓励幼儿为宝宝选衣服并穿好，提高幼儿自主选择和动手能力。还开展了穿衣服比赛，让幼儿在穿好衣服的同时加快速度，增强幼儿自信心。

3. 教育建议：在家里，家长和孩子共同阅读绘本，鼓励孩子自己穿衣服。可以允许孩子自己挑选衣服，培养孩子的自主性；也可以引导孩子利用镜子来帮助自己，让孩子对穿衣服有更直观的认识。家长们一定要注意给孩子们提供宽松、柔软、无刺激性标签的衣服哟。

◆家长小妙招：

1. 和孩子一起讨论今天要穿的衣服，让幼儿自己选择。

2. 鼓励孩子自己穿脱衣服、叠衣服、收拾衣服等，让孩子有充分的时间来完成，家长不急于帮忙，完成后及时表扬，简单满足小愿望。

3. 买一些带扣子、拉链的小玩具，让孩子在家练习拉拉锁、扣扣子。

4. 把孩子独立做事情的视频、照片等发到群里与大家分享，增强孩子的自信心和做事的愿望。

（教师：张圆红）

（二）其他活动

活动 1：穿衣大 PK

活动目标：

1. 培养幼儿自主穿脱衣物的能力。

2. 增强幼儿的自我服务意识。

活动过程：通过腾讯会议开展线上亲子活动，邀请家长在线参与，为幼儿加油。同时鼓励家长回家后坚持培养幼儿自己穿脱衣服。

①腾讯会议中与家长打招呼。

②幼儿分组穿衣服。

③请家长为幼儿加油。

（教师：韩秋芳）

活动2：小小整理师

活动目标：

1. 鼓励幼儿将自己的玩具分类整理好。

2. 培养幼儿的整理能力。

活动要求：幼儿游戏后主动收拾玩具，并整理到指定位置，由家长监督，由教师进行周奖励。

（教师：石海溶）

第二节 中 班

活动一：敢于表达

一、绘本推荐

绘本推荐表——独立品格	
绘本名称	《我会勇敢表达》
绘本作者	童悦早教 编著
推荐理由： 　　此绘本讲述的是小熊妮妮一说话就羞红了脸，不会表达，后来在家长和自己的不断努力下变成了一个大胆表达自己想法的小熊。之前不会表达自己的想法时，总是被小朋友误会，当大胆地表达出自己的想法时，她的生活也发生了翻天覆地的变化。故事告诉小朋友们有什么想法可以大胆地表达出来，那样会有很多的好朋友，也会像一个小太阳一样由内而外地散发光芒。 （推荐教师：王岩）	

二、集体教育活动

集体教育活动1：我会勇敢表达

活动目标：

1. 了解故事内容，知道大胆表达的重要性，并能够用合适的语言表达自己内心的想法。

2. 体会大胆表达给自己带来的快乐。

活动重难点：

活动重点：能大胆和他人表达自己内心的想法。

活动难点：学习用温和的语言与人交流，愿意与人交往。

活动准备：

物质准备：绘本《我会勇敢表达》、小熊妮妮开心和烦恼的图片。

经验准备：有部分幼儿用过麦克风。

活动过程：

（一）出示小熊妮妮很苦恼的图片，引发幼儿对绘本《我会勇敢表达》的兴趣

师：小朋友们，你们看，今天小熊妮妮来我们班做客啦！咦，她怎么了呀？小朋友们，你们都看出来了，小熊妮妮有点不开心，那接下来我们一起来看一看她到底怎么了。

（二）通过阅读绘本理解故事内容，知道大胆表达的重要性，并能用适当的语言表达自己的想法

1. 师幼共同阅读绘本，了解故事前半段内容（小熊妮妮为什么苦恼）。

师：小熊妮妮在上课的时候发生了什么事？游戏时发生了什么事？午餐时又发生了什么事呢？

小结：因为妮妮不敢表达自己心里的想法，导致老师没有发现她，玩具被小朋友拿走，午饭还是一个人吃的，所以小熊妮妮很难过。我们要做一个勇敢表达自己的人，那样就不会像妮妮这样难过了。

2. 教师完整地讲述故事，出示妮妮大胆表达前后表情的变化，体会大胆表达为妮妮带来的好处。

师：小熊妮妮得到话筒后大胆表达自己的想法，得到了老师的表扬、小朋友的礼物和很多好朋友。我们要向妮妮学习，做一个勇敢表达自己的人。

3. 游戏击鼓传"话"。让幼儿在游戏中充分地发散思维，拿到话筒大胆表达。

玩法：开始时，屏幕上会出现动物园、水果园或蔬菜园等图示，幼儿以击鼓传花的形式传话筒，话筒到哪位小朋友那里，小朋友就要说出××园里有××，如动物园里有猴子。幼儿一边听音乐一边游戏。

（三）活动自然结束

（教师：高尚）

集体教育活动 2：金话筒辩论赛

活动目标：

1. 能够通过辩论赛大胆表达自己的观点。

2. 感受自信表达自己想法的快乐。

活动准备：

物质准备：金话筒。

经验准备：提前为辩论赛做调查准备。

活动过程：

（一）放《吃饭歌》音乐，拍手进教室

师：小朋友们，你听过这首歌吗？它的名字叫什么？我们每天吃的饭都有什么？你们是爱吃菜还是爱吃肉呢？

（二）出示金话筒，引发幼儿对金话筒辩论赛的热情

1. 课件展示：左边是各种肉的图片，右边是各种蔬菜的图片。

师：现在请小朋友根据图示，觉得吃肉好的坐在左边，觉得吃菜好的坐在右边。我们的辩论赛马上就要开始喽。

2. 小小辩论会：辩论队分为肉肉队和蔬菜队，获得小话筒最多的队是冠军。

师：我宣布，本次金话筒辩论赛——吃肉好还是吃菜好正式开始。

（幼儿充分辩论）

教师小结：总结两队的观点，然后提出教师的观点：吃肉能够让我们变得更有力气，更好地完成工作；蔬菜中的维生素含量丰富，蔬菜热量很低，能促进消化，使肠胃变好。所以想要健康的身体，我们的饮食要多样化，摄入多种营养元素。只吃肉或只吃蔬菜，都是不健康的饮食习惯。

3. 公布两队获得的小话筒数，评出冠军和亚军。

（三）听音乐颁发金话筒辩论赛奖品，活动自然结束

（教师：高尚）

三、环境创设

环境创设分为两部分。

第一部分：老师和小朋友们围绕绘本《我会勇敢表达》开展了集体教育活动"我会勇敢表达"和"金话筒辩论赛"，并选取其中精彩的活动照片呈现在墙面上。

第二部分：在教育活动中，小朋友们共同讨论了为什么不能大胆表达自己的想法，随即对原因进行了分析讨论并说出许多解决的办法，我们进行梳理和总结，将小朋友们提出的好办法以及讨论的过程呈现在墙面上。通过活动，小朋友们都在努力地表达自己的想法，体会到了大胆表达的乐趣，知道了大胆表达自己想法的重要性。

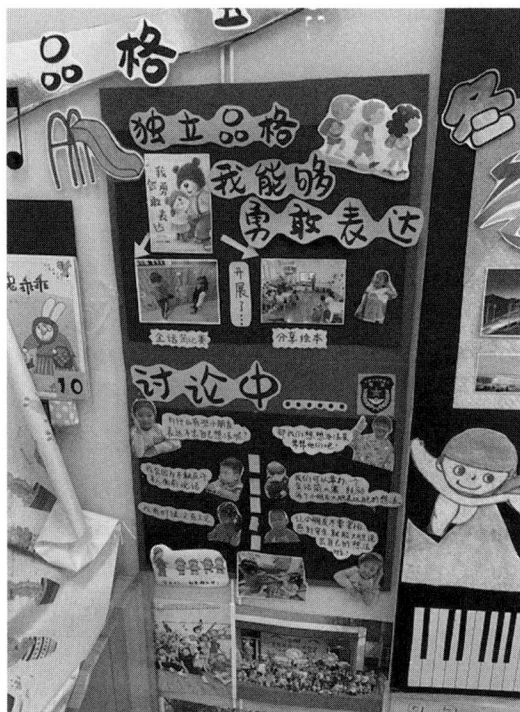

（教师：王岩）

四、家园共育

亲子共读

◆小朋友们，今天我给大家带来一个故事，故事的名字叫《我会勇敢表达》。

故事讲到这里就结束了，小朋友们想一想：

1. 妮妮为什么刚开始很难过呢？

2. 妮妮是怎么解决这个问题的呢？

扫码看视频

3. 小朋友们想一想，如果你在生活遇到了这个问题，怎么解决呢？

◆家长指导：

表达自己内心的想法对孩子的健康成长是非常重要的。对孩子来说，不表达的原因有三类：一类是不敢表达，一类是不知道如何表达，还有一类是没有转动脑筋。那么就需要老师和家长耐心地关注幼儿的情绪和表现，了解幼儿属于哪一类，进而进行有针对性的指导。

家长朋友可以怎么做呢？在生活中，家长们可以在家里多与幼儿进行沟通与交流，让幼儿能够勇敢地表达自己的想法和意见。在幼儿表达自己的想法

时，家长尽可能地倾听，给予幼儿大胆表达的空间。

（教师：康旋）

🌀 活动二：敢于尝试

一、绘本推荐

绘本推荐表——独立品格	
绘本名称	《不会做，没关系》
绘本作者	小杨叔叔 著　梦禾 绘
推荐理由： 本绘本内容全部取材于真实生活，所以孩子更能感同身受。 　　故事中的小男孩不会画画、不会算数、不会认字、不会唱歌……故事告诉孩子暂时不会不等于永远不会，晚一点儿学会不等于比别人笨。同时提醒家长，每个孩子的成长速度是不同的，当孩子对你说"我不会""我做不好"的时候，作为父母，要用心去解读孩子，这样才能给出合适的回应。在所有的"我不会"里，总能找到"我会"的部分。 　　在日常生活中，困扰孩子最多的就是情绪问题。考试不是第一名，很失落；不小心把别的小朋友弄哭了，很慌张；不会用或者不会做，很尴尬；没有得到表扬，很失落；被人冤枉了，很生气……孩子为什么会情绪失控？书里给出了原因。如何帮助孩子疏导情绪？书里给出了答案。 （推荐教师：苑轶凡、曹靖）	

二、集体教育活动

集体教育活动1：不会做，没关系

活动目标：

1. 遇到问题能够尝试独立解决，知道 1~2 种解决问题的方法。

2. 为自己能够独立解决问题感到开心。

活动重难点：

活动重点：有独立解决问题的意识，遇到问题愿意先尝试独立解决。

活动难点：能在不同的生活情境中独立解决问题。

活动准备：

物质准备：《不会做，没关系》PPT、幼儿日常活动图片。

经验准备：幼儿有尝试解决简单问题的经验。

活动过程：

（一）出示绘本，引出主题

提问：这个小男孩是谁？一起来听听他的故事。

（二）通过图片和情境体验，引导幼儿尝试独立解决问题

1. 教师讲述故事并提问。

提问：小男孩遇到了哪些问题？如果你遇到这些问题该怎么办？

2. 出示幼儿日常活动图片，讨论遇到图中的问题该怎么办。

图一：幼儿不会画画。

图二：幼儿打不开奶酪棒。

图三：幼儿不会拉拉链。

提问：图片上的小朋友遇到了什么问题？有什么办法可以解决？

总结：当我们遇到问题时，要先自己动脑筋想办法，尝试自己来解决问题。

3. 师幼情境体验，幼儿联系实际讨论遇到问题该如何解决。

情境：在幼儿园遇到新玩具不会玩，和小朋友发生矛盾。

重点指导：教师和幼儿分角色扮演，重点引导幼儿想办法解决。

（三）教师总结，巩固提升幼儿经验

教师总结：看来小朋友们都知道遇到问题要尝试独立去解决，希望小朋友们能掌握更多的解决问题的办法。

活动延伸：

开展日常评比活动，支持引导幼儿独立解决问题。

重点指导：在日常生活环节中，开展"办法大王"评比活动，评选出本周班里独立解决问题次数最多的小朋友。

（教师：赵骞禹）

集体教育活动2：我会自己吃饭

活动目标：

1. 愿意尝试用筷子吃饭，并保持桌面整洁。

2. 体验用筷子进餐带来的快乐。

活动准备：

绘本故事PPT、图片。

活动过程：

（一）开始活动：初步理解故事内容，知道很多事情可以自己独立做

教师讲述故事《不会做，没关系》。

提问：小男孩都有哪些事情不会做呀？妈妈是怎么跟他说的呀？

小结：小男孩有很多事情不会做，但是妈妈鼓励他，对他说"不会做没关系"。

（二）基本活动：初步培养幼儿独立做事的好习惯

1. 说一说。

①出示幼儿园图片并提问：在幼儿园里，哪些事情可以自己做？

②出示家里图片并提问：在家里，哪些事情可以自己做？

小结：无论是在家还是在幼儿园，都有很多事情可以自己做，遇到不会的事情没关系，我们可以慢慢地学，直到会了为止。

2. 问一问。

师：小朋友们，你们会自己吃饭吗？自己吃饭的时候要怎么做呀？

幼儿自由回答。（一般幼儿都回答能自己吃饭）

3. 比一比。

教师发给幼儿每人一双筷子、一个碗，请幼儿比一比，看谁吃得又快又干净。

小结：吃饭的时候，要小胸脯贴桌子，一手扶碗一手拿筷子，不东张西望，做不到的小朋友没关系，我们已经很棒了，多多练习也可以做到的。

（三）结束活动：经验总结

幼儿小组交流自己吃饭的经验。

小结：只要我们学习其他小朋友的优点，多多练习，就可以做到又快又好地吃饭。我们比一比，看看谁获得的独立勋章最多。

（教师：张京）

三、环境创设

主题墙：不会做，没关系

活动目标：通过互动主题墙，引导幼儿遇到问题能够先尝试独立解决。

活动过程：环境创设以绘本《不会做，没关系》为主题开展，分为四个板块：什么是独立、遇到问题怎么办、勇敢小卫士和绘本互动。在第一个板块"什么是独立"中，组织幼儿对"独立"一词进行讨论，并将讨论过程展示在墙上。在第二个板块"遇到问题怎么办"中，利用图示呈现遇到问题时的解决办法。在第三个板块"勇敢小卫士"中，幼儿在日常生活中评比出尝试独立解决问题次数最多的小朋友，并将其照片贴在小卫士旁边，从而鼓励其他小朋友更主动地尝试独立解决问题。第四个板块为互动板块，幼儿可以利用自主活动时间来翻阅《不会做，没关系》这本绘本，加深对故事的印象和理解。

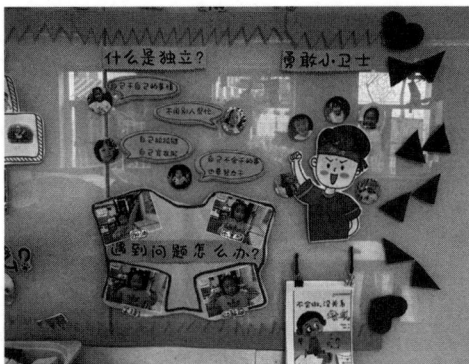

（教师：苑轶凡）

四、家园共育

亲子共读

◆小朋友们好，老师给大家带来了一本好听的故事书，故事的名字叫《不会做，没关系》。我们一起来听一听吧！

故事讲完了，你有认真听吗？那有几个小问题考考你。

1. 小男孩儿遇到了哪些不会做的事？

2. 小男孩儿是怎样解决的？

扫码看视频

3. 如果你遇到了这样的问题，你该怎么办呢？快和爸爸妈妈一起讨论一下吧。

◆家长指导：

《不会做，没关系》一书告诉孩子暂时不会不等于永远不会，晚一点儿学不等于比别人笨。同时也提醒爸爸妈妈们，每个孩子的成长速度是不同的，当孩子对你说"我不会，我做不好"的时候，要用心去解读孩子，这样才能给出合适的回应。在家中，当孩子遇到问题时，家长应该放手让孩子去独立解决，这样才能培养幼儿的独立性。家长们在带领幼儿阅读绘本时，要用温柔的语气讲述，同时可以与幼儿一同回忆自己的生活中有没有遇到过类似的事情，帮助幼儿克服挫败情绪。

（教师：赵松阳、张京）

第三节 大　　班

活动一：独立做决定

一、绘本推荐

绘本推荐表——独立品格	
绘本名称	《小豆豆的假期》
绘本作者	约翰·华勒斯 文/图　李紫蓉 译

推荐理由：

　　小豆豆的爸爸妈妈要带她出去旅行。小豆豆要带上所有的玩具，但是妈妈不让她把所有的玩具都带上，可是小豆豆认为，如果不能带着所有心爱的玩具一起去海边度假还有什么意思呢？当小豆豆真的去海边度了一回假，她才明白哪些物品是海边度假所必需的。度假给她带来了全新的快乐，并且也知道了出门旅行要做的准备有哪些。

　　这是一本画风可爱、贴近生活、虽然很短但会让人沉浸其中的故事。绘本中用小豆豆和妈妈一问一答的方式还原了小朋友和妈妈的日常对话，让小朋友知道出门旅行需要提前独立做计划，并且只需要带自己需要的物品，这样才能轻松自在地享受假期。

　　《指南》社会领域指出：尽量放手让幼儿自己的事情自己做，让他们在任务中树立自尊和自信。大班幼儿自主性很强，旅行前独立做旅行计划可以增强幼儿的独立性、自理能力和逻辑思维能力。

（推荐教师：卢佳）

二、集体教育活动

集体教育活动 1：小豆豆的假期

活动目标：

1. 理解画面，能用简短的语言表述自己所看到的内容。

2. 通过绘本知道旅行前需要独立做计划。

3. 乐意倾听别人讲述。

活动准备：

电子图书（课件 PPT）。

活动过程：

（一）观察封面，引出主题

用简短的语言描述所看到的内容，如地点、人物、动作。

（二）初步了解书中的人物和事件

1. 结合故事内容，引导幼儿讨论小豆豆要到哪里去。

2. 观察书 P1～P6 并让幼儿展开想象，帮助小豆豆想想该准备什么东西去度假。

3. 观察书 P7～P9 并提问。

（1）小豆豆想带上哪些东西去度假？

（2）你觉得小豆豆带这些东西去度假合适吗？为什么？

（3）分组讨论：小豆豆应该带些什么东西才最合适？

（4）你们是怎么知道小豆豆要去哪里度假的呢？（观察过的封面）

4. 观察书 P10～P16 并提问。

（1）妈妈为什么不让小豆豆带上这些东西呢？

（2）小豆豆是怎么想到这些东西的？

5. 观察书 P17～P23 并提问。

（1）小豆豆到目的地后是怎么玩的？

（2）她都准备了什么？

（3）如果你去度假，你会怎么准备？为什么？

6. 观察书 P24。

（1）说说小豆豆的假期过得怎么样？

（2）要离开时她的心情怎么样？

（三）请幼儿完整观看电子书，并试着一起讲述故事

（1）互相交流讲述故事。

（2）请幼儿谈谈自己在旅行中独立做了什么事情。

（教师：冯芃）

集体教育活动 2：下一站，迪士尼

活动目标：

1. 通过制订计划，知道出游前做计划的重要性。

2. 能够制订合理、符合自己需要的迪士尼出游计划。

3. 通过自己制订出游计划，增强自尊心和自信心。

活动重难点：

活动重点：鼓励幼儿做事情之前要有计划性。

活动难点：能够根据自己的需要制订合理的计划。

活动准备：

物质准备：PPT（攻略图片、迪士尼乐园、区域计划墙图片）、彩笔、计划纸人手一份、教师计划一份。

经验准备：知道迪士尼是上海的景点，有做区域计划、去过游乐园的经验，参与过家庭出游，会用简单的符号表现自己的想法。

活动过程：

（一）出示图片，引出主题

1. 出示幼儿制订的上海攻略的图片，激发幼儿兴趣。

提问：你最想去的地方是哪里？

2. 出示迪士尼图片，引出主题。

提问：我们去之前需要准备什么才能玩得更开心、更顺利呢？

小结：提前制订好计划，才能让旅途更顺畅。

（二）幼儿结合生活经验，自主制订计划

1. 出示区域计划墙，知道做计划的重要性。

提问：区域计划都会做些什么？如果去迪士尼旅游，我们从哪些方面去考虑呢？

2. 幼儿独立制订计划，教师巡回指导。

要求：请用简单明了的符号表示。

3. 幼儿分享自己的计划，教师梳理内容。

提问：你的计划里都有什么？为什么要做这些？

4. 出示教师计划，进行总结。

小结：小朋友们在做任何事情之前都要有一个计划，每个人的计划都是不一样的，要根据自己的需要制订合理的计划。能够独立制订出游计划，说明你们长大了。

（三）丰富计划，能力延伸

结合同伴的计划丰富自己的计划，鼓励幼儿将方法用于假期出游中。

（教师：卢佳）

三、区域活动

（一）进区计划卡

每天幼儿早来园时，会根据自己的想法决定区域活动时到哪个区玩、玩什么、跟谁玩以及怎么玩，然后按照自己的想法写进区计划卡。

（二）美工区

每天区域游戏时，幼儿在美工区先决定玩什么，再拿取材料进行游戏。

四、一日生活

在每天的过渡环节中，幼儿可以自主决定做哪些事情，如玩桌面玩具、做值日、上厕所、喝水、看书、做眼动操、和朋友聊天等。

五、环境创设

主题墙：小脚丫的决定

伴随着大班幼儿离园时间的临近，幼儿马上就要迎来暑假。在日常活动中，幼儿间讨论了我上周末去哪儿玩了等，借此我们开展了"小脚丫的决定"主题活动。

板块一：小豆豆的假期。教师和幼儿一起阅读了《小豆豆的假期》绘本故事，幼儿知道了如果想去旅行，要决定去哪里玩，提前了解那里都有什么，根据需要做旅行准备。

板块二：小脚丫的足迹。幼儿和家长一起制作了旅行海报，介绍了这些地方的地图、特色、美食和可以玩的地方。

板块三：小脚丫的愿望。班级幼儿根据大家的介绍，一起投票选举了我们最想去的城市，最终确定是上海。接下来，去过上海的幼儿作为小导游，对上海这个城市进行了介绍，没去过的幼儿则做了上海大调查，了解了上海的美食、游玩的地方和特色等。最后，师幼一起制作了"猜猜这是哪儿"的互动墙，增加幼儿对上海的熟悉程度。

板块四：小脚丫的计划。知道了上海的吃喝玩乐之后，幼儿根据自己的想法制订了自己的上海旅行计划，并在家长的帮助下一起制作了上海旅游攻略图，讨论了去上海旅行的行李准备。

（教师：李琦）

六、家园共育

（一）亲子共读

小豆豆的故事让我们知道，并不是把任务抛给孩子就可以了。首先，可以让孩子说出自己的想法，尝试放手让孩子独立去做一件事情，自己做决定，并关注孩子在做的过程中遇到了什么困难，需要成人怎样的支持和引导。

小朋友想一想：

1. 小豆豆想要带上哪些东西去度假？

2. 小豆豆应该带什么东西？

3. 如果你要出去旅行，你会怎样准备？

扫码看视频

（二）亲子制订上海旅行计划

师幼一起通过图片、视频、听其他幼儿介绍等方式了解了上海这个城市的特色、建筑、美食等，幼儿回家跟家长一起讨论并制订了上海的游玩攻略。

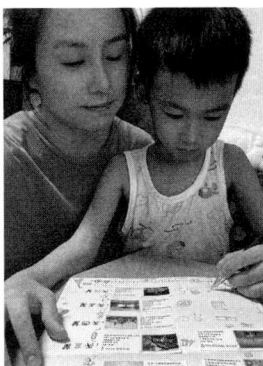

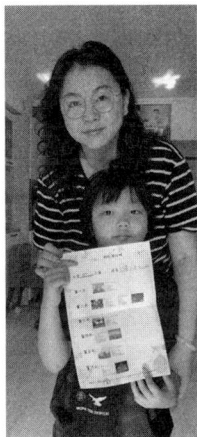

（教师：李琦、卢佳）

活动二：独立做事

一、绘本推荐

绘本推荐表——独立品格	
绘本名称	《小兔当家》
绘本作者	［奥］凯蒂·雷切斯 文 ［奥］弗拉克·巴禾 图 漪然 译
推荐理由： 有时候，一个总爱大惊小怪的朋友确实会让你神经紧张。因为小兔总是被很轻微的一点动静吓得抱头逃跑，所以小猫决定离家出走，去给自己找个新家，但这可不太容易。当小猫越来越想念自己的老家时，小兔却在独立的生活中发现，变得勇敢起来并不是很难！	

（续）

　　这是关于让孩子学会独立的故事，一个快乐又温暖的故事，讲述了独立的生活如何让友谊更加牢固。

（推荐教师：陈季晗）

二、集体教育活动

集体教育活动1：小兔当家

活动目标：

1. 引导幼儿在仔细观察中理解小兔的情感变化。

2. 在活动中体会独立做事的乐趣。

活动准备：

绘本《小兔当家》、绘本 PPT、袜子、PP 棉、剪刀、彩笔、棒棒糖（或小礼品）。

活动过程：

（一）幼儿讨论，引出主题

提问：小朋友们有没有自己一个人在家的经历？自己一个人在家害怕不害怕？为什么呢？

（二）分段讲述故事，幼儿理解故事内容，感受独立

1. 幼儿观察封面并讨论。

提问：今天我们讲的这个故事叫《小兔当家》。小朋友们，你们觉得这只小兔子是什么心情呢？怎么看出来的呢？究竟发生了什么事让小兔子这么害怕呢？

2. 师幼共同阅读 P1～P6，讲述故事内容。

提问：小猫和小兔都做了什么？小猫的表现是什么样的？小兔为什么总是害怕？

小结：小兔子总是因为一些小动静就害怕，这让它的好朋友小猫非常苦恼。它们该怎么办呢？我们一起继续读一读绘本吧。

3. 师幼共同阅读 P7～P18，讲述故事内容。

提问：小兔和小猫都做了什么？发生了什么？

小结：小猫选择离开小兔，可是它并没有交到新的好朋友，它并不开心。小兔呢？它又在干什么呢？我们继续看一看吧。

4. 师幼共同阅读 P19～P26，讲述故事内容。

提问：小兔独自在家做了什么？它是怎么当家的？结果怎样？它的心情怎样？如果你是故事中的小兔，你会怎样做？

小结：小兔因为小猫的离开非常害怕，但是它选择克服恐惧，守护它们的家园。小猫也回到了家里，它们又开心地在一起啦。真是太棒啦！我们可以从一件小事开始，也可以从一段很短的时间开始独立做事。可能会经历担心，也可能带来惊喜，相信自己可以做好。

（三）袜子手工：小兔子

鼓励幼儿利用废旧材料制作小兔子玩偶，像故事中的小兔子那样尝试独立做事。

三、一日生活

幼儿学习整理小书包后，为帮助幼儿更好地提升独立品格，教师鼓励幼儿整理自己的小柜子和班中的活动区。幼儿在整理区域后，感受到区域活动更加方便，体验到了整理后的好处，独立整理的积极性更强，也更加愿意根据自己的意愿独立完成任务。

四、环境创设

主题墙：整理小书包

结合班中主题和幼小衔接内容，创设了整理小书包的主题墙。通过提前确定的郊游目的地，幼儿结合郊游时间、天气等因素，独立准备所需的物品，包括食品、生活用品、应急物品。幼儿通过独立准备，提升生活经验，在过程中习得分类的新经验。

鼓励幼儿在做事前做好准备工作，结合幼小衔接生活准备方面的培养，让幼儿独立收拾个人物品，提升幼儿的自理能力和独立做事的胜任感。

五、家园共育

亲子共读

◆小朋友们好，老师给大家带来了一本好听的故事书，故事的名字叫《小兔当家》。我们一起来听一听吧！

请你想一想：

1. 小猫为什么要离家出走？

2. 它的心情是什么样的？

3. 小猫走后，小兔做了什么？它的心情是怎样的？

4. 小朋友们应该做什么样的小兔？快来说一说你喜欢什么样的小兔？

◆家长指导：

在成长的过程中，我们每个人都要慢慢学会独立，因为只有独立的人才能

扫码看视频

勇敢地去面对生活中的各种问题。我们不可能永远依赖父母或者他人,因为他们会由于我们的依赖而变得辛苦,他们也有很多重要的事情需要去完成。当变得独立起来的时候,我们就会发现,自己更加勇敢和自信,朋友也会更多。就像故事中的小兔和小猫一样,彼此间的独立会让他们的友谊更加牢固。

(教师:孟凯雯)

文章推送《和您聊聊娃的那些事儿——独立》

各位家长朋友:

本月我们一起来聊一聊幼儿的独立品格。对幼儿来说,独立包括行为上的独立和思想上的独立两方面,不仅要能够照顾好自己的日常生活,而且能管理好自己的情绪,拥有完整的自尊和自信,具有独立思考的能力,不会人云亦云。相比独立性较弱的幼儿,独立性强的幼儿表现得更有自尊和自信,有较强的社会适应能力和人际交往能力,如能很好地适应小学生活,此外更可能表现出创造力,取得成就,因此家长要重视对孩子独立品格的培养。

一、情景再现

3~5 岁是幼儿独立性发展的关键期。幼儿在 2~3 岁时,就会开始说"我想要""我会做""我来"这样的话,而到了 5 岁时,儿童的独立性就会达到相对稳定的状态。此时,独立性的发展将成为他们未来发展的基础。

我们在生活中常常发现孩子在某一时刻会出现这些行为,如孩子在自己还不会穿衣服、不会用筷子时想要自己尝试着做,愿意主动做家务、分房睡等,遇到问题时会说"我自己来""我知道怎么做""我有主意了",这些都是幼儿独立敏感期的表现。如果这个时候,成人因为担心幼儿做不好而过多的干涉、包办代替,则可能剥夺了幼儿独立自主的权利,久而久之,幼儿可能会出现依赖成人、缺乏自理能力、不自信等特征,如有的幼儿到大班还不会用筷子、一遇到问题就向成人求助……幼儿独立性的形成并不是一蹴而就的,需要成人的有效引导,那么如何培养幼儿的独立品格呢?

二、老师会这样做

1. 为幼儿提供与自理能力相关的游戏或活动。如在娃娃区中给布娃娃当妈妈,进行穿衣练习;开展"叠被子"大赛,在竞争中激发幼儿对独立的渴望。

2. 利用生活中的点滴事件培养幼儿的独立性。如鼓励幼儿整理自己的柜子、把玩具放回原处、饭后整理桌面等。

3. 鼓励和保护幼儿的好奇心。如在幼儿提出自己的问题或想法时，老师会耐心倾听，并及时在集体面前赞赏幼儿"你真是个爱思考的孩子""你真棒"，鼓励其他幼儿相互学习、勤动脑。

4. 当幼儿遇到困难时，老师会给予幼儿探索的空间，引导幼儿积极地解决问题。如有的幼儿在玩玩具时一遇到困难就找老师帮忙，这时老师会说："你看，你这块搭得特别好，哪里出了问题？你再试一试，仔细看看图示。"以此激励幼儿不断探索与尝试，独立解决问题。

三、家长可以这样做

了解了教师是如何培养幼儿独立品格的，那么家长朋友们可以怎么做呢？我们一起来看看德耕教育专家夏婧博士是如何讲的。

视频看完了，让我们再一起回顾一下吧。

1. 在日常生活中培养幼儿的自理能力。

2. 尊重幼儿的好奇心，培养幼儿独立思考的能力。

3. 创造机会，培养幼儿独立解决问题的能力。

扫码看视频

四、绘本推荐

1. 品格故事《阿立会穿裤子了》。

故事启示：小男孩阿立因为不会穿裤子跌倒了，于是他放弃了穿裤子，却被别人一次次地嘲笑……最后终于学会了穿裤子。故事告诉我们，学习独立吃饭、穿衣对幼儿来说都是了不起的大事，我们要不断鼓励他们哦！

扫码听故事

2. 品格故事《存起来的吻》。

故事启示：在去夏令营的车上，斑马小奔用盒子里爸爸妈妈的吻帮助好多小朋友度过了那个难眠的夜，同时也收获了珍贵的友情。故事告诉我们，第一次独自踏入"小社会"，孩子们的内心

扫码听故事

都承受着巨大的压力，成人应理解并帮助孩子有效地缓解入园焦虑，才能使其独立地生活。

3. 品格故事《我不想离开你》。

故事启示：在袋鼠妈妈的照顾下，小袋鼠一天天长大了，可小袋鼠却总是不愿意离开妈妈的育儿袋……这个故事告诉我们，孩子的独立并不是一蹴而就的事情，需要成人循序渐进地引导。当孩子发现独立之后丰富多彩的生活，就会愿意体验独立的快乐。

扫码听故事

4. 品格故事《小老鼠奇奇去外婆家》。

故事启示：小老鼠奇奇踏着轻快的步伐，独自去森林另一头的外婆家。沿

途，奇奇遇到了各种各样的小困扰，也得到了很多动物朋友的关心和帮助。奇奇能平安地到达外婆家吗？故事教会孩子要学着独立解决问题，渐渐拥有不怕挫折的勇气。

扫码听故事

亲爱的家长朋友们，幼儿的独立性会影响他们日后学习与生活的能力，对他们未来的发展有着重要的影响。幼儿只有拥有较强的独立性，才会在日后的成长中更顺利、更快乐、更优秀。因此，家长朋友们一定要重视起来哦！

（教师：陈璐、冯芃）

第 四 章

礼 貌 品 格

礼貌是文明行为的主要内容，包括礼貌行为和礼貌语言，其核心就是对他人的尊重和关心，实际上也是人内心活动表现的一种。幼儿文明礼貌行为指的是幼儿在日常生活中不由自主地表现出来的、符合社会规范和文明要求的全部行为方式的总和，是社会文化和社会道德水平的反映，也是保证社会生活正常进行的必要条件。

拥有良好的文明礼貌行为习惯对于每个人来说都是非常重要的，同时也是中华民族的传统美德之一。《纲要》中指出：礼貌教育应以情感教育和培养良好的行为习惯为主，注意潜移默化，并贯穿于幼儿生活及各项活动中。《指南》中社会领域指出，幼儿要学会关心尊重他人，小班幼儿"在长辈讲话时能认真听，并能听从长辈的要求"，中班幼儿"会用礼貌的方式向长辈表达要求和想法"，大班幼儿"能有礼貌地与人交往"。

在礼貌品格主题下，教师根据幼儿的发展水平、兴趣需求及《指南》引领，选取了《有礼貌的小熊熊》《我会打招呼》《紫色花小路》等绘本，结合家园共育，开展了关于"我知道的礼貌用语和行为""了解不同的打招呼方式""不要随意评价他人"以及"寻求帮助时使用的礼貌用语"等内容的活动。

主要内容	年龄班	推荐绘本
礼貌语言	小班	《我会打招呼》
礼貌行为	小班	《把坏脾气收起来》
礼貌语言	中班	《你别想让河马走开》
礼貌行为	中班	《紫色花小路》
礼貌语言、行为	大班	《从小懂礼貌》
礼貌行为	大班	《有礼貌的小熊熊》

第一节 小 班

活动一：我会打招呼

一、绘本推荐

绘本推荐表——礼貌品格	
绘本名称	《我会打招呼》
绘本作者	欣金星文化 编 阿咚 白米 绘
推荐理由： 　　绘本《我会打招呼》讲述的是小鸭子丫丫和妈妈一起去小猪家做客，在路上遇见各种小动物会主动热情地打招呼的故事。这是儿童爱的教育成长陪伴故事绘本系列之一，主要是教小朋友见到人主动打招呼问好，让幼儿体会与人交往的乐趣，鼓励幼儿与他人接触、交谈，从小养成主动打招呼的良好习惯。 　　见面打招呼不仅是一种表示友好的行为，更是有礼貌的表现，它会让我们变得更受欢迎，交到越来越多的好朋友，还能帮助孩子学会讲礼貌。此绘本内容轻松有趣，情景非常生活化，很容易引起孩子的共鸣，引导孩子养成有礼貌的习惯。 （推荐教师：许小雪）	

二、集体教育活动

集体教育活动 1：我是有礼貌的好宝宝

活动目标：

1. 理解故事内容，知道"你好""再见"等打招呼的礼貌用语。

2. 愿意与人打招呼，体验与人打招呼的快乐心情。

活动准备：

《我会打招呼》绘本 PPT，小鸭、鸭妈妈、犀牛、大象、小猪动物头饰，幼儿来园、离园时的照片。

活动过程：

（一）出示绘本封面，激发幼儿的兴趣

提问：图片上都有谁呢？它们在做什么？犀牛对小鸭子说了什么？

（二）阅读与体验，尝试使用不同的礼貌用语

1. 绘本阅读与表达。

（1）出示绘本 P1～P5。

提问：鸭妈妈带丫丫去小猪家做客，路上遇见了谁？它会说什么？大象叔叔是怎么做的？

指导重点：幼儿知道见面要说"你好"。

（2）出示图片 P6～P9，通过观察图片，让幼儿知道与别人道别时要说"再见"。

提问：过桥时，丫丫又遇见了谁？它会说什么？犀牛爷爷是怎么做的？丫丫走之前会说什么呢？

指导重点：引导幼儿知道与别人道别时要说"再见"。

（3）出示图片 P10～P14，通过观察图片，让幼儿知道打招呼的多种方式。

提问：到了小猪家，怎么没看到小猪胖胖呢？丫丫打招呼后，胖胖是怎么回应的？

指导重点：引导幼儿知道与别人打招呼时可以面带微笑。

2. 讨论环节，知道在不同情景下说不同的礼貌用语。

提问：你在生活中，什么时候会使用"你好""再见"？

小结：在日常生活中，我们在与别人见面时，应该对别人说"你好"，当我们与别人道别时，应该说"再见"。

3. 角色表演游戏，练习主动打招呼。

（1）教师扮演鸭妈妈，幼儿扮演丫丫、犀牛、大象、小猪，并戴上相应的头饰，与教师一起表演故事，练习主动与人打招呼。

（2）游戏反复进行，能够熟练地使用不同的打招呼语言。

（三）自然结束，愿意与别人打招呼

现在我们一起去游园，见到老师、小朋友和保安叔叔要主动打招呼。

活动延伸：

引导幼儿大胆与人交流，会用打招呼的语言，使幼儿学会主动与教师、家长及幼儿园里其他人员打招呼，从小做有礼貌的好宝宝。

（教师：任继莉）

集体教育活动 2：糖果屋里趣味多

活动目标：

1. 在糖果屋游戏中学习使用礼貌用语。

2. 感受同伴间礼貌相处的快乐。

活动准备：

物质准备：幼儿游戏音频、礼貌用语图片等。

活动过程：

（一）收听音频，激发幼儿参与活动的兴趣

提问：你看到了什么？他们说了什么？

（二）通过不同情境，让幼儿知道在不同情境下用不同的礼貌用语

1. 幼儿观看图片，初步理解好听的礼貌用语。

提问：你听到了什么？他们说了什么？你在哪里听过这些话？

重点指导：初步引导幼儿知道在买东西时会遇到哪些人。

2. 讨论：在不同情境下说什么礼貌用语。

提问：当你买东西的时候，作为顾客你会说什么？

当我们进商店的时候，你进门的时候会听到服务员说什么？

当你结账时，你听到收银员说什么？

小结：当我们作为顾客买东西时，我们会说"你好""谢谢"，当我们进商店时，听到服务员说"欢迎光临""请进"等，当我们付钱的时候，我们会说"谢谢"。

3. 通过情景游戏"我是小客人"，学会说礼貌用语。

（1）组织幼儿去糖果屋购物，引导幼儿用礼貌的语言与同伴游戏。

玩法：分角色扮演，引导幼儿学说不同的礼貌用语，如服务员要说"请进""欢迎光临""再见"。

（2）再次尝试，学说礼貌用语。

（三）自然结束，激发幼儿说礼貌用语

师：今天我们去糖果屋游戏，听到了这么多的礼貌用语，扮演角色的小朋友特别棒，说了这么多的好听的话，希望其他来到糖果屋的小朋友也能像这些小朋友一样，说礼貌用语。

（教师：石海溶）

三、区域活动

（一）图书区
活动目标：

1. 通过礼貌转盘，学习多种打招呼的方法。

2. 阅读绘本，巩固幼儿的礼貌用语。

活动内容：

1. 投放绘本《我会打招呼》，巩固幼儿的礼貌用语。

2. 同时在图书区投放礼貌转盘，吸引幼儿在游戏中学习多种打招呼的方法，愿意主动打招呼。

玩法：老师制作礼貌转盘，请幼儿玩转盘游戏，转到哪种打招呼的方式，两位小朋友就用该种方式打招呼，提高幼儿打招呼的主动性，同时掌握不同打招呼的方法。

（二）糖果屋
活动目标：

1. 在情景游戏、角色扮演中，学习日常生活中常用的礼貌用语，如欢迎光临、你好、谢谢、再见等。

2. 提升幼儿在外购物的经验。

活动内容：

1. 先让幼儿观察别人购物的视频，初步了解购物时的人物等。

2. 然后借助绘本《我是小客人》，帮助幼儿理解在购物过程中，可以使用哪些礼貌用语。

3. 在情景游戏中运用简单的礼貌用语，如服务员会说"欢迎光临"，收银员会说"请问您需要点什么"等。

（教师：许小雪）

四、一日生活

活动 1：听故事《我会打招呼》
活动目标：
1. 通过故事《我会打招呼》，巩固基本的礼貌用语。
2. 愿意向丫丫学习说礼貌用语。
活动过程：
过渡环节时，老师再次为幼儿放《我会打招呼》的故事，使幼儿巩固"你好""再见"等礼貌用语，愿意向丫丫学习。

活动 2：我向丫丫打招呼
活动目标：
1. 通过丫丫的形象，激发幼儿主动打招呼的热情。
2. 幼儿愿意向丫丫打招呼，并体验打招呼的快乐。
活动过程：
事先把做好的丫丫形象布置到班级门口，幼儿来园进门时播放"小朋友你好"，引导小朋友主动向丫丫打招呼。

活动 3：我会打招呼（一）
活动目标：
1. 幼儿扮演丫丫，与小朋友主动打招呼。
2. 能主动打招呼，并体验打招呼的快乐。
活动过程：
请一位幼儿扮演丫丫站在班级门口迎接小朋友入园，幼儿进门时同伴间相互问好，从而养成主动打招呼的好习惯。

活动4：我会打招呼（二）

活动目标：

1. 教师扮演丫丫，鼓励幼儿主动打招呼。

2. 能主动打招呼，并体验打招呼的快乐。

活动过程：

幼儿来园时，请站在门口的老师扮演丫丫迎接小朋友入园，幼儿进门时主动向老师问好，从而养成主动打招呼的好习惯。

活动5：礼貌角

活动目标：

1. 激发幼儿主动打招呼的热情。

2. 幼儿愿意主动向班外老师打招呼，并体验打招呼的快乐。

活动过程：

事先把准备好的小贴纸放在礼貌角，当班外老师巡班时，幼儿主动向班外老师问好，班外老师给主动打招呼的幼儿发贴画，鼓励幼儿大胆主动地问好。

（教师：许小雪）

五、环境创设

主题墙1：嗨，小伙伴

通过谈话活动，幼儿知道有多种打招呼的方法，将打招呼的方法布置在主题环境中，从而引导幼儿养成主动打招呼的习惯。

主题墙 2：你好，再见

利用两个月的时间，幼儿通过游戏学习了初步的礼貌用语"你好""再见"等。鼓励幼儿在日常生活中利用礼貌用语与别人交流。

（教师：许小雪）

六、家园共育

亲子共读

◆小朋友们好，今天王老师给大家带来一个有意思的故事，故事的名字叫《我会打招呼》。

好听的故事讲完了，小朋友们想一想：

1. 你们觉得丫丫做得怎么样？

2. 我们要学习丫丫什么呢？

扫码看视频

3. 你在日常生活中是怎样做的？

◆家长指导：

绘本《我会打招呼》讲述的是小鸭子丫丫和妈妈一起去小猪家做客，在路上遇见各种小动物时会主动热情地打招呼的故事。绘本的教育价值是：见面打招呼不仅是一种表示友好的做法，更是有礼貌的表现，它会让我们变得更受欢迎，交到越来越多的好朋友。此绘本内容轻松有趣，情景非常生活化，很容易引发孩子的共鸣，引导孩子成为有礼貌的小孩。这是一本很适合亲子共读的经典绘本。

那么家长朋友可以怎么做呢？请家长在家陪同幼儿共同阅读绘本《我会打招呼》，并使用礼貌用语"你好"，在日常生活中，如来客人、遇到邻居等时都可以提醒幼儿主动打招呼说"你好"，养成良好的习惯。

◆家长小妙招：

1. 营造良好的家庭氛围。父母以身作则，每天对宝宝说"你好"等礼貌用语，不溺爱孩子，耐心和孩子讲道理。

2. 用故事影响幼儿的行为，引导孩子养成良好的礼貌行为。

3. 经常带孩子外出，随时随地进行引导。如到餐厅吃饭，主动和点餐的服务员问好。

4. 引导幼儿先向自己喜欢的人问好，孩子不喜欢主动问好时不强制，可以先用动作，如摆摆手等来表示。

5. 亲子互动，增强社交能力。如在家中与幼儿共同进行社交场合的角色扮演、情景游戏等，让幼儿增加社会经验。

（教师：王雪杰）

🦆 活动二：把坏脾气收起来

一、绘本推荐

绘本推荐表——礼貌品格	
绘本名称	《把坏脾气收起来》
绘本作者	［美］卡罗尔·罗思 著　　［美］拉申·凯里耶 绘　　南曦 译
推荐理由： 　　每个人都会有情绪，孩子也不例外。从 2 岁左右开始，幼儿的自我意识开始萌芽，家长们会发现孩子逐渐有了自己的想法，进入了人生中的第一个"叛逆期"。其实孩子的叛逆过程，就是他自我意识的发育过程。如果家长靠打骂来教育孩子，这个时期势必是比较难的。	

（续）

《把坏脾气收起来》通过一只小老虎的故事，让我们看到小老虎的情绪和生活中的小朋友很类似，如果事情没有按照它的想法来，它就会发脾气，有时候会大叫、大哭甚至跺脚，有时候还会三招一起用，这就是宝宝发脾气时惯用的方法。

在倾听绘本的过程中，小朋友们可以从故事中学习小老虎收起脾气的方法。家长们也可以通过亲子阅读增进亲子感情，同时陪幼儿梳理自己的脾气。

（推荐教师：韩秋芳）

二、集体教育活动

集体教育活动 1：把坏脾气收起来

活动目标：

1. 初步理解绘本故事情节，感受故事中主人公的情绪变化。

2. 在成人的提示下不乱发脾气，礼貌回应。

活动准备：

物质准备：《把坏脾气收起来》PPT。

活动过程：

（一）欣赏绘本的封面、环衬，引起幼儿的阅读兴趣

指导语：这是什么动物？为什么颜色红红的？

引导幼儿对绘本内容进行初步猜测。

（二）引导幼儿观看绘本内容

1. 看一看。引发幼儿看书的兴趣。

指导语：图片上是谁？他在干吗？他的表情是什么样的？

2. 猜一猜。引导幼儿观察图片中主人公的表情变化。

指导语：你们猜猜他把他的坏脾气收到了哪里？小老虎把坏脾气收好之后，妈妈与小老虎的表情与之前有什么不同？

3. 说一说。鼓励幼儿大胆表达对故事情节的感受。

幼儿自主讨论令自己印象最深刻的画面或情节，分享自己的感受。

（三）结束部分

师幼共同回顾绘本内容，引导幼儿把在绘本中学习到的内容延伸到生活中。幼儿分享平时管理情绪的方法。

（教师：陈鑫）

集体教育活动2：开心的小老虎

活动目标：

1. 尝试用水彩笔为小老虎画五官，并涂上好看的颜色。

2. 能用礼貌用语"我能……""谢谢"等和同伴分享自己的作品。

活动准备：

未画五官的小老虎脸、水彩笔、绘本封面、一张笑脸的小老虎简笔画。

活动过程：

（一）绘本图片导入，引发幼儿兴趣

师：看看它是谁？谁还记得它发生了什么事？

师：你们喜欢什么样的小老虎？我们一起来画一只开心的小老虎吧！

（二）出示范画，讲解绘画过程

1. 出示小老虎简笔画，引导幼儿观察开心小老虎的五官特点。

师：大家好，我是一只爱笑的小老虎，我对待别人很有礼貌哦！

师：仔细看一看老虎的眼睛长什么样子？鼻子呢？还有胡须呢？怎么画微笑的表情？

注意：鼓励幼儿用小手在空中比画一下，注重点、线等画法。

2. 教师示范，让幼儿了解绘画方法。

注：眼睛用点点画，鼻子上也有点点，胡须用直线画，最后用弧线画一个大大的嘴巴。

3. 交代要求，幼儿操作，教师巡回指导。

指导幼儿有序画五官，最后涂上自己喜欢的颜色。

（三）展示幼儿作品，幼儿相互欣赏并评价，结束活动

师：请小朋友像小老虎一样礼貌地和身边的好朋友分享你画的小老虎吧，你可以说"我能看看你的画吗？""请看我的画""谢谢"等。

活动延伸：

教师将幼儿的作品贴在美术角里，引导幼儿相互欣赏并评价。

（教师：孟凯雯）

集体教育活动 3：有礼貌的小老虎

活动目标：

1. 知道对长辈要有礼貌，不乱发脾气。

2. 能保持愉快的心情，愿意有礼貌地与人交流。

活动准备：

物质准备：表情图片、好方法的图片。

活动过程：

（一）观看情景表演，引导幼儿知道对长辈要有礼貌

情景 1：小老虎随妈妈上街，看到漂亮的玩具，非要缠着妈妈给它买，但它已经有很多玩具了，妈妈没有买，小老虎大发脾气。

情景 2：小老虎说好随妈妈上街不随便买东西，可是它跟妈妈到商店后，看到商店里有好多零食，非要闹着让妈妈买，不买就坐在地上不起来。

情景 3：小老虎早上上幼儿园，到幼儿园后发现自己没带手帕，就向妈妈大发脾气，又哭又闹，妈妈只好回家给它去拿。

提问：发生了什么事情？小老虎是怎么做的？它这样做对吗？

（二）帮助故事中的小老虎学习礼貌与长辈交流的方法

出示三种好方法的图片，引发幼儿思考。

指导语：小老虎生气了，有什么办法让它开心起来，好好跟长辈交流？

提问：如果你是小老虎，你会怎么办？（引导幼儿知道应该用礼貌的方式和长辈交流）

（三）我是有礼貌的好宝宝

幼儿有礼貌地与老师、同伴打招呼、做游戏，活动自然结束。

（教师：韩秋芳）

三、一日生活

活动1：谢谢老师

活动目标：

1. 引导幼儿向为自己服务的人表达感谢。

2. 初步培养幼儿讲礼貌的意识。

活动过程：在进餐、加餐环节，保育员老师为幼儿分发食物，幼儿有礼貌地向老师说谢谢。幼儿自主取餐时，双手端餐具并说谢谢。

活动2：玩具大家玩

活动目标：

1. 愿意将自己喜欢的玩具与同伴一起玩，不争抢玩具。

2. 体验与同伴一起游戏的乐趣。

活动过程：通过教育活动和讲故事，引导幼儿知道，在玩玩具时不能争抢玩具、不独霸玩具，玩具是大家一起玩的，懂得分享、轮流玩，礼貌待人。

（教师：陈鑫）

活动3：当我把坏脾气收起来（互动墙）

材料说明：依据班级幼儿情况创设互动功能墙。基于集体教育活动后的延伸，引导幼儿不发脾气，礼貌对待他人。在说了有礼貌的话之后，或是在老师的提示下不发脾气、不哭闹后，为自己的花朵涂色。

玩法：为每位幼儿准备一张照片和一朵小花，幼儿可以自选时间，在不发脾气的时候给自己的花瓣进行装饰（涂色、贴贴画）。

（教师：陈鑫）

四、环境创设

主题墙：把坏脾气收起来

第一部分：通过集体活动"把坏脾气藏起来"，引导幼儿不乱发脾气，并将幼儿礼貌行为的照片进行展示，帮助幼儿熟悉、巩固心情不好或难过时变高兴的方法。

第二部分：开展美工活动"爱笑的小狮子"，在粘贴画的过程中，再次引导幼儿保持愉快的心情，并将幼儿的作品进行展示。

（教师：韩秋芳）

五、家园共育

(一) 亲子共读

◆小朋友们大家好，今天老师要为大家分享的故事叫《把坏脾气收起来》。我的故事讲完了，请你来回答几个问题吧。

扫码看视频

1. 如果你的坏脾气忽然来了，你会把它收到哪里去呢？

2. 你们觉得小老虎这个办法好不好呀？

3. 小朋友们有没有想到更好的办法可以把坏脾气收起来呢？

◆家长指导：

每名幼儿都是一个独立的个体，2～3岁会迎来幼儿的第一个"叛逆期"，家长们会发现孩子逐渐有了自己的想法，这一时期其实也是幼儿成长、迈向独立的第一步，是家长引导幼儿学习礼貌待人的好时机。

（教师：陈鑫）

(二) 其他活动

活动名称： 我的情绪小怪兽

活动目标：

1. 分享绘本故事，了解幼儿的想法。

2. 通过绘本故事增进亲子感情，陪幼儿梳理自己的脾气。

活动过程： 与家长分享《把坏脾气收起来》绘本后，结合班级亲子活动，幼儿家长为小朋友和其他家长们分享了绘本《我的情绪小怪兽》。这本绘本既让幼儿了解自己的情绪颜色，又为家长提供了了解幼儿的机会，对于家园共育让幼儿变得更好有很大的帮助。

活动延伸： 亲子阅读《我的情绪小怪兽》。

（教师：韩秋芳）

第二节　中　　班

活动一：礼貌待人

一、绘本推荐

绘本推荐表——礼貌品格	
绘本名称	《你别想让河马走开》
绘本作者	［英］迈克尔·卡奇普尔 文 ［英］罗莎琳德·比尔肖 图　任溶溶 译

（续）

推荐理由：

"如果河马不想走开，你别想让河马走开——这点千真万确！"那么，丛林里的动物们该怎样让这只懒洋洋的河马从桥上移开呢？狮子、猴子还有疣猪，他们试着命令河马走开，把河马推开，甚至把河马弹开，结果都失败了。只有一只小老鼠找到了能让河马走开的好办法。

这个故事告诉小朋友们一个道理：力量不完全是靠力气，也不是靠命令，而是靠你对其他人的态度，礼貌待人会有更强大的力量。在实际生活中，小朋友们免不了要与人打交道，和别人交流，在与别人打交道时，我们要讲礼貌，尊重人，友善对待他人。

（推荐教师：李可心）

二、集体教育活动

集体教育活动 1：介绍他人

活动目标：

1. 学习有礼貌地介绍他人。

2. 乐于介绍他人，提升人际交往能力。

活动准备：

物质准备：礼仪手势图片。

经验准备：幼儿看过礼仪相关的视频。

活动过程：

（一）谈话导入，引起幼儿兴趣

师：如果老师今天要去你家做客，但是老师跟你的爸爸妈妈不认识，你应该怎么做？你应该如何介绍老师，并让老师和你的爸爸妈妈认识？

（二）游戏"作客"

1. 情景表演"作客"。

（1）几位教师互相配合，一位扮演妈妈，一位扮演老师，一位扮演小朋友。

（2）教师重点示范介绍他人的手势（以右手四指并拢、手心朝上的方式进行介绍）以及介绍的顺序（先介绍妈妈再介绍老师）。

2. 小朋友分组进行情景表演"老师来做客"。

3. 学习礼仪儿歌。

他是谁，我介绍；右手指他把名报；握握手，点点头；我们都是好朋友。

4. 游戏"粘贴乐"。

（1）请幼儿观察两幅图，讨论哪个小朋友做得更好，说说为什么。

第一幅图里的小朋友给好朋友介绍新朋友，对方有礼貌地回答"你好"。

第二幅图里的小朋友把新朋友介绍给同伴，同伴不理睬。

（2）请幼儿观察，图画中谁做得对，谁做得不对。

（3）请幼儿将手中的笑脸贴到自己喜欢的行为图片上。

①讨论：你把笑脸贴在了哪幅图片上？为什么？（个别幼儿回答）②小结：小朋友们应该向第一幅图上的小朋友学习，当别人向你介绍新朋友时，应该有礼貌地回应。

（三）带领幼儿律动后离开活动室

活动延伸：

区域活动：开展"客人来访"的游戏，让孩子在游戏中练习介绍他人的礼仪。

（教师：张薇）

集体教育活动 2：快来说"请"吧

活动目标：

1. 知道在不同情景下要使用不同的礼貌用语。

2. 能够体会别人的情感，愿意尊重别人。

活动准备：

绘本《你别想让河马走开》、不同情景的照片。

活动过程：

（一）情景导入，激发幼儿兴趣

举出生活中需要使用礼貌用语的情景，引导幼儿思考怎样说、怎样做更合适。

师：当你需要和其他小朋友交换玩具时，你会怎么说？如果你想让老师帮助你扣扣子，你会怎样说？我们来看一看故事中的小朋友是怎么做的吧。

（二）阅读绘本，学习礼貌用语

1. 读一读，理解故事内容。

教师带领幼儿阅读绘本，帮助幼儿理解绘本内容和故事表达的内涵。

2. 演一演，体会人物情绪的变化。

请幼儿分角色表演故事中的情景，帮助幼儿在表演中体会礼貌用语带给人们的力量。

师：请你说一说，当别人使用和不使用礼貌用语时，你的感觉和心情分别是怎样的？你更喜欢哪种方式？

3. 练一练，学会合理使用礼貌用语。

帮助幼儿练习在适当的情况下使用礼貌用语。

出示幼儿在不同情景下的照片，请幼儿模拟一下，在此时怎样说、怎样做才是礼貌的。

（三）开展文明礼貌伴我行活动

请小朋友们在幼儿园中多多使用礼貌用语，与其他小朋友礼貌交往，每月举行"礼貌小天使"评选活动，选出心中最有礼貌的小朋友。

（教师：刘文秀）

三、区域活动

（一）银行

第一阶段：让幼儿了解小银行都有哪些工作人员，他们都可以对客人说些什么，引导幼儿初步使用角色的礼貌用语。

第二阶段：结合家园共育活动——亲子参观银行，观察生活中银行里的工作人员是如何说和做的。

第三阶段：和大班的哥哥姐姐一同游戏，大班幼儿带领中班幼儿熟悉并掌握银行中不同角色的语言。

（二）图书区

第一阶段：与幼儿一同筛选礼貌方面的图书，为幼儿梳理日常生活中礼貌用语的用法，在不同的情景中，我们应该如何使用不同的礼貌用语，提升幼儿的生活经验。

第二阶段：投放绘本《你别想让河马走开》，让幼儿熟悉故事内的情景，看图讲述，并能在日常生活中使用礼貌用语。

第三阶段：投放绘本《你别想让河马走开》中不同角色的图片，在活动区中鼓励幼儿分角色扮演，能够熟悉使用礼貌用语。

（三）共享角色游戏：古风摄影照相馆

第一阶段：利用绘本引导幼儿了解照相馆的工作人员可以对客人说的礼貌用语和做的礼貌动作。

第二阶段：家园共育，请幼儿观察生活中真实的照相馆工作人员是如何说礼貌用语的，有哪些是照相馆中的角色语言。

第三阶段：和其他班的幼儿共享照相馆的角色游戏，在游戏中带领其他班幼儿掌握照相馆的不同角色语言。

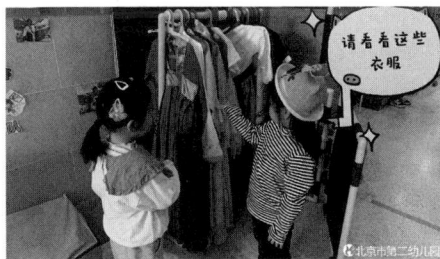

（教师：张薇、赵瑾）

四、一日生活

1. 自主活动时，幼儿与同伴共同讲绘本《你别想让河马走开》，幼儿喜欢书中的角色形象，熟悉故事内容，了解到好听的一句话能让别人很开心。

2. 幼儿来园时，请老师站在门口迎接小朋友进班，老师向幼儿问好，幼儿能够和老师打招呼，从而养成主动打招呼的好习惯。

3. 幼儿来园时，请值日生站在班级门口迎接小朋友入园。同伴间相互问好，从而养成主动打招呼的好习惯。

4. 在楼道和盥洗室时，幼儿主动和其他班的幼儿打招呼。

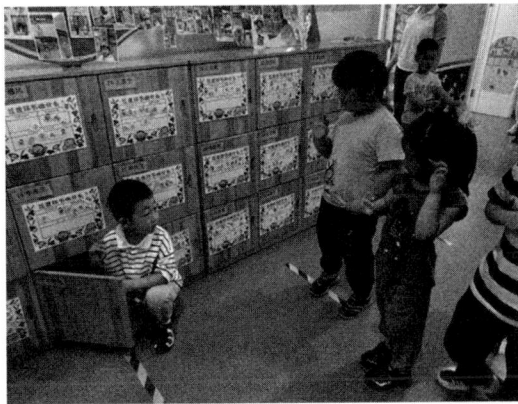

（教师：李可心）

五、环境创设

图书区：创设了墙饰"甜甜的话"，分为两个板块"故事我会讲""文明举止我先行"。

第一阶段：本班幼儿目前不愿与别人交流，来园、离园时不能主动与老师、同伴打招呼，因此创设了"文明举止我先行"。

第二阶段：通过情景游戏让幼儿学会用日常生活中的礼貌用语，比如在银行中，幼儿通过扮演工作人员、顾客等练习使用礼貌用语。

第三阶段：故事我会讲。通过图片及故事角色扮演，练习正确地使用礼貌用语。

（教师：张薇）

六、家园共育

（一）亲子共读

老师借助小老鼠的形象，在一日生活中渗透轻声交流、使用礼貌用语。在图书区创设故事角，让小朋友扮演不同角色，尝试表演故事，引导幼儿将礼貌用语渗透到生活中。

扫码看视频

◆那么家长可以怎么做呢？在家陪同幼儿共同阅读绘本《你别想让河马走开》；带幼儿外出时，鼓励幼儿主动使用礼貌用语和其他人交流，家长及时进行肯定和指导。

◆家长小妙招：

1. 家长首先要充分认识到家庭文明礼仪教育的重要性，以身作则，使用礼貌用语，如收到东西时和别人说"谢谢"，请求别人帮助前说"请"。

2. 通过绘本故事，引导幼儿了解礼貌用语并运用到生活中。

3. 带幼儿外出时，鼓励幼儿主动使用礼貌用语和其他人交流，家长及时进行肯定和指导。

4. 开展亲子活动，家长和幼儿共同参与情景表演，如上超市购物、亲子春游，让幼儿进行礼仪实践锻炼。

（教师：梅梦雅）

（二）亲子活动

活动名称：生活中的文明娃

活动目标：能在家长的提示下，在生活中对身边的人使用礼貌用语。

活动过程：家长抓拍孩子在生活中使用礼貌用语的照片，并标注幼儿具体使用的语言，分享到班级群里，再请幼儿随时回顾分享。

（教师：赵瑾）

（三）其他活动

活动名称：坐飞机，讲礼貌

活动目标：引导幼儿知道在公共交通工具上如何讲礼貌。

活动过程：亲子讲故事《坐飞机》并与大家分享。

（教师：赵宁）

活动二： 懂礼貌的小刺猬

一、绘本推荐

绘本推荐表——礼貌品格	
绘本名称	《紫色花小路》
绘本作者	张秋生 文　闫文丽 图
推荐理由： 　　这个故事告诉我们： 　　1. 主动跟别人打招呼，别人也会跟你打招呼。 　　2. 用"您""谢谢"之类的礼貌用语与他人交流，别人才会更愿意帮助你。 　　《紫色花小路》可以引导幼儿理解礼貌的意义和重要性，即我们对别人礼貌，别人也会对我们礼貌，遇到问题时才会更愿意帮助我们。	

（续）

（推荐教师：卢佳）

二、集体教育活动

集体教育活动1：紫色花小路

活动目标：

1. 观察绘本图画，了解故事内容。

2. 理解礼貌的意义和重要性，感受礼貌带来的好处。

活动准备：

物质准备：《紫色花小路》故事PPT。

活动过程：

（一）观察封面，引发兴趣

提问：这是关于谁的故事呀？发生了什么事情？

（二）教师讲述绘本，引导幼儿了解绘本内容

1. 教师讲述绘本，幼儿观察理解。

2. 教师提问，引导幼儿理解礼貌的意义和重要性。

提问：小刺猬都遇到了谁？都说了什么？它们又是怎么说的？怎么做的？

（三）教师完整讲述故事

教师完整讲述绘本故事《紫色花小路》。

（教师：卢佳）

集体教育活动 2：我知道的礼貌用语和行为

活动目标：

1. 通过讨论，知道一些礼貌用语和行为及其使用场合。

2. 愿意主动说礼貌用语，做礼貌行为，感受礼貌带来的好处。

活动准备：

1. 故事 PPT。

2. 经验准备：幼儿知道一些基本的礼貌用语。

活动过程：

（一）开始部分：观察绘本封面，回忆绘本内容

提问：还记得《紫色花小路》这个故事吗？故事中发生了什么事情？小刺猬是怎么做的？大家是怎么做的？

（二）基本部分

1. 带领幼儿回忆绘本中的礼貌用语与礼貌行为。

2. 出示几张不礼貌行为的图片，引发思考。

提问：图片中发生了什么事情？我们应该怎么做？说什么？

3. 通过讨论，知道一些礼貌用语和行为。

提问：你们知道什么是礼貌用语吗？什么是礼貌行为？我们什么时候需要说礼貌用语？什么时候需要做礼貌行为？

4. 教师说出几种需要使用礼貌用语的场合，鼓励幼儿上台表演。

使用礼貌用语的场景：

（1）早上在校门口见面；

（2）请小伙伴帮忙拿玩具；

（3）在建筑区不小心把其他小朋友搭的积木碰倒；

（4）收到别人送的礼物。

5. 教师点评幼儿表现并小结，活动自然结束。

小结：我们要记住这些礼貌用语，经常使用礼貌用语，成为一个懂礼貌的小朋友。

（教师：李琦）

三、环境创设

中班时期是培养幼儿礼貌品格的重要时期，而我班幼儿大多不能主动使用礼貌用语，或是主动做出礼貌行为。因此，我们选择《紫色花小路》绘本，通过绘本故事讲解引导幼儿理解礼貌的意义和重要性，展示绘本中的典型画面，和幼儿讨论做有礼貌的小朋友的好处。我们把环境创设分为三个部分：

第一部分：通过谈话活动，引导幼儿讨论"你知道的礼貌用语和礼貌行为都有哪些，以及什么时候需要用到这些礼貌用语和行为"，并以绘画的形式展示幼儿知道的礼貌用语和幼儿眼中的礼貌行为，如早上好、谢谢、请、不插嘴等。

第二部分：在日常活动中，及时鼓励和表扬幼儿讲礼貌的美好瞬间，并跟全班幼儿进行分享，以照片的形式分类展示幼儿有礼貌的行为，如幼儿在不同场合说谢谢的照片等。

第三部分：评比。每月评出班级礼貌之星，以此鼓励幼儿做有礼貌的小朋友。

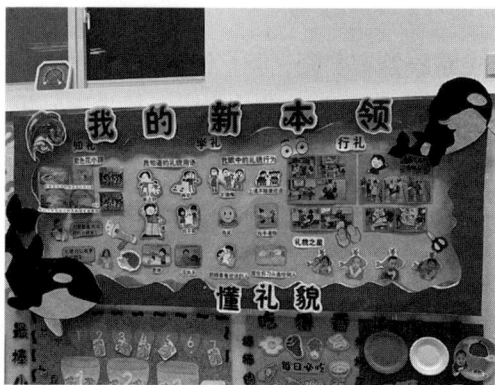

（教师：冯芃）

四、家园共育

亲子共读

◆小朋友们好，相信所有的小朋友都是非常懂礼貌的。今天和老师一起来看看《紫色花小路》中的小刺猬是怎样懂礼貌的吧。

提问：

1. 小刺猬都遇到了谁？怎样打招呼的？

2. 小刺猬迷路了，谁帮助了它？为什么？

3. 当你对别人有礼貌时，别人会怎样做？

扫码看视频

◆家长指导：

小朋友与人交流的时候要多用礼貌用语，当我们对别人有礼貌时，别人也会礼貌对待我们，礼貌是相互的。

1. 多为孩子提供与人交流的机会。

2. 当孩子有礼貌行为时要及时给予表扬。

3. 多提供与礼貌相关的故事和视频供幼儿学习。

（教师：卢佳）

第三节 大 班

活动一：从小懂礼貌

一、绘本推荐

绘本推荐表——礼貌品格	
绘本名称	《从小懂礼貌》
绘本作者	芷涵 著 曾嘉 绘

推荐理由：

　　故事的主人公小巫女阿林听说有一扇神奇的门，每个人看到的门后风景都不一样。想要看到美丽的风景，要懂礼貌才行。

　　3～6岁是一个人性格、品德、学习态度、方法及良好学习习惯形成的重要阶段。抓住这一时期对幼儿进行文明礼仪教育，使幼儿从小学礼、知礼、懂礼、用礼，这将关系到幼儿一生的发展，为其后续的学习、生活和走向社会奠定良好的基础。

　　故事中的角色大部分都是可爱的动物，而出现的一些礼貌问题也都是幼儿在生活中会遇到的，幼儿在阅读绘本的同时能去理解与思考，去学习绘本中礼貌的话语与行为动作。

（推荐教师：王岩、高尚、康旋）

二、集体教育活动

集体教育活动1：从小懂礼貌

活动目标：

1. 了解日常生活中的简单礼貌用语，学习礼貌行为。

2. 能分析故事情节，根据情节进行表演。

活动准备：

物质准备：绘本，小兔、小熊、小狐狸的头套各1—顶，巫女帽3个。

经验准备：幼儿有过表演故事的经验。

活动过程：

(一) 引导幼儿听故事《从小懂礼貌》

师：今天老师给你们讲一个好听的故事，仔细听听故事里都讲了什么事。

(二) 教师提问，组织幼儿讨论

1. 师：故事的名字叫什么？故事中都有谁呢？发生了什么事？

2. 幼儿结合图片边听故事边思考。

师：阿林在路上都遇见了谁？遇见他们的时候发生了什么事情？阿林是怎么说的呢？动物们听了阿林的回答，心情是怎样的？

师：阿林来到门里都看见了什么？别的女巫为什么能看见美丽的景色呢？女巫是怎么做的？学一学。(请小朋友来表演，学习礼貌用语)

师：阿林再次碰见动物们，她说了什么？小动物们的心情是怎样的？

师：她再次开门看见了什么景色？她为什么会看见，她说了什么？

教师小结：当你礼貌地对待其他人的时候，别人也会礼貌地对待你，如果你没有礼貌，别人也会对你很不友好的。

3. 引导幼儿表演绘本故事。

(三) 结束活动

师：现在我们一起去游园，见到老师、小朋友和保安叔叔要用礼貌用语来交流。

(教师：康旋)

集体教育活动2：礼貌大讨论

活动目标：

1. 通过讨论，了解生活中的礼貌行为，愿意做礼貌行为。

2. 感受文明有礼的愉悦心情。

活动准备：

物质准备：幼儿在生活中做礼貌行为的照片及图片、纸、彩笔。

经验准备：了解"礼貌"的含义。

活动过程：

(一) 观察图片，了解生活中的礼貌行为

师：请小朋友们观察生活中礼貌行为的图片，想一想哪些行为是有礼貌的，哪些行为是不礼貌的。

小结：礼貌是一种友好地与人交往的方式，有礼貌用语和礼貌行为，接下来让我们一起说一说、做一做吧。

(二) 通过讨论、绘画等方式了解不同情境下的礼貌语言和行为

1. 暖心的话。

讨论：你在生活中常用的礼貌用语有哪些？什么时候会用到这些礼貌用语？

小结：在接受别人的帮助时主动说"谢谢"，熟人见面时主动问好，对待长辈用"您"和"请"，公共场所不大声喧哗，轻声细语，不说脏话，交谈使用文明语言。

2. 彬彬有礼。

(1) 讨论：在幼儿园和小朋友、老师相处，有哪些礼貌的行为和动作？

小结：人多时要排队；遇到困难时协商解决；用轮流、等待的方式友好礼貌地解决问题；不乱扔垃圾，见到垃圾主动捡起，进行垃圾分类；问候时可以用招手、握手、点头示意、拥抱等方式；回答问题要举手；老师和小朋友讲话时不插话。

(2) 讨论：在家中有哪些礼貌的行为？

小结：进餐时不说话、不吧唧嘴、不挑食，长辈先动筷，细嚼慢咽；主动承担家务劳动，行为有礼貌、不粗鲁，不做危险的动作。

3. 巧绘礼貌。

将自己最喜欢的礼貌行为画下来。

(三) 相互欣赏同伴的礼貌主题绘画

介绍和分享自己的礼貌主题绘画，说一说还有哪些礼貌的行为是之前没有提到的。

小结：礼貌的语言和行为能够带给人们舒适愉快的体验，我们要做一个讲文明懂礼貌的小朋友。大班小朋友应该是幼儿园里的礼貌典范，为弟弟妹妹做示范和表率。在生活中，小朋友们也可以相互提醒，举止文明，彬彬有礼。

活动延伸：

1. 将礼貌绘画作品布展，在幼儿园中宣传礼貌的语言和行为，倡导小朋友们文明有礼。

2. 搜集资料，了解活动中有哪些礼貌行为，如乘电梯靠右站、在图书馆保持安静等。

（教师：王岩）

集体教育活动3：文明礼仪要知道

活动目标：

1. 初步懂得文明进餐的礼仪。

2. 敢想敢说，能用较连贯的语言表达自己的想法。

活动准备：

客人在餐厅文明用餐和不文明用餐的相关视频。

活动过程：

1. 观看几位客人在餐厅共同用餐的视频。

请幼儿分组讨论：他们进餐时是怎样的，谁做得对？为什么？

2. 教师请幼儿回忆在幼儿园和在家时自己的进餐情况。哪些是好的方面？哪些是做得不够好的？应该怎样做？

3. 如果到餐厅用餐，大家要怎样做呢？

幼儿：在幼儿园，我们有需要时会举手和老师说，在家跟家长说，在餐厅就要有礼貌地叫服务员。

餐厅用餐的人很多，我们要尽量保持安静，不影响到别的客人。

在餐厅用餐时，如果点多了，可以打包带走，不能浪费。

用餐后，不能随便溜达，不然会影响服务员上菜。

教师小结：小朋友不仅要说到，还要做到文明进餐。不仅在幼儿园、在家要做到，在外面更要做好，做个懂文明礼仪的小使者。

4. 游戏：眼力大比拼。

幼儿通过观察画面内容，找出文明好行为和不文明的行为，并说出应该怎样改正不文明的行为。

（教师：王琦）

三、区域活动

（一）角色区：纸迷旗舰店

通过调查、讨论等形式，幼儿初步了解到购物时的社会角色分工，如收银员、理货员、促销员等，于是我们结合绘本《花花绿绿的纸》帮助幼儿了解货币的使用规则，学会在银行、药店、商店、餐厅等角色游戏中有礼貌地开展游戏。通过集体教育活动，引导幼儿在自己开店的过程中采用礼貌的语言和行为，如收银员双手递上物品、零钱，遇到人多时组织客人排队结账，耐心等待等。促销员在介绍商品的时候可以用"请"的手势和语言引导客人来店购买商品，理货员则在没有客人或客人较少的时候进行整理、补货等。作为客人要做到不乱动、不擅拿物品，使用礼貌用语文明购物。

（教师：高尚）

（二）图书区

第一阶段：与幼儿一同筛选礼貌方面的图书，为幼儿梳理日常生活中什么时候需要注意使用礼貌用语，提升幼儿生活经验。

第二阶段：投放绘本《从小懂礼貌》，让幼儿不断熟悉故事内的情景，知道讲礼貌的重要性。同时在图书区投放不同情景的图片，提升幼儿在不同情景中使用不同的礼貌用语的经验。

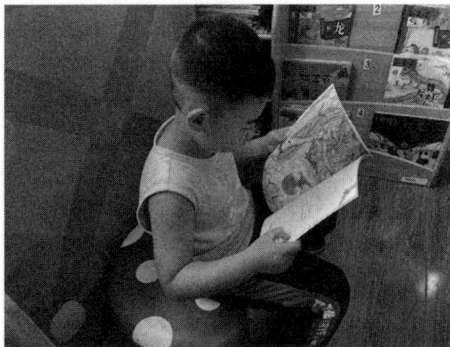

（教师：马素雨）

四、一日生活

1. 入园和离园时，以照片的形式引导幼儿学会主动与同伴、老师打招呼，个别幼儿缺乏主动打招呼的意识，需要教师进行提醒和主动问候。

2. 区域活动过程中，利用区域评价环节，表扬幼儿礼貌的好行为，如轮流游戏、友好协商等，强化幼儿的礼貌意识，使其逐渐将文明意识内化到日常的游戏活动中。

3. 进餐环节中安静进餐，双手接过盘子、碗筷，举拳或掌示意老师添饭菜或汤，注重餐桌礼仪，爱惜粮食。

4. 集体活动中积极举手，站起来回答问题，表演结束后可以鞠躬或用"谢谢大家"来表示礼貌与感谢。

5. 户外活动时友好游戏，互相帮助，得到别人的帮助后主动表示感谢。

6. 过渡环节及自主活动过程中，不乱扔垃圾，见到垃圾主动捡起，做好垃圾分类；有序游戏，及时收放玩具，不小心碰到别人主动道歉。

五、环境创设

创设环境"讲文明懂礼貌"，结合集体教育活动的绘本和大讨论，创设三个小板块。

小板块一：礼貌用语有哪些？以绘画和三字经的方式凝练成小儿歌进行布置，帮助幼儿内化礼貌用语的使用。

小板块二：我们讲礼貌的行为。通过在园一日生活的照片和绘画，将礼貌的行为提炼为"公共物品不霸占，他人物品不擅拿，学会倾听不打断，礼貌用语挂嘴上，见到朋友问声好"等内容，引导幼儿关注在幼儿园时的文明礼貌行为。

小板块三：什么是礼貌？通过儿歌和大讨论的形式引导幼儿思考生活中的礼貌行为，每个小朋友都说出了自己独到的见解，表达心中对礼貌的理解，将礼貌的行为践行到生活中，如礼貌做客、进餐，在家中对待长辈彬彬有礼，在社会生活中文明有礼，不乱扔垃圾，不说脏话等。

六、家园共育

亲子共读

1. 教师在幼儿角色游戏的过程中注重礼貌品格的培养，对幼儿的良好行为给予肯定与鼓励。在游戏后引导幼儿间进行具体的肯定，如"你今天是收银员，对待工作认真负责，热情又有礼貌"等。

扫码看视频

2. 请幼儿分享自己的游戏经验，如遇到客满的情况时有什么好方法？遇到没有客人的时候有什么好方法？引发幼儿讨论，提高幼儿解决问题的能力，帮助幼儿梳理经验，丰富角色游戏的内容。

3. 在一日生活的各个环节引导幼儿礼貌待人，多用礼貌用语，友善地与人相处。

4. 家长小妙招。

（1）亲子共读礼貌绘本，如《我懂礼貌》《从小懂礼貌》等，通过阅读了解礼貌行为带来的友好体验。

（2）和幼儿共同梳理礼貌清单，为完成好的礼貌行为和言语打卡划勾，培养做事的计划性并有完成计划的信心和坚持性，家长在此过程中进行鼓励与督促。

（3）家长做好榜样示范，言传身教，注重传统文化的培养，如餐桌礼仪、交往交谈中的礼貌行为、公共场所的礼貌等。

（4）利用家长进课堂的机会，分享礼貌故事，帮助幼儿积累经验，通过情景表演、故事表演等方式进行亲子表演，内化对礼貌的理解。

（5）在家长群或私信中指导家长重视礼貌教育。礼貌源于生活，美化生活，存在于生活中的各个细节中，家长需要在平时提醒幼儿说"谢谢""请"，当幼儿把礼貌变成一种习惯，我们的礼貌品格培养也就成功了。

（教师：王岩）

活动二：有礼貌的小熊熊

一、绘本推荐

绘本推荐表——礼貌品格	
绘本名称	《有礼貌的小熊熊》
绘本作者	［英］彼得本特利 著　　［英］罗伯特·麦克菲利普斯 绘　　龚勋 译
推荐理由： 　　小熊熊在生活中总是调皮捣蛋，而且很没有礼貌，这一点让熊爸爸很是头疼。那天去参加兔兔的生日会的路上，熊爸爸看着橱窗里的玩具，想到了一个好主意，他用一只有礼貌的小老鼠改变了小熊熊的坏习惯，使小熊熊变成了有礼貌的小熊熊。 　　好的行为习惯和良好的礼貌品格是需要慢慢学习的，小朋友都是在学习中不断成长和进步的。身边的人以身作则能让小朋友更快速地学习到好的行为习惯。绘本通过小熊的变化，让孩子们感受并学习了社交中的礼仪，有助于培养孩子的良好品德，有积极的教育意义。 （推荐教师：吴予晴）	

二、集体教育活动

集体教育活动1：有礼貌的小熊熊

活动目标：

1. 能在不同情境中正确使用"你好""对不起"等礼貌用语。

2. 感受使用礼貌用语给自己和别人带来的快乐。

活动准备：

小熊玩偶、小老鼠玩偶、小乐器、情景表演的道具等。

活动过程：

（一）故事导入

今天老师给小朋友们带来了一个好听的故事，一个关于礼貌的故事。

1. 教师讲述故事《有礼貌的小熊熊》，启发幼儿学习故事中的"你好""再见"等礼貌用语，引起幼儿兴趣。（讲述过程中出示小老鼠玩偶和小熊玩偶）

师：刚才老师讲的故事里都有谁呢？你们喜欢谁？你们为什么喜欢小熊呀？

幼：因为小熊有礼貌，所以大家都喜欢它！

师：对了！这是一只有礼貌的小熊。我们大家都很喜欢它！

师：刚才老师讲的故事呀，还没有起个好听的名字呢！谁能来帮我呀？（引导幼儿说出故事的名字《有礼貌的小熊熊》）

2. 联系生活实际进行思考。

师：我们在日常生活中也要像小熊熊一样有礼貌，这样才能受到大家的欢迎，拥有更多的好朋友。现在我来考考你们，看看大家平时都是怎么做的，是不是一个有礼貌的小朋友。

早上来园时，要和家长说什么？

想和同伴借用物品时可以说什么？归还时，礼貌的做法是什么？

不小心碰到了别人，怎样获得别人的谅解？（说对不起）

别人不小心碰了我，向我说对不起，我应该怎么说？（没关系）

看到生活老师在盥洗室做清洁，看到食堂老师来到班上看我们进餐，我们不仅要说有礼貌的话，还应该有哪些礼貌的好行为？

（二）学习童谣

1. 老师把小朋友们说的内容编成了一首好听的童谣《礼貌歌》，我们一起听一听。

2. 讨论：还有哪些礼貌的好行为可以编进《礼貌歌》的童谣里？

3.鼓励幼儿在生活中做到有礼貌。

（教师：王禹桥）

集体教育活动2：有礼貌的声音

活动目标：

1. 学习接打电话时的礼貌用语及注意事项。

2. 感受接打电话的乐趣，愿意在接打电话的过程中表达出自己的感情。

活动准备：

电话机、纸杯电话。

活动过程：

(一)复习歌曲《打电话》引出活动主题，引发幼儿对活动的兴趣

师：你们会唱《打电话》的歌曲吗？我们一起来唱一唱。

师：你们知道歌曲里唱了一件什么事情吗？（两个娃娃打电话的事情）

小结：刚刚我们唱了一首《打电话》的歌曲，歌曲里唱了两个小娃娃打电话的事情。

(二)情景演示，鼓励幼儿使用礼貌用语

1. 鼓励幼儿说出自己打电话的经验。

师：你们平时打过电话吗？你都和谁打过电话？

教师根据孩子的讨论结果进行小结。

2. 老师从口袋里拿出一部手机，手机铃声响了：喂，您好，请问你找谁？请稍等，我正在给小朋友上课，等下课后再打给你，好吗？再见！

3. 引导幼儿回忆并复述老师打电话的内容。

师：小朋友，老师刚才在做什么？都说了些什么？

4. 请幼儿说说打电话时应该怎样礼貌地与人交谈（引导幼儿举手告诉老师）。

小结：在接打电话时，主动拨电话的一方要先说自己是谁，再说要"请"谁来接电话；打错了电话时，要说"对不起"；接电话的一方要说"请问您找谁""请稍等""对不起，您打错了"等；双方在接打电话时都要主动说"您好"，挂电话时都要说"再见"。

5. 谁知道打电话时还要注意哪些问题呢？引导幼儿说出"打电话的时间不要过早或过晚，以免影响别人休息；也不能在别人工作、学习或有事的时候打电话"。

6. 幼儿尝试用礼貌用语两两结伴玩"打电话"的游戏。

师：刚才小朋友们都了解了应该怎样打电话，那我们现在就把自己的一只手当做小电话，和身边的小朋友来玩一玩"打电话"的游戏吧！

（三）小结

电话是方便人们联络的工具。在接打电话时，我们不仅要注意使用礼貌用语，还要选择适当的场合和时间。

活动延伸：

引导幼儿在区域活动时学打电话。

（教师：王岩）

集体教育活动3：礼貌用语我知道

活动目标：

1. 能在活动区中主动使用常用的礼貌用语。

2. 感受使用礼貌用语会使自己和他人感到快乐。

活动重难点：

活动重点：能在活动区中主动使用常用的礼貌用语。

活动难点：能根据不同的场景正确使用礼貌用语。

活动准备：

纸、笔。

活动过程：

（一）回忆绘本中的礼貌行为

师：想一想《有礼貌的小熊熊》这个故事中，小熊熊去做客时，爸爸教给他哪些有礼貌的话呢？

师：如果你是小兔子主人，听到这些话你会有什么感受？

（二）谈话梳理活动区中的礼貌用语

1. 师：在我们班美工区内，小朋友经常会一起交流，他们会说哪些有礼貌的话呢？

2. 师：除了美工区，在其他活动区会用到哪些礼貌用语呢？

情景引导：①在图书区中有小朋友说话声音比较大；②建筑区中需要两人合作；③建筑区中不小心碰倒了别人的积木。

重点指导：在谈话中，助教老师对幼儿的回答进行记录、整理。

（三）活动结束

师：老师会将小朋友们总结的有礼貌的话贴在各个活动区内，希望小朋友们能够根据提示卡正确地使用礼貌用语哦！

三、区域活动

（一）串吧共享角色区

为幼儿提供烧烤店的服务人员和客人就餐的流程视频，让幼儿知道自己扮演不同角色时需要做什么、怎么做；明确串吧游戏重点，知道如何礼貌地与人交往、如何使用礼貌用语解决问题。通过观看视频，了解服务员可以为顾客提供哪些礼貌的服务，遇到上菜慢、等位久的问题时如何解决。通过班中投放的绘本《有魔力的话》，让幼儿初步了解哪些话是有魔力的，例如迎接客人时，服务员会说"你好，欢迎光临"；当客人等得不耐烦时会说"客人请您耐心等待"等。

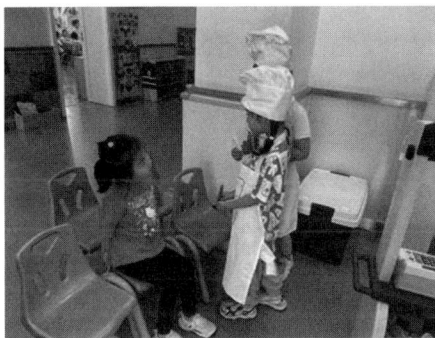

（二）图书区

活动刚开始时，借着对串吧服务员的"培训"机会，结合图书区投放的绘本《有魔力的话》，让每一位小朋友了解到生活中应该说礼貌的话，做礼貌的事，增强礼貌意识。同时帮助幼儿理解在一日生活中不同的场景中如何使用不同的礼貌用语，鼓励幼儿运用到生活中。

幼儿具备了礼貌意识后，我们利用绘本《有礼貌的小熊熊》对幼儿的经验进行提升。针对平时幼儿在共享角色区的现象展开讨论，如客人抱怨上菜慢时服务员怎么做？等位置太久时，服务员可以怎么和客人沟通？菜品不够时服务员如何沟通？结合以上问题，在图书区投放人偶、道具，请幼儿说一说、演一演，知道如何使用礼貌用语解决问题。

四、一日生活

1. 在过渡环节，与幼儿一同欣赏故事《懂礼貌的怪兽》，理解故事内容，知道礼貌是打开与同伴交往的大门，开展"礼貌打卡"活动，引导幼儿愿意向有礼貌的怪兽学习，在一日生活中也懂礼貌。

2. 进餐时不固定座位，两位小朋友想坐同一个座位发生争执时，引导幼儿之间友好沟通，说有礼貌的话，养成礼貌沟通问题的习惯。

3. 照顾自然角时，小朋友间互相帮助、合作。在得到同伴的帮助时，要礼貌地说"谢谢"，养成使用礼貌用语的好习惯。

4. 幼儿在需要老师帮忙时，要有意识地说"请"，与人交往时知道说好听的话，知道在不同情景下使用不同的礼貌用语。

5. 事先把准备好的礼貌小插片放在打卡角，当幼儿使用礼貌用语与人交往或解决了问题时，将雪花插片插在礼貌火车上，鼓励幼儿养成知礼貌、讲礼

貌的好习惯。

6.活动名称：小小接待员

活动目标：学会主动使用"早上好"等礼貌用语。

活动过程：每天请值日生做小小接待员，早晨来园后站在班级门口，主动与来园幼儿问好，并提供所需要的帮助。

（教师：魏文欣、潘楠楠）

五、环境创设

主题墙：家中小主人

本学期初，大部分幼儿在来园、离园时能够在老师的提醒下与老师、同伴打招呼，但小部分幼儿还是有些害羞或者没有养成这一习惯，于是我们通过"传递微笑""学说甜甜的话"等活动鼓励幼儿在日常生活中使用礼貌用语与别人交流。

经过一段时间的培养，我们发现幼儿在来园、离园时与老师问好的现象增多。为了进一步提升幼儿在日常生活中愿意使用礼貌用语、养成文明礼貌的好习惯，结合本学期主题"能干的我"，我们开展了"家中小主人"的活动，引导幼儿在家中当小主人，学会招待客人朋友时使用礼貌用语。

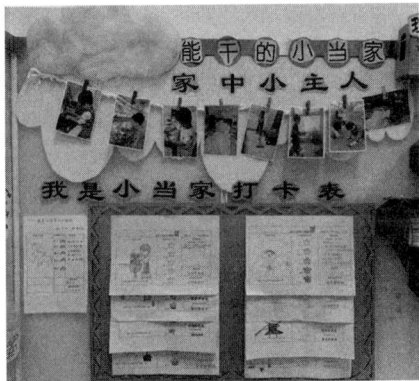

六、家园共育

亲子共读

◆绘本《有礼貌的小熊熊》讲述的是一个关于礼仪的故事。小熊熊在生活中很没有礼貌，这一点让熊爸爸很是头疼。那天去参加兔兔的生日会的路上，熊爸爸看着橱窗里的玩具，想到了一个好主意。一只有礼貌的小老鼠会让小熊熊发生怎样的改变呢？

扫码看视频

　　好的行为习惯和良好的礼貌都是需要慢慢学习的，小朋友是在学习中不断成长和进步的，身边的人以身作则能让小朋友更快速地学习到好的行为习惯。绘本通过小熊的变化，让孩子们感受并学习了社交中的礼仪，有助于培养孩子的良好品德，有积极的教育意义。

　　◆那么家长朋友可以怎么做呢？首先请家长在家陪同幼儿共同阅读绘本《有礼貌的小熊熊》，并使用礼貌用语"请""谢谢"。在日常生活中，如需要帮助或者得到帮助时都可以说"请""谢谢"，养成良好的习惯。

　　◆家长小妙招：

　　1. 营造良好的家庭氛围。父母以身作则，给孩子树立良好的榜样，引导幼儿帮助大人做家务，当家中的小主人。引导幼儿做事情时要说"请"。当他们很好地完成任务的时候，一定要感谢他们。

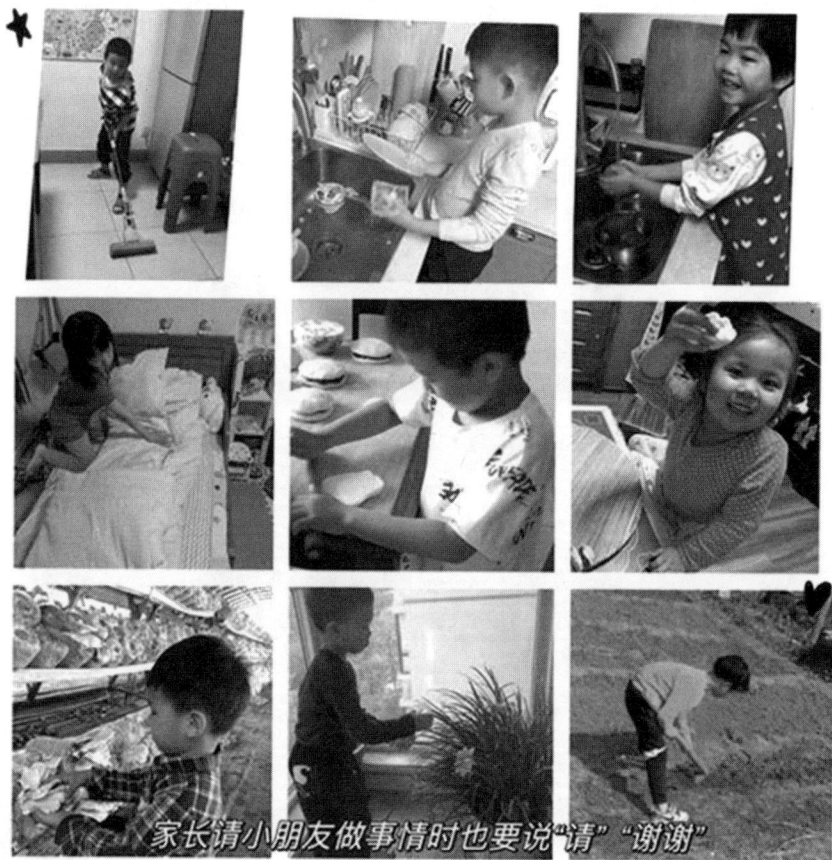

家长请小朋友做事情时也要说"请""谢谢"

　　2. 用故事影响幼儿的行为，引导孩子养成懂礼貌的好习惯。

　　3. 经常带孩子外出，随时随地进行引导。如到餐厅吃饭，主动和上菜的服务员说"谢谢"。

4. 引导幼儿在遇到困难时主动向老师和同伴说"请帮帮我"，孩子忘记说"请"和"谢谢"的时候，不责备，而是正面鼓励，在他达到要求时多表扬，如"你说'请'和'谢谢'的时候，看起来像大人一样，大家都非常喜欢。

5. 亲子互动增强社交能力。如父母在家中与幼儿共同游戏，进行社交场合的角色扮演、情景游戏等，让幼儿增加社会经验。

（教师：李淑平、田欣）

文章推送《和您聊聊娃的那些事儿——讲礼貌》

各位家长朋友：

孩子能够用礼貌的方式与长辈及同伴进行交往互动是我们每位家长都想看到的，也是幼儿现阶段的培养重点之一。因此，我们会协同家长一起帮助幼儿学会使用礼貌的语言、行为与他人交往，为幼儿今后的社会交往打下良好的基础。

一、礼貌是什么？重要吗？

礼貌是指在与成人、同伴交往的过程中，幼儿的言语和行为大方得体，符合社会习俗规定。它对幼儿一生的发展非常重要，是一个人进行社会交流的敲门砖，是其形象标签。只有和别人交往时懂礼貌、懂得尊重他人，才能够赢得他人的尊重，赢得快乐的生活。

爸爸妈妈要注意哦，当我们认为赋予孩子足够的学识、能力、经验就可以时，往往忽略了礼貌才是孩子有机会与周围人竞争，并赢得胜利的有力武器，也要认识到待人无礼给别人心灵造成的伤害是很难抹掉的。所以小编相信，每位家长都希望自己的孩子有礼貌，见人知道打招呼，言行懂得尊重人，受到大家的喜爱。

二、老师会这样做

当幼儿不会使用礼貌的语言、行为时，幼儿园老师会这样做。

1. 当幼儿来离园不主动问好时，教师会主动向家长和幼儿问好，希望家长也能与老师问好，并提示孩子说一声"老师早上好"。通过我们的身教言传，让幼儿置身于充满礼貌的环境中。一段时间过后，孩子会从需要成人提示，慢慢学会主动与他人问好。

2. 当幼儿不会穿脱衣服并等待老师帮助时，教师会引导幼儿主动使用礼貌用语，如"老师，您能帮我穿衣服吗？"

3. 当幼儿不小心把水杯里的水洒到别人身上时，教师会及时抓住教育契机，引导幼儿主动向对方说"对不起"，并和孩子一起帮对方擦干净。

4. 当集体活动中幼儿都想回答老师的问题，举手说"我我我"时，教师会告诉幼儿："别着急，咱们一个一个说，每个小朋友的答案我们都能听到。"

5. 当幼儿没有带水彩笔，并告知老师后，教师会引导幼儿礼貌地向同伴借水彩笔，如"你能借我用一会儿吗"。得到同意后，引导幼儿说"谢谢"，使用完后及时归还给同伴，并再次说"谢谢"。

三、家长可以这样做

我们了解了幼儿园是如何培养孩子讲礼貌的，那么家长朋友们可以怎么做呢？一起来看看德耕教育专家夏婧博士是如何讲的。

视频看完了，大家了解了吗？让我们一起回顾一下吧。

1. 为孩子树立榜样，净化孩子的语言环境。

2. 培养孩子注重个人礼仪。

3. 引导孩子礼貌对待身边的人。

4. 让孩子感受到他人对自己的礼貌和尊重。

5. 和孩子阅读一些关于礼貌的绘本。

扫码看视频

四、绘本推荐

1. 品格故事《和我一起玩》。

故事启示：通过对比小女孩的做法和动物的反应，让我们看到礼貌和不礼貌的差别竟然这么大。只有做一个讲礼貌的孩子，懂得尊重他人、举止文雅、言行得体、替他人着想才会获得朋友。

2. 品格故事《公主怎么挖鼻屎》。

扫码听故事

故事启示：故事围绕公主怎么挖鼻屎这个孩子们非常关心的问题展开了奇思妙想。不仅富有童趣，而且传递了讲卫生的习惯养成。在别人面前挖鼻孔可是非常不礼貌的哦！

3. 品格故事《一头非常粗鲁的犀牛》。

扫码听故事

故事启示：故事反映了一个很普遍的现象，即现在孩子大都以自我为中心、我行我素，使得其在家人的溺爱里不能体会到不礼貌的行为不对。故事传递了"学会换位思考""己所不欲，勿施于人"的道理。

引导幼儿学会使用礼貌用语及行为是其社会性发展的基础及必要技能，我们家长一定要重视。同时，当孩子出现不礼貌行为时，家长们可以按照专家给出的建议，科学地对孩子进行引导，逐渐帮助孩子习得礼貌用语及行为，从而助力幼儿更好地融入社会生活中，做文明的社会人。培养礼貌品格，开启文明之旅！

扫码听故事

（教师：冯芃、陈璐）

第 五 章

感 恩 品 格

　　《现代汉语词典》中对"感恩"的解释为感激别人对自己的恩德。概言之，感恩是指个体对自然、社会和他人对自己的成长和发展提供有益因素的积极认知和感激之情，并提供相应回报的行为。幼儿感恩教育是指教育者在日常生活与学习中将感恩教育内容与幼儿进行对话，使幼儿拥有感恩的意识并能在一定程度上表现出感恩行为的对话活动。

　　古罗马哲学家西赛罗曾庄严宣称："感恩不仅是最大的美德，而且是所有其他美德之源。"《纲要》提出社会领域的教育目标之一就是引导幼儿"学会爱父母、爱老师、爱同伴、爱家乡、爱祖国"。这一社会教育目标与感恩教育的主旨是相互呼应的。

　　在感恩品格主题下，教师根据幼儿的发展水平、兴趣需求及《指南》引领，选取了《感谢的味道》《谢谢你》《一颗莲子的生命旅程》等绘本，结合家园共育，开展了关于感恩他人的帮助与爱、感恩大自然的馈赠以及如何表达感谢等内容的活动。

主要内容	年龄班	推荐绘本
感恩人和事	小班	《感谢的味道》
感恩人和事	小班	《谢谢，谢谢你》
感恩人和事	中班	《谢谢你》
感恩父母	中班	《小乌鸦爱妈妈》
珍惜食物	大班	《一颗莲子的生命旅程》
感恩人	大班	《凌晨 4 点，他们在做什么》

第一节　小　　班

活动一：谢谢你

一、绘本推荐

绘本推荐表——感恩品格	
绘本名称	《谢谢，谢谢你》
绘本作者	萧袤 著　许青峰 绘
推荐理由：	

推荐理由：

　　绘本的主人公是一只小獾，它用一颗充满童真的心向万物表达谢意，同时自己也在给予其他小动物帮助的过程中收获了感激。画面简洁轻快，通过"感谢"和"被感谢"的小故事，引导幼儿感受小獾的愉悦心情。在阅读的同时，能够让幼儿体会感恩的真谛，也能在不同的画面中学习到帮助他人的行为，慢慢将自己的爱意传递给身边的人。

（推荐教师：孟凯雯）

二、集体教育活动

集体教育活动1：谢谢你

活动目标：

1. 通过绘本阅读与表演，学会使用礼貌用语"谢谢""不客气"。
2. 感受帮助别人的快乐。

活动准备：

小动物头饰、律动音乐《找朋友》。

活动过程：

（一）律动音乐《找朋友》导入，引发幼儿兴趣

（音乐响起）教师带领幼儿进行简单的唱跳，鼓励幼儿两两之间互动、游戏。

出示绘本封面，提问：它是谁，它为什么要说谢谢呢？

（二）阅读与表演绘本故事，学会使用礼貌用语"谢谢""不客气"

1. 有感情地讲述故事，引导幼儿熟悉故事内容。

2. 启发性提问，帮助幼儿深入了解故事情节。

提问 1：故事里面都有谁？

提问 2：小獾都跟谁说了谢谢？为什么要说谢谢？

提问 3：小獾做错事，为什么其他小动物要说谢谢？

提问 4：他们说了谢谢之后小獾说了什么？

引导幼儿大胆发言，加深对故事的印象。

3. 出示头饰，幼儿挑选角色，进行绘本表演，学习使用礼貌用语。

注：鼓励幼儿大胆表达，体验角色的特点。

（三）教师结语

原来"感谢"和"被感谢"是特别让人开心的事情，我们在帮助他人的同时，也在慢慢将自己的爱意传递给身边的人。

（教师：赵鑫、孟凯雯）

集体教育活动 2：我是家中的小帮手

活动目标：

1. 知道什么是小帮手，了解自己可以做的力所能及的事情。

2. 能用自己的方式感恩身边的人。

活动准备：

物质准备：活动区结束后的美工区桌子和加餐后未整理的桌子。

经验准备：幼儿观察保育老师收拾用餐后的桌子。

活动过程：

（一）组织幼儿观察保育老师收拾餐桌，并动手操作

提问：老师在干什么呀？她用什么来擦桌子呀？

（二）鼓励幼儿进行劳动体验

1. 师：我们的小桌子和小椅子也脏了，我们也要把它擦干净，用什么来擦？怎么擦呢？我们一起来把桌子擦干净。

2. 师：想一想，家里面的东西脏了、乱了是谁清洗和收拾的呀？他们是怎样做的？他们累不累呢？

3. 引导幼儿尝试整理活动区和加餐后的桌子。

师：我们刚才吃加餐的时候把小桌子弄脏了，我们一起来把它变干净好不好？

4. 让幼儿分享劳动带来的快乐，教育幼儿帮助家人做一些力所能及的事情。

师：我们的小朋友真能干，能收拾自己的桌子和椅子了，还会收拾玩具和书本。刚才我们劳动累不累呢？把小桌子收拾得这么整齐高兴吗？

（三）教师结语

师：我们的爸爸妈妈在家里每天都干这么多工作，他们累不累呢？我们要不要帮助他们呀？我们都很能干，我们要做大人的小助手！

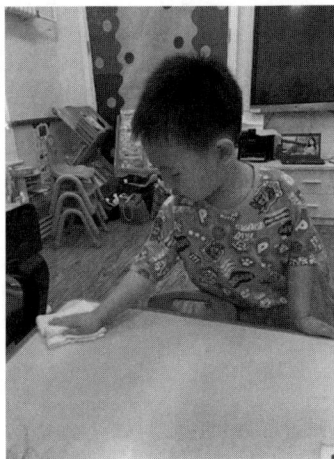

（教师：梅梦雅）

集体教育活动 3：我来帮助你

活动目标：

1. 用自己能做到的方式安慰同伴。

2. 感受帮助别人的快乐。

活动准备：

物质准备：青蛙和小鸭的玩偶各一个、小红花、PPT。

经验准备：别人给予自己帮助后会说"谢谢"。

活动过程：

（一）猜谜语并出示玩偶，激发幼儿兴趣

1. 猜谜语。

师：一位游泳家，说话呱呱呱，它是谁？还有一位，走路摇摇摆摆，说话嘎嘎叫，它是谁呢？今天它们来和我们做游戏了，欢迎它们。

2. 出示玩偶，说出小动物们的困难。

师：小青蛙想和小朋友一起玩，但把腿弄伤了，你们愿意帮助它吗？谁能想出办法帮助它？

（二）通过故事和游戏，引导幼儿用自己能做到的方式帮助安慰同伴

1. 播放 PPT 讲述故事，知道我们要用自己的方式帮助遇到困难的同伴。

师：谁遇到困难了？它遇到什么困难了？小鸭看到后是怎么跟小青蛙说的？你们喜欢小鸭吗？为什么？

2. 学习故事中角色的对话，感受帮助别人是快乐的。

师：咱们学一学小鸭说的好听的话。当别人遇到困难的时候，我们应该尽自己的能力帮助他们，帮助别人也会让自己快乐。

3. 游戏《送你一朵小红花》，引导幼儿用自己的方式帮助他们并给自己贴红花。

（1）有小朋友摔倒了，你看见了怎么办？

（2）画画时，有小朋友忘带油画棒了，你怎么办？

（3）有小朋友拉不上拉锁了，你怎么办？

（三）看小朋友相互帮助的图片，为他们点赞并说说自己的感受

师：我们班里也有一些很爱帮助别人的小朋友，我们一起看一看，给他们点赞吧。

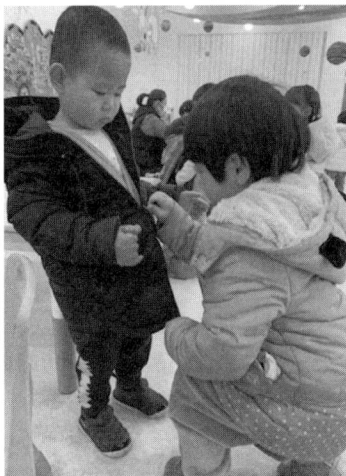

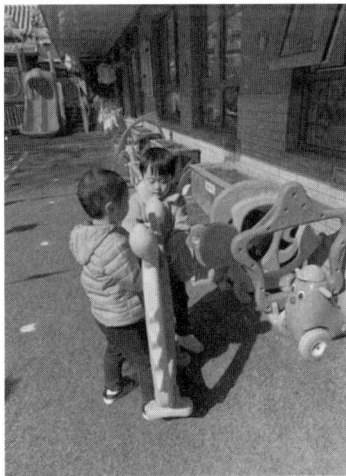

（教师：任继莉）

三、区域活动

（一）表演区

根据故事中的角色投放小獾、袋鼠、长颈鹿、鳄鱼等头饰，鼓励幼儿和小朋友一起表演故事中的主要情节。

（二）植物角

通过绘本故事引导幼儿主动帮忙做事，如幼儿主动帮小蜗牛喂食，洒水照顾小蜗牛。

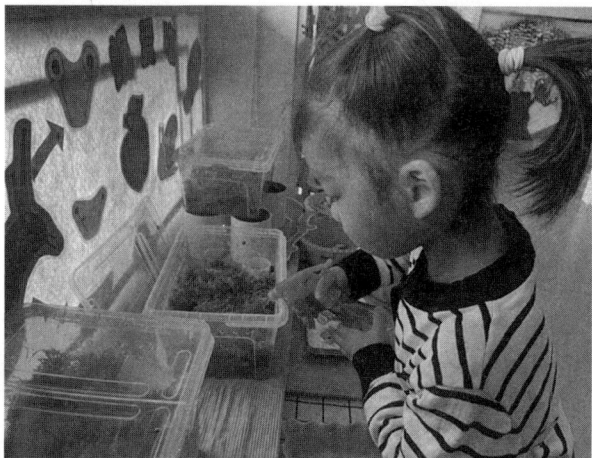

（教师：兰思佳、陈安琦）

（三）美工区

结合美工区，教师引导幼儿用心制作一份礼物或是把自己的玩具送给同伴、家人、老师等，让幼儿知道送礼物也是表达爱的方式，比如"我爱妈妈，所以把……送给你"。鼓励他们尝试付出和给予，同时感恩别人的付出和给予。

（教师：刘伊依）

四、一日生活

1. 当别人遇到困难时，鼓励幼儿做力所能及的事帮助别人。在得到他人的帮助后用自己喜欢的方式表达感谢，如说谢谢、比心、抱抱等。

2. 过渡环节时，教师可以开展谈话活动，如提问幼儿"如果你是小白兔，只找到一根萝卜怎么做呢?"从而引导幼儿懂得分享、学会感恩。

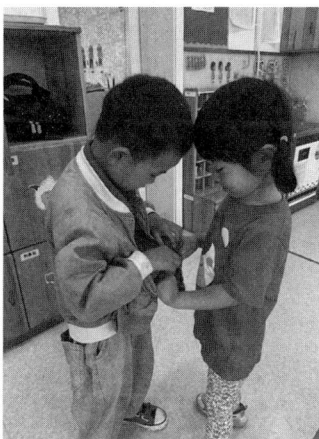

3. 教师开展"物物交换"活动。幼儿可以把自己的玩具带到幼儿园来，和同伴们交换玩具，促进幼儿慷慨行为的进一步发展。

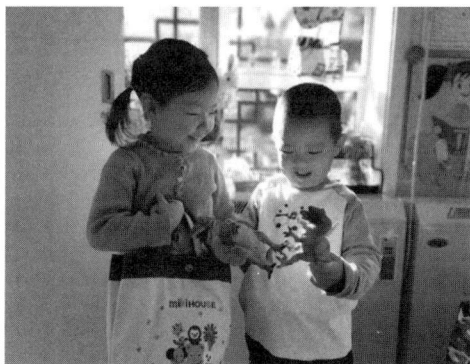

（教师：陈安琦、李杨）

五、环境创设

主题墙：关心多又多

第一阶段：在讲述绘本故事后，通过谈话活动让小朋友们说一说"你在什么时候需要关心和帮助？""被帮助和关心后心里是什么感觉？""要说什么好听的话？"将小朋友们认为的关心以照片和绘画的形式展示出来。班中开展"爱心小标兵"推荐活动，鼓励孩子遇到困难时主动寻求帮助或做力所能及的事帮助别人，引导幼儿学会感恩。

第二阶段：结合具体事情，以绘画形式展示"你帮助别人或得到别人的帮助"。

第三阶段：结合劳动节和身边的人说一说可以将关心、帮助送给谁，为什么要感谢这些人。通过美工、谈话、游戏等活动形式拓展幼儿表示感恩的方法。

（教师：兰思佳、陈安琦、张圆红）

六、家园共育

亲子共读

◆小朋友们好，我是鑫鑫老师，今天给大家带来一个好听的故事，名字叫《谢谢，谢谢你》，快来一起听一听吧。

好听的故事讲完了，小朋友们想一想：

1. 小獾都跟谁说了谢谢？为什么要说谢谢？

2. 小獾做错事，为什么其他小动物要说谢谢？

3. 他们说了谢谢之后小獾说了什么？

◆家长指导：

扫码看视频

一句简单的谢谢，能让人内心欢喜。小獾用一颗充满童真的心向万物表达着谢意，自己在给予帮助的过程中也获得感激。感恩对于幼儿的成长发挥着重要的作用。家长要以身作则，在生活中起到示范作用。

3~4岁的宝贝已经能够初步理解父母工作很辛苦，能够搬张椅子请父母休息缓解疲劳，亲一亲、抱一抱让他们开心。这些理解和行为能力的成长，是与家长从小到大一点一滴的培养分不开的。

◆家长小妙招：

那么，培养孩子懂得感恩，我们可以这样做：

1. 榜样的力量。在孩子眼中，父母的一言一行都是他们学习的榜样，父母孝敬老人、懂得感恩，孩子就跟着孝敬老人、学会感恩。日常的言传身教就在无形之中培养孩子成长为懂得感恩的好孩子。

2. 营造感恩机会。要让孩子学会感恩，就要给孩子感恩的机会，如当孩子遇到困难得到别人的帮助时，父母要提醒孩子应该怎么说，可以怎么做。多让孩子参

与力所能及的家务劳动，让他们体会辛苦，从而懂得生活的不易，学会感恩。

3. 懂得回报。和孩子外出时，看到执勤警察、环卫工人、医务人员等，可以引导孩子了解他们的职业，了解他们辛苦的工作为人们带来的方便。让孩子知道要遵守规则、爱护环境，还可以用对服务者说"谢谢"等语言和行为作为回报。

（教师：陈鑫）

活动二：感谢的味道

一、绘本推荐

绘本推荐表——感恩品格	
绘本名称	《感谢的味道》
绘本作者	［美］拖德·帕尔 文/图　范晓星 译
推荐理由：	

推荐理由：

　　这本绘本是一次关于感恩的成熟讨论。感恩是什么？也许很难用几句话就说清楚。在《感谢的味道》中，作者将这种抽象的概念完全具体化了，用孩子能听懂的语言讲述了感恩是什么。"每一天，我都会用心地想一想要感谢的人和事"，这些"事"包括个人的特征，例如头发、耳朵、脚……还包括音乐、大自然中的事物等。看看，原来感恩就是这样简单。每天都用心想几个周围可以感谢的人和事吧！这本绘本的画面色彩明朗，人物和物体特征明显，语言温暖治愈并且简单容易理解，非常适合小班幼儿阅读。小班幼儿往往以自我为中心，绘本中所举的各个事例也是从人物自身出发的，代入感更强，更容易让幼儿理解。通过阅读能让幼儿从自己身边的小事中初步理解感恩的意思，愿意大胆表达自己的感恩之情，向他人传递温暖与关爱。

（推荐教师：石海溶、翟一凡、张钰、梅梦雅）

二、集体教育活动

集体教育活动1：感谢的味道

活动目标：

1. 通过绘本了解"感谢"的意义和重要性。

2. 通过故事内容，感受感谢别人的乐趣。

活动准备：

物质准备：绘本图片。

经验准备：幼儿知道不同情况下能感谢的人和事。

活动过程：

（一）出示图片，激发幼儿的兴趣，具备初步感谢别人的意识

提问：你看到了什么？他感谢了谁？

（二）通过故事内容，了解在不同情况下我们会感谢哪些事和物

1. 阅读 P1～P5，理解故事内容。

（1）出示照片一，讲述画面内容。

提问：小男孩感谢了什么？他为什么要感谢这些人和事呢？

（2）出示图片二，了解在不同的情况下我们会感谢的人和事。

提问：小男孩感谢了什么？他为什么感谢这些人呢？

指导重点：引导幼儿感谢身边的人和事。

2. 阅读图片中的内容，学会感谢别人。

提问：在生活中，你什么时候会感谢别人呢？

小结：在日常生活中，我们应该学会感谢帮助我们的人和事情。

3. 阅读 P6～P9，引导幼儿学会感谢别人。

提问：绘本里面的小男孩又感谢了谁？他为什么感谢人和物呢？

（三）教师结语

师：在日常生活中，要学会感谢我们身边帮助、关心我们的人。

（教师：石海溶）

集体教育活动2：厨师，谢谢您

活动目标：

1. 能够用自己的方式对厨师表达感谢。

2. 体会厨师为我们做饭的辛苦，懂得尊重他们的劳动。

活动准备：

物质准备：饭菜图片，炒菜、切菜等视频，不同蔬菜若干。

经验准备：认识做饭常用的工具。

活动过程：

（一）图片导入，引导幼儿了解厨师的工作

提问1：你们知道这些饭菜都是谁做的吗？

提问2：你们知道他们是怎样为我们准备这些饭菜的吗？

（二）在体验活动中，引导幼儿感受厨师工作的辛苦

1. 观看视频，并感受炊具的重量，感受厨师做饭的辛苦。

提问1：你们在视频中看到了什么？你们看厨师做饭有什么感受？拿炊具的时候有什么感觉？

提问2：厨师做饭时要一直拿着炊具，那他们是什么感觉？

2. 引导幼儿体验厨师工作的内容，感受厨师的辛苦。

幼儿体验运菜、择菜，感受搬运蔬菜和择菜的辛苦。

提问1：小朋友们做完厨师的工作感觉如何？

提问2：我们平时在吃饭的时候可以怎么做呢？

3. 通过讨论引导幼儿用自己的方式表达感谢，尊重为我们服务的厨师。

提问：厨师们这么辛苦，你们想用什么方式来感谢他们呢？

小结：厨房的叔叔阿姨们每天都要为我们做香喷喷的菜，要洗菜、择菜、切菜、炒菜，非常辛苦，一会儿我们就用自己的方式来感谢每天为我们做饭的厨师们。

（三）引导幼儿用自己的方式向厨师表达感谢

请小朋友们将提前制作好的礼物送给厨房的工作人员，用一句温暖的话和实际行动来感谢他们。

（教师：姬明月）

三、区域活动

（一）图书区

投放绘本《感谢的味道》，让幼儿不断熟悉故事内的情景，同时在图书区投放不同情景的图片，帮助幼儿理解在不同情景中如何感恩他人。

（教师：李杨）

（二）娃娃家

引导小朋友们了解自己家的成员，亲近父母和长辈。将《感谢的味道》绘本投放到角色区中，幼儿自主选择角色，扮演妈妈、爸爸、妹妹、奶奶、客人等，如感谢爸爸做饭，感谢妈妈照顾宝宝，感谢小客人给自己过生日等。

（教师：陈安琦）

（三）美工区

幼儿在美工区制作爱心卡，鼓励幼儿将爱心卡送给父母、老师、同伴，或是张贴在班中的爱心墙、海报上。

（教师：李杨）

四、一日生活

1. 在盥洗环节，鼓励幼儿洗干净小手后，用力甩手并大声说"谢谢水龙头"；鼓励小朋友在遇到困难时，大胆说出自己的困难，得到帮助时大声说"谢谢"。

2. 当得到他人帮助时，用自己的方式向身边的人表示感谢，如鞠躬、大声说谢谢、送礼物等。

（教师：陈安琦）

五、环境创设

主题墙1：我爱您

通过日常生活以及游戏环节，帮助幼儿表达出自己对老师、家人的感恩之情。此阶段的目的就是让幼儿大胆地表达自己的感恩之情，能够在成人的引导下，知道关心身边的人，并能在得到别人的帮助后，表达自己的感恩之情。

（教师：石海溶、曹靖、潘楠楠）

主题墙 2：我想谢谢您

小班幼儿对表达感谢的方法有些欠缺，帮助幼儿拓展经验，通过家园共育，结合妇女节和重阳节等节日教育活动，鼓励幼儿将感谢的话记录下来，或制作感恩卡片送给想感谢的人。

（教师：张圆红、陈安琦、兰思佳）

六、家园共育

亲子共读

◆小朋友们好，今天给大家带来一个好听的故事，叫《感谢的味道》，快来一起听一听吧。

故事讲到这里就结束了，小朋友们想一想：

1. 我们都感谢了谁呢？

扫码看视频

2. 我们为什么要感谢他们呢？

◆教育价值：

感恩是什么？对于小小的孩子来说，也许很难用几句话就说清楚，但在这本书中，作者从孩子的视角出发，将这一抽象的概念完全具体化了，用孩子能听懂的语言给出了答案，不仅仅是感恩爸爸妈妈，感恩朋友，感恩身边的人，也能够感恩自己的头发，感恩幼儿园，感恩大自然……其实不管是感谢的人，还是被感谢的人，在说出和听到"谢谢你"时，他心里一定是美滋滋的，这也许就是感谢的味道吧。

◆家长小妙招：

1. 从感恩父母做起。让孩子理解父母的艰辛，可以让孩子参与力所能及的家务劳动，帮爸爸妈妈分担琐碎的家务，从而懂得父母的不容易，学会体谅父母，感恩父母。

2. 父母要以身作则。父母的一言一行都是孩子学习的榜样，父母孝敬老人，懂得感恩，孩子就跟着孝敬老人，学会感恩。日常的言传身教就在无形之中培养孩子成长为懂得感恩的好孩子。

3. 以节日为载体表达感恩。比如重阳节、教师节等，给长辈亲手制作一个小礼物，或给长辈捏捏肩、一个拥抱等，给予孩子感恩的机会，学会如何感恩与表达爱。

4. 利用外出活动了解叔叔阿姨的辛苦。在过马路时看到警察叔叔在站岗，在上学路上看到清洁工人在扫地，在幼儿园门口看到保安叔叔在站岗……家长可以利用这个契机为幼儿讲一讲他们的工作内容，引导幼儿体会劳动者的辛苦，对他们说"谢谢"或递上一瓶水等。

（教师：张钰）

第二节　中　　班

活动一：谢谢你

一、绘本推荐

绘本推荐表——感恩品格	
绘本名称	《谢谢你》
绘本作者	〔日〕井本蓉子 著/绘　　林静 译

（续）

推荐理由：

　　松鼠宝宝跟着松鼠妈妈去橡树山采集橡子，在妈妈的引导下，得知山上的橡树是爷爷奶奶和祖先们种下的。吃完祖先们种的橡树结的果子后，对着橡树齐声说"谢谢"。这是一个关于"传承"与"感恩"的故事，告诉孩子：没有哪件事情是可以一蹴而就的，我们要感恩过去、珍惜现在。

（推荐教师：王岩、康旋）

二、集体教育活动

集体教育活动1：谢谢你

活动目标：

1. 了解故事内容，发自内心地对帮助过我们的人表示感恩，对身边的事物表示尊重。

2. 知道感恩的几种方法，并运用到生活中去。

3. 体会帮助别人和感恩他人为我们带来的幸福和快乐。

活动准备：

物质准备：绘本《谢谢你》、幼儿获得帮助的图片。

经验准备：大多数幼儿有初步的感恩意识。

活动过程：

（一）出示绘本中小松鼠对着大树说谢谢的图片，引发幼儿对绘本的兴趣

师：小朋友们，你们看今天谁来了？哪位小朋友能告诉我它们在干什么呀？

师：小朋友们，你们都看出来了，小松鼠正对着橡树说谢谢呢，那你们猜一猜它为什么对着橡树说谢谢呢?

(二)通过阅读绘本,理解故事内容,知道要及时对帮助过我们的人表示感谢

1. 师幼共同阅读绘本,了解故事内容。

师:小朋友,你们现在知道小松鼠为什么对橡树表示感谢了吗?它们还感谢了谁呢?又是为什么?最后小松鼠们为了感谢做了哪些事情呢?

小结:因为橡树给它们提供了食物——橡树果,所以它们对橡树说谢谢。它们还感谢了祖先,因为是祖先种下的橡树。最后小松鼠为了表达感谢,没有将松果全部吃完,而是留了一小部分继续种下去。

2. 教师出示日常生活中小朋友得到帮助的图片,引发幼儿对感恩方式的思考。

师:小朋友们,你们被帮助过吗?你们在被帮助过后是怎么做的?除了这样我们还能怎么做呢?

3. 谢谢你。

师:小朋友,现在你们可以选择老师提供的任意材料制作一个简单的小礼物送给帮助过你的人,表达你对他的感谢之情。

(三)将礼物送到自己感谢的人手里,活动自然结束

(教师:高尚)

集体教育活动 2: 谢谢你,我身边的物品

活动目标:

1. 知道我们所用的工具是在帮助我们,从而有爱护工具的意识。

2. 感受传递感恩的幸福与快乐。

活动准备:

物质准备:损坏的图书、落灰的玩具、没有归位的积木。

经验准备:幼儿有能力将物品变得更好。

活动过程:

(一)小朋友自选玩具玩五分钟

(二)出示准备的材料,引导幼儿感恩玩具、爱惜玩具

1. 出示损坏的图书、落灰的玩具、没有归位的积木。与幼儿探讨玩具对我们的帮助,我们对于这样的玩具应该怎么做?我们以后应该怎么玩?

小结:玩具为我们提供帮助,我们应该感谢玩具。我们应该把坏掉的图书修补好,把落灰的玩具清洗干净,把没归位的积木放回原处,这样下一次小朋友玩的时候才能更方便。

2. 小朋友自愿结队,用自己的方式一起把玩具变得更好,感恩玩具。

分为修补图书队、清洗玩具队、整理积木队。

小结：我们要对今天帮助我们修补玩具的小朋友们说一声谢谢，谢谢你们让我们拥有了这么舒适的游戏环境。

（三）颁发今日感恩玩具小队的奖品

（教师：高尚）

三、区域活动

（一）美工区

利用水彩笔、毛球、闪片等材料制作爱心橡子卡片，送给生活中我们需要感谢的人。

（二）表演区

投放《谢谢你》故事中的角色头饰、道具，引导幼儿分角色表演。

（三）科学区

通过标本，观察橡树的树叶、果实的特点，并研究小松鼠为什么要在秋天屯橡子。

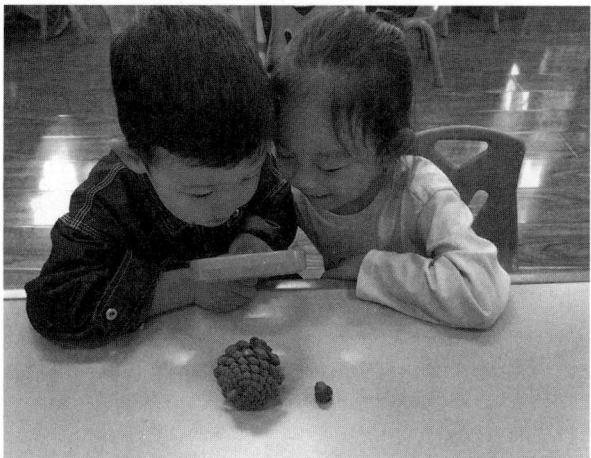

（教师：付圣轩）

四、一日生活

1. 入园和离园时，引导幼儿向风雨无阻为我们测体温、保平安的保健老师、保安叔叔说声"谢谢"，在每天幼儿园生活的开始和结束贯穿感恩主题。

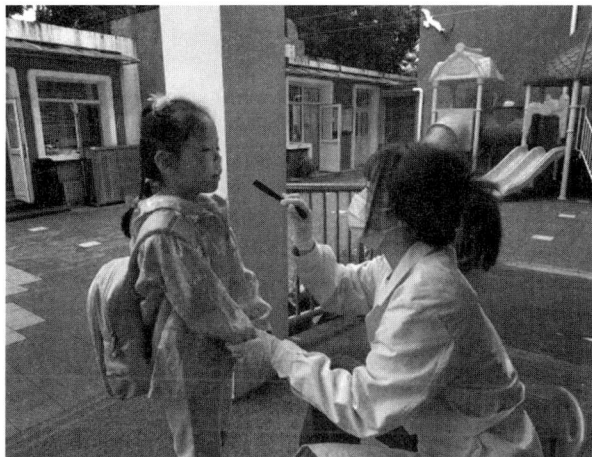

2. 在取餐以及起床后，对帮助我们分餐和叠被的保育老师表达感谢。

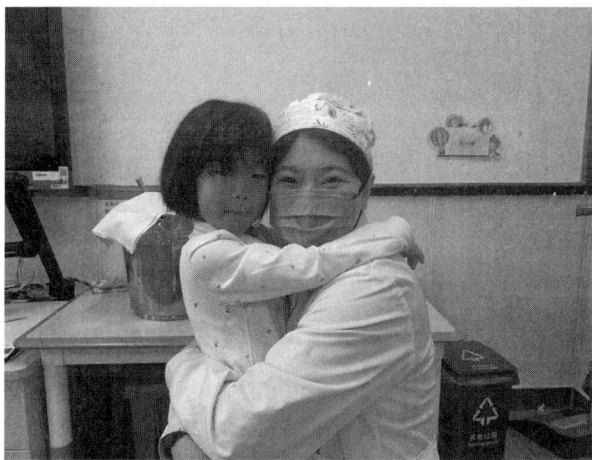

（教师：付圣轩）

五、环境创设

创设环境"感恩有你"主题墙饰，结合集体教育活动中的绘本和大讨论，创设以下三个小板块。

小板块一：感恩大调查。教师带领幼儿以采访记录的方式知道感恩的方法以及想感恩的人。

小板块二：我想说。利用对话框的方式记录孩子们想出的感恩话语。

小板块三：我想感谢的人。通过集体教育活动的形式引导幼儿思考生活中我们需要感谢的人，例如保安叔叔、保洁老师和家人，并用画笔画下来、剪下来，贴到"我想感谢的人"相框中。

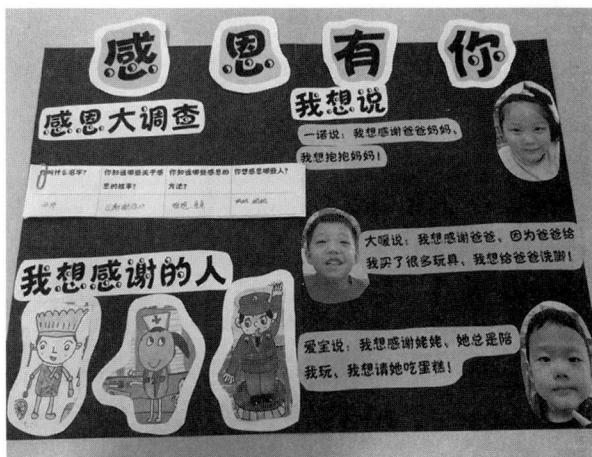

（教师：付圣轩）

六、家园共育

亲子共读

◆小朋友们，今天我给大家带来一个故事，故事的名字叫《谢谢你》。

故事讲到这里就结束了，小朋友们想一想：

1. 小狐狸为什么对橡树说谢谢呢？

2. 小狐狸们为了感恩有橡树果吃，它们最后又做了什么？

3. 小朋友们，在生活如果你遇见帮助过你的人，除了说谢谢，你还可以做些什么呢？

扫码看视频

◆家长指导：

开展感恩教育，目的是让孩子经常站在别人的角度去思考问题。因此，我们在培养孩子自信、自立、自主、百折不挠品格的同时，对他们开展感恩社会、感恩父母、感恩老师的感恩教育也是必不可少的。

那么在家中我们可以怎么做呢？家长就是孩子最好的老师，家长朋友可以为小朋友做榜样，比如奶奶为我们做了可口的饭菜，家长可以先对奶奶表示感谢，然后小朋友也会向家长学习，慢慢养成知感恩、懂感恩、善感恩的美好品格。

（教师：康旋）

🌀 活动二：感恩父母

一、绘本推荐

绘本推荐表——感恩品格	
绘本名称	《小乌鸦爱妈妈》
绘本作者	未知

推荐理由：

　　小乌鸦的妈妈生病了，小乌鸦为了照顾妈妈历尽千辛万苦去外面抓虫子，就像小的时候妈妈照顾自己一样。绘本给孩子们一种启示：爱不仅仅是索取，更重要的是付出和奉献，教育幼儿懂得感恩、懂得爱、学会爱。

（推荐教师：张钰）

二、集体教育活动

集体教育活动1：我爱爸爸妈妈

活动目标：

1. 在活动中感受父母对自己的爱，学会表达感恩之情。

2. 体会到爸爸妈妈对自己的爱，产生爱爸爸妈妈的情感。

活动重难点：

活动重点：感受亲情的温暖，使幼儿感受到自己生活的家庭充满爱。

活动难点：懂得如何去爱父母。

活动准备：

物质准备：自制视频"爱我的爸爸妈妈"、课件"我的爸爸妈妈"、绘本故事《我的爸爸妈妈》、交互式液晶屏电视、音乐《爱我你就抱抱我》。

经验准备：前期请幼儿做小记者采访爸爸妈妈，初步了解父母的职业、本领和爱好等。

活动过程：

（一）利用音乐《爱我你就抱抱我》导入活动

提问：小朋友，刚才我们律动的歌曲里唱到了谁呀？（爸爸妈妈）爸爸妈妈是怎样爱宝宝的？（用陪、亲、夸、抱等方式向宝宝表达自己的爱）

（二）欣赏绘本故事《我的爸爸妈妈》，了解爸爸妈妈的本领，体会爸爸妈妈对自己的付出

1. 讲故事《我的爸爸妈妈》，进一步感知爸爸妈妈对自己的爱。

引导语：有一位叫布朗的小朋友也有爱自己的爸爸妈妈，我们一起来听听吧。

提问：布朗的爸爸妈妈是什么样子的？他的爸爸妈妈像什么一样？他们有什么本领？为什么说有时妈妈像狮子一样强悍？你觉得布朗爱他的爸爸妈妈吗？为什么？

小结：原来严厉也是一种爱。故事里的爸爸妈妈本领强大，他们为布朗付出了很多很多。

2. 讨论交流爸爸妈妈的本领，表达对爸爸妈妈的喜欢。

提问：你的爸爸妈妈有什么本领？他们都为你做过哪些事情？想一想，和我们大家说一说。

小结：在生活中，爸爸妈妈给我们的爱很多，有甜蜜的爱、有严厉的爱。

（三）观看"我的爸爸妈妈"视频，了解父母对自己的爱，学会感恩

1. 提问：你的爸爸妈妈爱你吗？是怎样爱你的？

2. 播放视频，感受父母对自己的爱。提问：你看了视频有什么感受？

3. 学习感恩父母，学会感恩父母的方式。

师：你会怎样爱你的父母？你能帮他们做什么？

小结：快乐的陪伴、贴心的照顾、分担家务劳动就是对父母的爱。

（四）视频通话表达我的心里话，引导幼儿用自己的方式表达对爸爸妈妈的爱

1. 视频连线，鼓励幼儿向爸爸妈妈说说心里话，表达爱的情感。

提问：孩子们，此时此刻，你想不想把你对爸爸妈妈的爱说给他们听呀？今天就拨打视频电话，让你们大声说出来，谁想试试？

2. 播放视频"温馨的家"，升华幼儿爱爸爸妈妈的情感并自然结束活动。

结语：小朋友们，我们都被父母浓浓的爱包围着，都有一个幸福的家，让我们给家人更多的关心与陪伴，让爱永远伴随着我们的家。

活动延伸：

请幼儿回家用自己的方式表达对爸爸妈妈的关爱，如倒一杯水、唱一首歌、讲一个故事、送一个拥抱、做一次家务等。

（教师：许小雪）

集体教育活动 2：我是小乌鸦

活动目标：

1. 理解故事内容，尝试运用道具大胆表演故事。

2. 在游戏中感受表演的快乐，感恩妈妈对自己的照顾。

活动准备：

物质准备：故事视频《小乌鸦爱妈妈》、小乌鸦头饰 1 个、乌鸦妈妈头饰 1 个。

经验准备：幼儿看过故事《小乌鸦爱妈妈》，有照顾人的经验。

活动过程：

（一）回忆导入，激发幼儿兴趣

提问：《小乌鸦爱妈妈》的故事中，小乌鸦是怎么照顾妈妈的？

妈妈生病时，小乌鸦心情是怎样的？

（一）表演故事

1. 回忆故事内容，出示乌鸦妈妈和小乌鸦，带领幼儿讲述故事。

提问：乌鸦妈妈和小乌鸦说了什么？用了什么样的语气？

2. 请个别幼儿上台尝试，并运用不同的语气进行表演。

提问：乌鸦妈妈生病了，它的声音应该是怎样的？它会做些什么事情？

3. 请幼儿讲述表演时的心情，并鼓励其他幼儿大胆到图书区表演故事。

提问：你在表演时看到妈妈生病了，你的心情是怎样的？如果你的妈妈生病了，你会怎样做？

（三）将道具投放到图书区，鼓励幼儿大胆表演

（教师：许小雪）

三、区域活动

(一) 美工区

幼儿在美工区运用不同的材料制作表演道具。

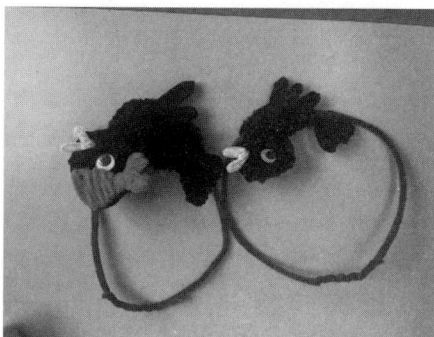

(二) 图书区

投放幼儿在美工区制作的头饰及道具，孩子们可以在图书区自由地扮演角色续编故事。

(三) 建筑区

经过讨论，幼儿认为乌鸦妈妈年纪大了，乌鸦宝宝为更好地照顾行动不便的乌鸦妈妈，为妈妈搭建方便出行的家，就像小时候学走路时妈妈为我们挪开障碍物。

在搭建过程中，幼儿为乌鸦妈妈的窝留了出入口，为乌鸦妈妈铺上软软的稻草垫子等。

（教师：陈鑫）

四、一日生活

1. 在教育活动中，学习手势舞《谢谢你陪我长大》，运用不同的形式引导幼儿学会感恩，培养幼儿的感恩意识。

2. 区域活动时，幼儿自主为妈妈做花朵，装入母亲节礼包中，感恩妈妈的照顾。

3. 过渡环节时，幼儿发现身边的老师、保安叔叔、保健医老师非常辛苦，感恩他们对自己的付出。

（教师：张钰）

五、环境创设

阶段一：结合"三八女神节"与幼儿进行谈话，想为妈妈做的事，为妈妈制作礼物。

阶段二：结合绘本《我爱爸爸妈妈》，了解身边的人对自己的爱，创设墙面"我爱我的家人"。

阶段三：结合班中主题活动"我的温情五月"创设母亲节"感恩妈妈"墙面。

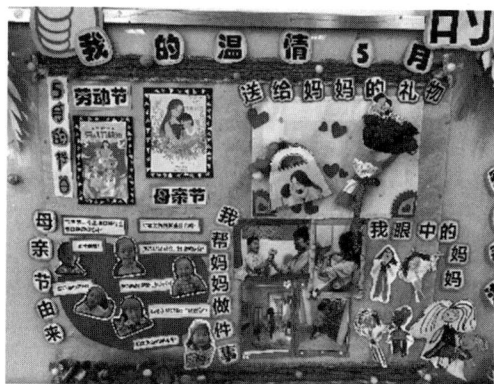

（教师：陈鑫）

六、家园共育

亲子共读

◆教育价值：

该绘本可以引发孩子的兴趣，还能很好地培养孩子的感恩意识，同时绘本给孩子们一种启示：爱不仅仅是索取，更重要的是付出和奉献，教育幼儿懂得感恩、懂得爱、学会爱。

扫码看视频

◆家长小妙招：

1. 与幼儿一起阅读绘本，回顾故事内容，引导幼儿懂得感恩、懂得爱、学会爱。

2. 家长是孩子的第一任老师，大人要在家中尊重老人、爱父母及身边的人，为孩子做出榜样。

3. 鼓励幼儿回家讲述、表演故事。

4. 与家长进行沟通，收集幼儿幼时家长照顾幼儿的图片并制作成视频，结合绘本故事培养幼儿的感恩意识。

（教师：张钰）

第三节　大　　班

活动一：感恩食物

一、绘本推荐

绘本推荐表——感恩品格	
绘本名称	《一颗莲子的生命旅程》
绘本作者	陈莹婷 著　花青 绘
推荐理由： 　　绘本讲述一颗莲子入泥后的生命之旅——莲子发芽、叶子长出、花芽长大、花儿盛开、果实长出，成熟后的新莲子随水漂走、再次入泥。正文用生动活泼的语言讲述了莲的生长故事，并以小字的形式介绍了莲的知识；以国画的形式描绘出莲在各个生长阶段的姿态特征。正文后附文系统讲述莲文化和莲的科学知识。 　　绘者以国画的形式，诗意呈现莲的形态特征和它在四季中的变化细节，让孩子在学习莲知识的同时感受中国传统莲文化。既有诸如雌蕊、种子等部位的细节性图解，又有莲的完整描摹图；既有对莲的知识性讲解、莲生长故事的讲述，还有对莲的文化赏析。绘者更以毛笔手写了莲的各部位名称，并且整本书选用有宣纸质感的纸张来印刷，让孩子从翻开书时便浸润在传统莲文化的浓厚氛围中，感知中国传统文化和感恩生命。 　　这是一本将传统莲文化、极富意境美的中国艺术和植物科普美妙结合的绘本。优雅地讲述了"莲的生命历程"，展现了莲的生命力及它所蕴涵的文化魅力，让幼儿体会植物的生命，尊重和珍惜生命，并提高在日常生活中知感恩、能感恩的意识。	

（续）

一颗莲子的生命旅程

陈莹婷 著 —— 花青 绘

（推荐教师：刘文秀）

二、集体教育活动

集体教育活动 1：一颗莲子的生命旅程

活动目标：

1. 阅读绘本，知道莲藕是怎样长成的。

2. 感谢农民伯伯的辛勤劳作，愿意珍惜食物。

活动准备：

物质准备：莲子、《一颗莲子的生命旅程》PPT。

经验准备：有照顾植物的经验。

活动过程：

（一）开始活动：出示莲子，激发幼儿的兴趣

提问：小朋友们，你们看这是什么呀？你们都吃过莲子吗？

（二）基本活动：阅读绘本故事，感受莲子的生命旅程

1. 阅读封面、环衬页。

提问：小朋友们看这是什么？（莲蓬）从莲蓬里掉出来的是什么呀？

对，是莲子，看完这本书我们就知道莲子的一生了。

2. 阅读绘本，理解故事内容。

结合绘本完整欣赏故事内容。

3. 观察画面，了解莲子的生长过程。

提问：莲子是从哪里来的呀？它是怎么变成莲藕的呀？经历了什么？

莲藕是一下就长出来了吗？它是怎么生长的？藕鞭是什么样子的呀？花瓣一片片凋零，花托逐渐变成了莲蓬，莲蓬里藏着什么呀？

（三）结束环节：观看挖藕人挖藕的视频

小结：莲藕成熟很不容易，要经过漫长的周期。挖藕人很辛苦地在淤泥里挖藕，食物来的可真不容易，我们以后不能浪费粮食呀！

集体教育活动2：珍惜粮食

活动目标：

1. 了解粮食的生长过程，知道粮食来之不易。

2. 体会故事内容，知道浪费粮食是不对的，要学习珍惜粮食。

活动准备：

物质准备：《谢谢你，好吃的面包》绘本、麦子生长顺序画面、不良用餐习惯的图片。

经验准备：有照顾植物的经验。

活动过程：

（一）开始活动：出示绘本，引发幼儿回忆故事内容

提问：你们看到了什么？你们知道我们的面包从哪里来的吗？

师：这是一个关于麦粒怎样变成面包的故事，这本书的名字叫《谢谢你，好吃的面包》。为什么要说谢谢你呢？这声谢谢是对谁说的？为什么要谢谢他们？

（二）基本部分：出示麦子生长画面，尝试排出顺序

1. 出示打乱的麦子生长画面。

师：农民伯伯种麦子是一件很辛苦的事情，要经历很多的步骤，你们知道先做什么再做什么吗？

2. 尝试排列画面顺序。

师：请小朋友们来摆一摆，我们看看麦子是怎么一步步成熟的。（引导幼儿按照播种、生根长叶、长出麦穗、麦穗成熟、脱粒的顺序排列）

3. 尝试讲述画面内容。

师：这幅图上的农民伯伯在做什么？麦子长得什么样？

4. 出示农民辛苦劳作的图片。

小结：农民伯伯种粮食很辛苦，每一粒粮食里面都有他们辛勤的汗水，我们要感谢他们的付出与劳动，同时，也要从身边的小事做起，爱惜粮食，珍惜农民伯伯的劳动成果。

（三）结束部分：图片找错，形成良好用餐习惯

1. 图片一（挑食）。

师：图上的小朋友在做什么？他不吃什么？你挑食吗？挑食对吗？

2. 图片二（撒饭）。

师：这个小朋友吃得很香，也不挑食，他错在哪里了呢？为什么？

3. 图片三（剩饭）。

师：他们哪里做错了？已经吃得很饱了，可是你看桌子上，浪费的粮食可惜吗？那他们应该怎么做呢？

小结：我们平时吃饭的时候，不能挑食、撒饭。买食物或点菜的时候，吃多少要多少，不要浪费，吃不完的食物可以打包带回家。

三、区域活动

（一）美工区

首先我们先让幼儿观察莲子的生长过程视频，让幼儿初步了解莲子的生命旅程，然后通过讲述《一颗莲子的生命旅程》，帮助幼儿理解莲子的生长过程。在此基础上，幼儿已经初步了解莲子的生长过程，结合之前做机关书的经验，我们共同制作了莲子生命旅程的机关书，感知生命的不易。

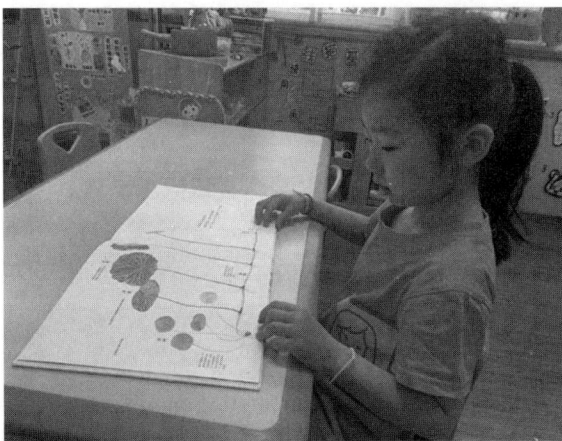

（二）自然角

第一阶段：我们与幼儿共同打造大三班植物园，请幼儿共同照顾植物。根据幼儿的兴趣和问题，为幼儿梳理照顾植物的方法，在不同的情况下，如水浇多了应该怎么办，提升幼儿的种植经验，体验植物生长的不易，感恩植物，从而珍惜粮食。

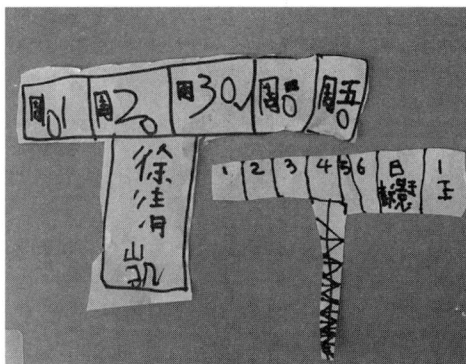

第二阶段：我们在植物角创设莲藕种植区，切实感知一颗莲子的生命旅程。在水里泡入莲藕种子，静待它发芽。在照顾莲子的过程中，孩子们发现一颗小小的莲子发芽、长叶子了，但是为什么叶子长着长着又慢慢地蜷缩合上了呢？孩子们透过问题，发现如果要长出莲藕要经历漫长的过程，很艰难，从而感知食物来之不易，萌发珍惜粮食的情感。

四、一日生活

过渡环节时，老师为幼儿讲《一颗莲子的生命旅程》，使幼儿熟悉故事，并了解莲子的生命周期。

五、环境创设

第一阶段：利用两个月的时间，通过共同制作机关书《一颗莲子的生命旅程》，幼儿在充满趣味的阅读形式中进一步了解莲子的生命旅程。

第二阶段：本班幼儿在了解故事的基础上，提出问题，如莲花、莲蓬、荷叶能吃吗？我们通过今日我播报的形式，请孩子们自己查询资料寻找答案，为全班小朋友答疑解惑，并通过照片和机关书的翻开形式为孩子们呈现。通过活动的开展，我们发现幼儿在进餐时光盘的现象增多。为了提升幼儿在日常生活中主动节约粮食并能提醒他人珍惜粮食的意识，体会食物的来之不易，我们又开展了一系列活动。

六、家园共育

亲子共读

◆绘本从一颗莲子离开莲蓬跌落入泥讲起，讲述它发芽、长叶、开花、结果、成熟、新莲子再次入泥的生长过程。本书用诗意的语言讲述着与莲有关的科普知识，以国画的形式呈现莲在各

扫码看视频

个生长阶段的姿态特征，辅以宣纸般的印刷质感，营造出静谧悠远的传统文化氛围。读者不仅可以了解莲的生长历程、历史文化，体会美的意境，更能引发关于生命的深入思考。

◆那么家长朋友可以怎么做呢？在家陪同幼儿共同阅读绘本《一颗莲子的生命旅程》，并感知生命的旅程。在日常生活中，如在外吃饭时，吃不完的食物可以打包，养成珍惜粮食的良好习惯。

扫码看视频

◆家长小妙招：

1. 营造良好的家庭氛围。父母以身作则，每天做到光盘行动，外出就餐主动打包。

2. 用古诗影响幼儿的行为，引导孩子养成良好的行为习惯。

3. 经常带孩子外出，随时随地进行引导。如做节约宣传员，向家人、亲戚朋友宣传浪费的可怕后果。

4. 引导幼儿主动珍惜粮食。

5. 亲子互动，感知食物的来之不易。如亲子共同制作面包等食物送给有需要的人。

（教师：刘文秀）

活动二：感恩为我们服务的人

一、绘本推荐

绘本推荐表——感恩品格	
绘本名称	《凌晨 4 点，他们在做什么？》
绘本作者	秦岩 文/图

推荐理由：

　　绘本的图片以深蓝色为主，每一页都是不同职业的人在做事情，文字以象声词开始，吸引幼儿的注意力，符合中班幼儿的年龄特点。孩子们认为，天黑了每个人都要睡觉，是这样吗？当我们卸下一天的忙碌，躺在温暖舒适的床上，准备进入梦乡时，有些人刚刚开始他们的工作。这本绘本就是带孩子们了解为我们默默付出的人，了解所有工作的辛苦和伟大。每一份工作都需要有人值守，正是因为他们的伟大，我们的城市才能正常运转，从而引导幼儿懂得感恩，懂得为别人付出。

（推荐教师：赵新宇）

二、集体教育活动

集体教育活动 1：我演你猜

活动目标：

1. 能用身体动作表现不同职业的特点。

2. 勇于在集体面前表现自己。

活动准备：

物质准备："各行各业的人"组图、"我演你猜"组图、纸面教具"天才演员贴纸"。

活动过程：

（一）出示组图"各行各业的人"，引导幼儿讨论故事中各个职业的工作内容，并尝试用肢体动作表演

提问：图片中的人是做什么的？他的工作内容是什么？你能用动作表演出他的工作吗？试一试吧。

小结：每种职业的工作内容不一样，我们不仅可以用语言描述，还可以用身体动作来表现他们的工作。

（二）出示组图"我演你猜"，组织幼儿玩游戏"猜猜我是谁"

1. 组织幼儿分组，鼓励幼儿在组内自由表演和猜测，为游戏做准备。

2. 出示组图"我演你猜"，介绍游戏规则。

（1）每组轮流派一名幼儿看图片，演绎图中人物的工作动作。

（2）组内其他幼儿猜测他（她）演的是哪一种职业的人。

（3）2分钟内，猜对题多的组获胜。

3. 组织幼儿游戏。

（三）出示纸面教具"天才演员贴纸"，组织幼儿选出一名动作表演最出色的幼儿为"天才演员"

师：请你选出刚才表演中，你认为演技最好、表演最出色的小朋友，我们一起给他颁发"天才演员贴纸"。

（教师：曹靖）

集体教育活动 2：英勇的消防员

活动目标：

1. 知道成为消防员需要严格的训练，增进对消防员的敬佩之情。

2. 了解消防员的工作内容、灭火装备及其用途。

活动准备：

物质准备："消防员来灭火"音频及图片、"消防员的灭火装备"图片、"消防员的工作"组图、"消防员的训练"组图。

活动过程：

（一）播放音频及图片"消防员来灭火"、图片"消防员的灭火装备"，引导幼儿知道发生火灾时可以拨打 119 找消防员灭火，初步了解消防员灭火的基本装备及用途

1. 播放音频及图片"消防员来灭火"，引导幼儿知道发生火灾时可以拨打 119 找消防员灭火。

提问：图片中发生了什么事？这个小朋友为什么哭得这么伤心？

提问：家里着火了，要怎么办呢？（打 119 找消防员）

师：幸亏有消防员及时赶到，灭掉了大火，小朋友平安无事了。

2. 出示图片"消防员的灭火装备"，引导幼儿了解消防员的基本装备及其用途。

提问：刚刚消防员是用什么灭火的？（水枪）

提问：除了水枪，消防员的身上还有许多法宝，我们来认识一下吧。看看消防员头上、脸上戴了什么？身上穿了什么样子的衣服？

提问：你还发现什么东西可能也是法宝？

提问：你觉得消防安全头盔、消防面罩、对讲机、消防衣、消防手套、消防靴有什么用处？

小结：这些法宝不仅能帮助消防员灭火，还能保护消防员在火场中的安全。

（二）出示组图"消防员的工作"，引导幼儿进一步了解消防员的工作内容

1. 幼儿自由分享自己了解到的消防员的工作内容。

提问：刚刚我们了解了消防员最重要的工作之一——灭火。除了灭火，你们知道消防员平时还会做哪些工作吗？

2. 出示组图"消防员的工作-1"，引导幼儿了解消防员会做一些预防火灾发生、降低火灾损失的工作。

提问：猜猜图片里的消防员在做什么？

小结：消防员要检查公共场所的消防设备是否合格，逃生路线是否清楚、安全；消防员要宣传防火和灭火知识，让更多人知道使用灭火器和逃生的方法；消防员还要保养、清理消防设备，确保消防器材可以随时使用。这些工作都是为了预防火灾发生，降低火灾损失。

3. 出示组图"消防员的工作-2"，引导幼儿了解消防员会开展各类救援抢险的工作。

提问：当有人拨打 119 时，消防员就要出警开展各类抢险工作，都有哪些呢？一起看图片了解一下吧。

小结：当发生洪灾、山体滑坡、泥石流等自然灾害时，消防员会到现场开展救援工作。被困在电梯里或失足落水等情况发生时都可以找消防员帮忙。无论是灭火救援，还是社会救助，我们都可以看到消防员勇敢的身影。

（三）出示组图"消防员的训练"，引导幼儿知道成为消防员需要严格的训练，鼓励幼儿思考想对消防员说的话，增进对消防员的敬佩之情

师：消防员能做这么多工作，你们觉得消防员厉害吗？其实，消防员这么厉害，离不开严格的训练。我们一起来看看消防员都需要做哪些训练吧。

1. 出示组图"消防员的训练-体能训练"。

师：消防员需要做很多体能训练，比如跑步、负重跑、单双杠、俯卧撑、仰卧起坐等。

2. 出示组图"消防员的训练-业务训练"。

师：消防员还要熟悉消防业务，比如操作水带、1 分钟内熟练穿脱消防服、攀爬登高等。

活动延伸：

教师可布置主题墙"谢谢你保护我——了解消防员"，展示消防员的装备、工作内容等图片，供幼儿交流。

（教师：曹靖）

集体教育活动 3：听我说谢谢你

活动目标：
1. 掌握四二拍的节奏，用优美的歌声、动作来表现歌曲的内容。
2. 能够用手势舞表达自己对别人的感谢。

活动准备：
PPT 图片、音乐《听我说谢谢你》。

活动过程：

（一）通过谈话导入活动内容，调动幼儿已有经验

1. 提问：幼儿园里都有哪些人在为我们默默付出？
2. 播放 PPT 图片，请幼儿说一说他们为我们做了哪些事，为什么要这么做。
3. 师幼小结：他们为我们做这些是因为爱我们。

（二）播放音乐，师幼共同演唱《听我说谢谢你》

提问：歌曲里都唱了什么？那我们怎么用手势表现出来？

（三）幼儿分组创编动作，教师巡回指导

1. 鼓励幼儿根据歌词的内容大胆创编动作，老师用图谱的方式帮助幼儿做记录。分乐句记录幼儿想表达的手势动作。

2. 提示幼儿动作要与歌曲的节奏相同。

3. 完整练习，为表演做好准备。

（四）师幼共同表演并录像

播放音乐，引导幼儿边唱边表演，教师录像并发给我们要感谢的人。

（教师：赵新宇）

集体教育活动 4：感恩卡

活动目标：

1. 知道我们身边有很多为我们服务的人。

2. 把分开的心形图画粘贴起来。

活动准备：

物质准备：收集身边为我们服务的人的照片、剪刀、画笔、油画棒、纸、歌曲《感恩的心》。

活动过程：

（一）活动导入

师：现在我们先来看一些照片，谁能告诉老师你们看到了什么？

（清洁工在扫地、保安叔叔站岗、司机叔叔、收银员）

师：那你们想一想，要是没有这些叔叔阿姨，我们的城市会变成什么样子啊？（很脏，垃圾很多，没法买东西）

师：这些叔叔阿姨为了保持我们城市的清洁和安全，非常辛苦，我们大家都很感谢他们。那小朋友们想一想，我们该送给他们什么礼物来表示感谢呢?

(二) 欣赏并制作各类感恩贺卡

1. 提问:这些贺卡给你怎样的感觉?你最喜欢上面哪些图案?你知道这是什么意思吗?

2. 示范讲解做贺卡的方法。

教师操作,把几张心形纸粘在一起,就可以把它做成一个像灯笼一样的贺卡了。

3. 幼儿制作,教师巡回指导(播放音乐《感恩的心》)。

(三) 展示作品,让幼儿互相欣赏,并说出一句感恩的话

(教师:高硕)

三、区域活动

开展过集体教育活动后,我们把绘本投放在图书区,幼儿利用区域游戏时间与同伴一起观察图书细节,讨论画面内容。

四、一日生活

1. 我们利用过渡环节开展谈话活动——幼儿园里都有谁在为我们做事？他们为什么要为我们做这些事？通过观察，孩子发现保安叔叔在保护大家的安全，厨师做香香的饭菜，保健医每天早晨来园时为小朋友检查身体，保洁阿姨在小朋友午睡时清扫地面。大家做这些事都是为了小朋友在幼儿园能健康、开心。

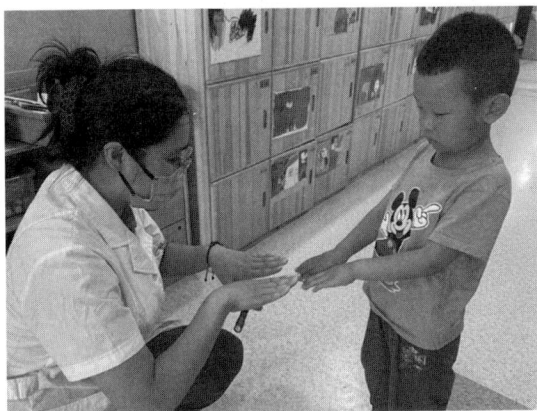

2. 利用值日生的工作激发幼儿为同伴做一些力所能及的事情。班级值日生是小朋友们都特别喜欢承担的一项任务，而且每个小值日生都会认真负责地帮助同伴收拾整理没放好的玩具，帮同伴做些力所能及的事情，他们会感受到自己的付出被同伴所需要的满足感。

3. 利用班级饲养的小动物激发幼儿的爱心。班级因为开展主题活动饲养了几只芦丁鸡，在进行主题活动的过程中，我们结合幼儿的生活经验，让幼儿把成年人对自己的关注和照顾都迁移到了芦丁鸡身上。慢慢地，我们发现孩子们在照顾芦丁鸡的时候非常有爱心、耐心，认真地用工具清扫鸡舍，给芦丁鸡换水换食，看芦丁鸡的时候就像照顾自己的小宝宝一样，把别人对自己的关爱通过照顾芦丁鸡表现了出来。

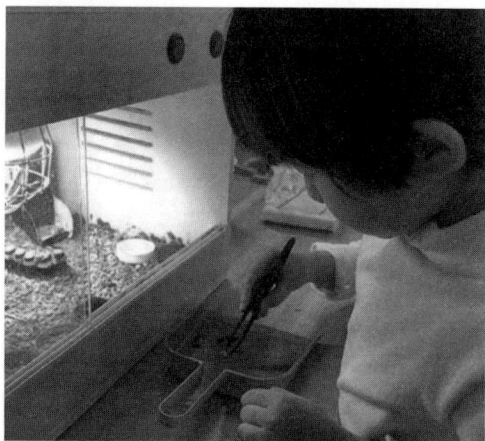

五、环境创设

（一）主题墙

第一部分介绍绘本《凌晨 4 点，他们在做什么？》中比较贴近幼儿生活的一些内容，引导幼儿耐心观察画面细节。第二部分开展谈话活动——幼儿园里他们在做什么？第三部分开展讨论——我们能为别人做些什么？

（二）值日生墙饰

结合班级值日生工作开展谈话，我们值日生每天的工作是什么？为什么要做这些工作？怎样才能做好？我们的工作能给人带来什么？

（三）主题活动墙饰

结合班级主题活动"Hi！好小的蛋"，我们开展了一系列照顾小鸡的活动。这些活动结合、调动幼儿的生活经验，把身边人是怎么爱自己、照顾自己、为自己付出的内容变成活动来开展。活动最后请大家说一说自己在照顾小鸡时的感受，把情感进行升华。

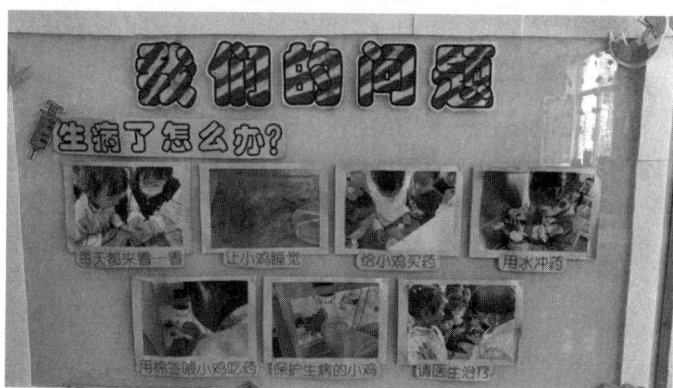

六、家园共育

◆绘本《凌晨 4 点，他们在做什么？》是致敬劳动者，感恩生活中为我们付出的人的故事。绘本画面细节描绘较为清晰，便于幼儿观察，同时绘本内容比较贴近幼儿生活，便于幼儿理解。

◆教师将绘本故事录制成有声视频分享到班级家长群中，并指导家长进行亲子阅读，建议家长为幼儿提供机会感恩家庭成员为自己的付出，并尝试做一些力所能及的事情，或用语言、肢体动作表达内心的感谢。

扫码看视频

◆利用班级"家长进课堂"的活动，鼓励家长与幼儿进行互动交流。幼儿是小记者，向家长提问："您为什么要为我们做这么多事情？当您为我们做这么多事情感觉特别累的时候您是怎么想的？"活动最后，家长与幼儿深情相拥，幼儿向家长表达内心最真实的感受，场景感人，把活动推向高潮。

（教师：孙颖、李杨）

文章推送《和您聊聊娃的那些事儿——感恩》

各位家长朋友：

本月我们来一起聊一聊幼儿的感恩品格。感恩是中华民族的传统美德，也是一个人必备的基本品德，如"滴水之恩，当涌泉相报""鸦有反哺之义，羊知跪乳之恩"等。幼儿期是人格形成的关键时刻，此时也是培养幼儿感恩品格的重要阶段。

那么什么是感恩呢？感恩是指对别人所给的帮助表示感激，是对他人帮助的回报，是一个人不可磨灭的良知，也是一种处世的哲学。对幼儿来说，对他人、对社会、对自然常怀感恩之心能够使其发现平凡生活中的美好，从而能够更健康、幸福的成长。因此，我们要重视对幼儿感恩品格的培养。

一、情景再现

您是否发现幼儿常常会出现这些表现，比如孩子在得到别人帮助时没有说"谢谢"；有的幼儿在放学时直接将书包递给爷爷奶奶，向前跑去；有的孩子因为挑食而常常剩饭；还有的孩子因为得不到自己想要的玩具而在大街上任性大哭……这些表现都可以通过培养幼儿的感恩品格得到缓解。

幼儿感恩之心的形成并不是一蹴而就的，需要成人的长期渗透与有效引导。那么如何培养幼儿的感恩品格呢？今天我们就来一起聊聊关于"感恩"的那些事儿。

二、老师会这样做

1. 在日常生活中，当幼儿得到别人的帮助时，教师会鼓励其大声说"谢谢"，培养感恩最基本的礼仪——表达感谢。

2. 教师通过开展角色游戏活动，引导幼儿在与同伴的协作中学会正确的社会交往方式，并获得同情、关爱、互助的情绪体验。

3. 教师会充分利用各种节日为幼儿开展感恩教育活动，如春节时会教幼儿热情地接受爷爷奶奶及其他亲属送给他的礼物，并表示感谢，能珍惜别人的情意，妥善保管好礼物；教师节时让幼儿亲手制作贺卡送给老师，表达对老师的美好祝愿等。

4. 教师还会在班级的图书角投放一些关于感恩的绘本，或是将幼儿画的感恩作品贴在主题墙上展览，让幼儿在充满感恩教育的物质环境中逐渐习得感恩。

5. 教师还会经常与幼儿家长进行沟通，将专业的感恩教育知识与方法传授给家长，有助于家长解决幼儿存在的问题及生活中的难题。

三、家长可以这样做

我们了解了教师是如何培养幼儿感恩品格的，那么家长朋友们可以怎么做呢？我们一起来看看德耕教育专家夏婧博士是如何讲的。

视频看完了，让我们再一起回顾一下吧。

1. 关心父母，关爱老人。
2. 教会孩子说"谢谢"。
3. 不要轻易满足孩子的要求。
4. 充分发挥特殊节日的教育价值。

扫码看视频

四、绘本推荐

1. 品格故事《多多老板和森林婆婆》。

故事启示：故事中的多多国老板喜欢赚钱，于是他造访了久久国，以此来说服这里的人民砍伐森林，使他们得到想要的新房子、车子，可是令人担心的事还是发生了……故事讲述了大自然与我们人类之间的关系，小朋友应该在生活中有意识地从点滴做起，感恩大自然的赐予和庇佑，自觉规范自己的行为，保护环境。

扫码听故事

2. 品格故事《苏菲的杰作》。

故事启示：故事讲述了一只小小的蜘蛛，用细细的丝线织出了坚韧的生命的故事。故事告诉我们，在面临成长中的认同、挫折等问题时，应该向苏菲学习，不停地努力，一次次的挫折才能磨炼出更棒的作品，感恩生命的价值与自己的努力。

扫码听故事

3. 品格故事《谢谢你，好吃的面包！》。

故事启示：我们每个人都吃过面包，那么面包是用什么做成的呢？一颗麦粒需要经历哪些过程才能成为食物？看起来稀松平常的食物其实是来之不易的。故事告诉我们，要懂得感恩自然、感恩默默为我们付出的身边人，如农民伯伯、父母，更要珍惜当下的幸福生活，学会满足。

扫码听故事

4. 品格故事《幸福的大桌子》。

故事启示：故事讲述了兔奶奶一家的生活变迁，曾经幸福的一家人欢聚一堂的日子逝去不复返，只剩下一张见证了所有幸福时光的大桌子，还有年迈已久、独自一人生活的兔奶奶。最后以她的孩子又回到家来结束故事。故事告诉我们，无论在哪里，我们都应该用不同的方式去关心和关爱自己的家人，懂得感恩。

扫码听故事

　　亲爱的家长朋友们，感恩是灵魂的健康，是真善美的守望，是孩子成长的盔甲和力量。幼儿只有拥有感恩之心，才会在今后的社会生活中更加懂得尊重他人、理解他人，并能获得更生动的情感世界和更多的美好事物。因此，家长朋友们一定要重视起来哦！

（教师：陈璐、冯芃）

第 六 章

积 极 品 格

　　积极情感既可以被视为一种状态，又可以被视为一种特质，它反映了个体参与环境的愉悦水平，高水平的积极情感包括热情、有活力、精力充沛、兴趣、快乐和决心。积极品格就是能正向看待问题，努力解决问题，遇到困难善于从实践中发现"重生"的契机，学会用乐观、阳光的心态处理与他人、与环境的关系。

　　《指南》中涉及积极品格的行为表现主要有"幼儿情绪安定愉快""喜欢并适应群体生活"等。具体来看，3～4岁幼儿表现为"情绪比较稳定，很少因一点小事哭闹不止""对群体活动有兴趣"；4～5岁幼儿表现为"经常保持愉快的情绪，不高兴时能较快缓解""愿意并主动参加群体活动"；5～6岁幼儿表现为"经常保持愉快的情绪""在群体活动中积极、快乐"。

　　在积极品格主题下，教师根据幼儿的发展水平、兴趣需求及《指南》引领，选取了《去外婆家的毛尼》《愿望树》《不拖拉，马上行动》等绘本，结合家园共育，开展了"我爱幼儿园""我爱交朋友""自己的事情自己做""遇到困难我不怕""你看大家都在笑""我们的情绪""情绪小妙招"等活动。

主要内容	年龄班	推荐绘本
积极情绪	小班	《我爱幼儿园》
积极行为	小班	《去外婆家的毛尼》
积极情绪	中班	《不要哭，清楚地说》
积极行为	中班	《愿望树》
积极行为	大班	《不拖拉，马上行动》
积极行为	大班	《做计划大挑战》

第一节 小 班

活动一：去外婆家的毛尼

一、绘本推荐

绘本推荐表——积极品格	
绘本名称	《去外婆家的毛尼》
绘本作者	太阳花 著 阿丁 绘
推荐理由：	

推荐理由：

　　绘本讲述了一个温馨的故事。小狗毛尼在去到外婆家后，努力勇敢地适应了新的环境，交到了很多新朋友，还学会了新的本领。它的家人虽然对它十分不舍，但看见这样棒的毛尼，也为它感到高兴和骄傲。通过绘本，可以让幼儿明白，来到幼儿园，交到新朋友，学会新本领，爸爸妈妈会为自己开心。鼓励幼儿愿意来园，努力适应新的环境，并愿意跟随老师一起学习本领。

（推荐教师：陈宇玲）

二、集体教育活动

集体教育活动1：去外婆家的毛尼

活动目标：

1. 能够理解故事内容，并根据画面说出图中发生的事。

2. 愿意愉快地参与语言活动，体验语言活动的快乐。

活动准备：

物质准备：绘本 PPT。

经验准备：幼儿能安静听故事。

活动过程：

（一）听声音猜谜导入

提问：猜一猜正远的好朋友是谁？

（二）讲述故事，理解故事

1. 教师讲述故事，幼儿猜测故事发展。

提问：毛尼为什么不开心？你觉得会发生什么？

2. 教师继续讲述故事。

提问：为什么要送走毛尼？送去了哪里？

3. 教师讲述毛尼交到了新朋友。

提问：毛尼和谁交了朋友？毛尼在外婆家都干了什么事？

4. 教师讲述故事结尾。

提问：毛尼在外婆家开心吗？为什么？

5. 请幼儿用连贯的语句说一说自己的本领。

6. 师幼共同复述绘本。

提问：毛尼到外婆家交到了很多新朋友，还学会了很多本领。咱们小朋友们从家里来到幼儿园，也学会了很多本领，交到了新朋友，谁愿意说一说？

（三）自然结束

教师描述幼儿学会的本领中，有一样是"洗手会撸袖子，不弄湿小衣袖"，请幼儿"展示"这项本领，一起去小便洗手，进入过渡环节。

（教师：陈宇玲、佟宗燕）

集体教育活动 2：我交到的好朋友

活动目标：

1. 能大胆地讲述与朋友之间的故事。

2. 愿意和好朋友一起做游戏，感受交朋友的快乐。

活动准备：

物质准备：绘本 PPT。

经验准备：在幼儿园有自己的好伙伴。

活动过程：

（一）回顾绘本，毛尼交到了很多新朋友

提问：毛尼的好朋友都是谁？

（二）幼儿讨论与体验

1. 大胆说一说自己好朋友的名字。

提问：你在幼儿园交到好朋友了吗？他/她是谁？

2. 帮助幼儿感知与同伴的相同与不同之处。

提问：你和你的好朋友有没有一样的地方，有没有不一样的地方？

3. 引导幼儿讨论与同伴在一起的快乐。

提问：我们可以跟好朋友一起做些什么事情？

4. 游戏：猜猜我是谁。

教师请幼儿轻声告诉自己好朋友的名字，教师描述幼儿的外貌特征并请其他幼儿猜测，后续可以请幼儿自己描述好朋友的特征。

（三）自然结束

请幼儿拉着自己好朋友的手一起去进行过渡环节。

（教师：陈宇玲）

集体教育活动 3：找朋友

活动目标：

1. 能够熟悉歌词，并跟唱《找朋友》。

2. 愿意一边唱歌一边玩游戏，体验音乐游戏的快乐。

活动准备：

物质准备：绘本 PPT、音乐《好朋友》。

活动过程：

（一）出示绘本图片

回顾绘本和上次活动，学习新歌《找朋友》。

（二）基本部分

1. 教师范唱，请幼儿倾听歌词的内容。

提问：你在音乐里听见了什么？好朋友之间做了什么动作？

2. 在节奏中跟说歌词。

指导：教师语速放慢，一边拍手一边说歌词。

3. 教师请幼儿一起唱。

4. 游戏：找朋友。

播放音乐，一边拍手一边在教室中游走，找到好朋友后做动作。

（三）结束部分

自然结束，在音乐中一边拍手一边与好朋友一起去进行过渡环节。

（教师：陈宇玲）

集体教育活动 4：毛尼的大冒险

活动目标：

1. 能够用跑、跳的方式翻越障碍。

2. 能够愉快地参加体育游戏，体验游戏的快乐。

活动准备：

物质准备：锥桶、呼啦圈、沙包若干。

活动过程：

（一）热身准备

创设情境，和毛尼一起活动手脚，准备解救朋友。

（二）基本部分

1. S形绕障碍跑。

教师描述情境：坏女巫打伤了毛尼，还将毛尼的朋友抓走了，给毛尼设置了毛毛刺刺树来阻止毛尼去解救朋友，请小朋友绕过毛毛刺刺树，拿回小骨头给毛尼补充营养。

2. 并脚跳＋S形绕障碍跑。

教师继续描述情境：女巫非常生气，又变出了一条小河，只有几片荷叶能通过，请小朋友们双脚跳过荷叶，绕过毛毛刺刺树，拿回小骨头。

3. 重复练习。

教师讲述：毛尼要带着孩子们反击女巫，为大家准备了炮弹，但女巫用风把炮弹吹到了毛毛刺刺树的后面，请小朋友们跳过荷叶，绕过毛毛刺刺树，拿炮弹砸向女巫的家。

（三）教师带领幼儿放松整理

师：大家和毛尼一起战胜了坏女巫，大家成功解救了毛尼的好朋友，毛尼非常开心，愿意和大家做永远的好朋友。

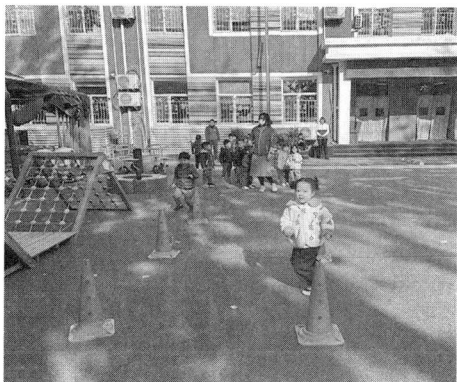

（教师：陈宇玲）

三、区域活动

美工区：小石头乐园

1. 游戏材料：石头、装饰材料。

2. 玩法：小朋友们可以将小石头装饰成可爱的石头娃娃，用各种材料为石头娃娃画表情、做头发等。

3. 规则：每个小朋友自选石头进行绘画、粘贴，在游戏的过程中保护好自己，防止被石头砸伤。

（教师：陈宇玲、苗阳）

四、一日生活

1. 进餐环节，我们通过贴小骨头的方式记录孩子三餐的进餐情况，如果光盘了就贴一个小骨头，鼓励孩子不挑食、不浪费、自主进餐。

2. 通过贴棒棒贴的形式记录幼儿每天的饮水量，鼓励幼儿主动喝水、多喝水。

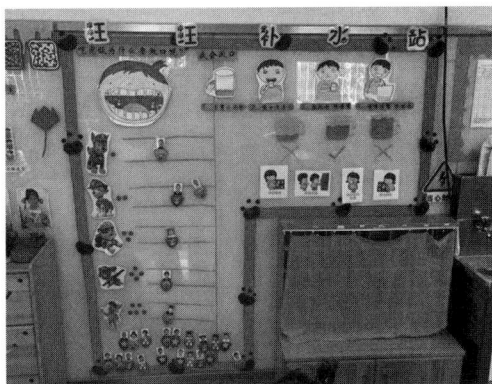

3. 通过照镜子观察自己微笑或者哭时不同的面部表情，争做笑脸宝宝。

4. 过渡环节时，教师带领幼儿做手指游戏"找朋友"。引导幼儿在说说、动动的过程中感受生活中多种多样的朋友关系，体验与朋友一起活动的快乐。

5. 过渡环节时，教师鼓励幼儿为班级做力所能及的事情，并为幼儿发小贴画，引导幼儿集齐十枚小贴画兑换礼物。

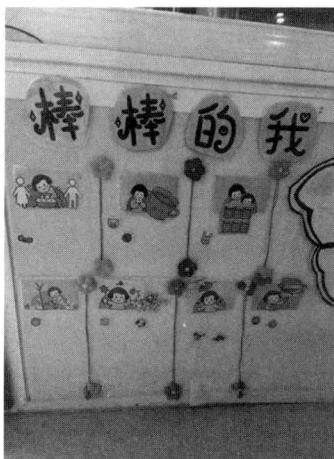

（教师：陈宇玲）

五、环境创设

结合小班幼儿初入园的现状，故事《去外婆家的毛尼》以及班级主题活动"爱上幼儿园"，我们将教研环创与主题墙创设相结合。主题墙以绘画、图片的形式再现了幼儿在生活中与同伴做游戏的场景，呈现了幼儿交到很多好朋友、一起做蛋糕等过程，鼓励幼儿在幼儿园里勇敢适应新环境。

（教师：林锌芳）

六、家园共育

亲子共读

◆小朋友们，大家好，今天我给大家带来一个故事，名字叫《去外婆家的毛尼》。

扫码看视频

故事讲到这里就结束了，小朋友们想一想：

1. 毛尼去外婆家都交到了哪些新朋友呢？

2. 你在幼儿园里交到了哪些好朋友？

3. 你是怎么交到好朋友的？

◆家长指导：

小朋友从家里来到幼儿园适应集体生活，这其中一定会出现哭闹等不适应的现象，作为家长要：

1. 提前做好准备，先带领幼儿了解幼儿园，对上幼儿园有期待，激发幼儿上幼儿园的兴趣和愿望。

2. 大胆放手，坚定意志。家长要先做到积极送幼儿上幼儿园，不拖拉、不犹豫。

3. 亲子畅聊，美好回忆。回家和小朋友聊聊幼儿园里的活动，说说有趣的事儿，做小朋友的忠实听众，鼓励幼儿积极上幼儿园。

（教师：陈宇玲、苗阳）

活动二：我爱幼儿园

一、绘本推荐

绘本推荐表——积极品格	
绘本名称	《我爱幼儿园》
绘本作者	［法］塞尔日·布洛克 著　张艳 译

推荐理由：

3~4岁幼儿在换新环境时，情绪能较快稳定，在成人的帮助下能较快适应集体生活，对幼儿园的生活好奇，喜欢上幼儿园。在小班刚入园这个特殊的时期，孩子情绪会有些紧张和焦虑，这时成人可以引导安抚孩子，帮助其缓解紧张焦虑的情绪，并且尽快融入集体生活。

这本绘本反映了最真实的小班幼儿园生活，它涉及幼儿园生活的各个细节。书中小莱昂经历了幼儿园一天的生活，从对上幼儿园的抵触情绪转变为喜欢上幼儿园，并在幼儿园的生活中学会自己的事情自己做，也能很好地与同学相处，适应幼儿园的生活。本班也有个别幼儿每天来园时会有比较强烈的抵触情绪，什么事情都不想干，缺乏积极主动性，但在家长和老师的安抚和鼓励下，比如"你的衣服叠得真棒""吃完晚饭就接你"等，逐渐缓解了紧张焦虑的情绪，并且喜欢上幼儿园。

（推荐教师：王静文）

二、集体教育活动

集体教育活动 1：我爱幼儿园

活动目标：

1. 理解绘本内容，了解幼儿园的日常生活流程。

2. 在参观幼儿园的过程中喜欢上幼儿园，并对幼儿园活动产生好奇。

活动准备：

绘本、预先设定参观路线、联系好参观园各部门、小勋章（贴纸）。

活动过程：

（一）绘本阅读导入，引发幼儿兴趣

阅读绘本，初步了解幼儿园的日常生活流程。

提问：莱昂从早晨上幼儿园到晚上放学，这期间都做了哪些事情？

提问：我们小朋友每天来幼儿园，都做哪些事情呀？

小结：小朋友们每天在幼儿园都会和老师、小朋友们在一起锻炼、学习、游戏、吃饭、睡觉……这么多活动，大家一起很开心。

（二）引导幼儿讨论与体验

1. 引导幼儿比较幼儿园和家里环境的不同。

提问：幼儿园和家里一样吗？哪些地方不一样？

小结：幼儿园的玩具比家里的多；幼儿园的教室、游戏室、午睡室是分开的，而且房间特别大；幼儿园的人比家里的多，所以幼儿园是一个更大的"家"。

2. 寻找及参观活动。

师：那咱们一起去参观一下幼儿园这个"家"吧，看看家里还有谁。

（1）参观户外活动场地，观察院子里有什么。

（2）参观保健室，了解保健室的位置，知道保健室的作用。

（3）参观厨房，认识厨房里的工作人员，知道小朋友吃的饭菜都是他们做出来的。

（4）参观办公室，介绍园长和老师们，向园长及老师们问好，知道办公室是园长及老师办公的地方。

（5）参观游戏活动室，了解各个活动室的作用。

（6）参观传达室，认识门卫和保安，知道他们在保护大家的安全。

（三）结束部分：颁发小勋章（贴纸），对上幼儿园产生自豪感

指导语：今天，我还要为小朋友们颁发一枚小勋章（小贴纸），祝贺小朋友们上学了，因为成为幼儿园的小朋友代表着你们长大了。

活动延伸：

参观活动可能一次无法全部完成，可以利用餐后散步、自由活动的时间带领幼儿继续参观，进一步加深对幼儿园的了解。

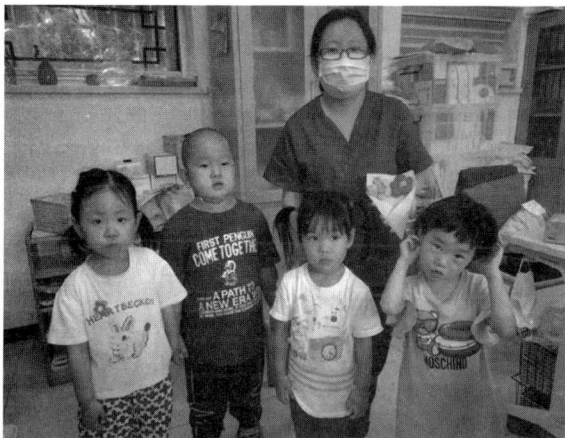

（教师：万园园）

集体教育活动 2：我的本领大

活动目标：

1. 能大方自信地说出自己的外貌特点，展示自己的本领，大胆表达自己的想法。

2. 感受在学习本领时周围人对自己的关爱和鼓励，树立自信心和自豪感。

活动准备：

物质准备：《鹰爸爸和小鹰》动画视频、音乐、摄像设备、漫画人物的图片等。

经验准备：了解每位幼儿的本领，并请幼儿准备才艺。

活动过程：

（一）出示图片，引导幼儿说出漫画人物的外形特点及他们的本领

提问：它们是谁？长什么样子？你发现了什么？

（二）基本部分

1. 引导幼儿大方、自信地说出自己的外貌特征，展示自己的本领。

（1）玩小游戏"快乐大搜索"，引导幼儿说出自己的外貌特征。

（2）鼓励幼儿自信地说出自己的本领。

（3）请个别幼儿在集体面前展示本领。

2. 通过观看《鹰爸爸和小鹰》的动画视频，引导幼儿懂得学习本领需要经过自己的不断努力才能成功，同时也离不开周围人对自己的帮助、支持和鼓励。

（1）分三段播放动画视频。

提问：小鹰为什么要学飞？它学会飞了吗？为什么？

提问：鹰爸爸对小鹰做了什么？为什么要把小鹰推下去？爸爸把小鹰推下去，发生了什么事？

提问：这次小鹰为什么会飞了？这次小鹰为什么能勇敢地跳下去？

（2）结合生活实际，引导幼儿回忆自己在学习本领时是怎样克服困难的，得到过谁的帮助和鼓励。

小结：所以你们在学习本领的时候一定不要害怕困难，想办法克服，树立自信心，那样你才会有更棒的本领。

（三）结束部分：才艺展示

师：现在我们进行一次才艺大比拼，请小朋友们做好准备哦！

（教师：陈璐）

三、区域活动

（一）自然角：蚂蚁乐园

1. 游戏材料：自制蚂蚁王国环境、放大镜、糖、蚂蚁食物等。

2. 过程：幼儿到自然角去观察、照顾小蚂蚁，让小蚂蚁成为自己的新朋友，激发幼儿照顾、观察小蚂蚁的兴趣，进而爱上幼儿园。

3. 规则：在投喂蚂蚁的时候，注意把食物放在投喂盒里；控制食物量，防止投喂太多；不用手抓小蚂蚁。

（教师：苗阳）

（二）娃娃家：创设温馨的家

目标：

（1）利用角色游戏迁移幼儿生活经验，体验不同的家庭角色。

（2）帮助幼儿缓解入园焦虑。

（教师：万园园）

四、一日生活

1. 教师带领幼儿熟悉班级环境、老师、同伴、玩具等，消除幼儿对幼儿园的陌生感。

2. 过渡环节时，教师带领幼儿一起唱《我爱我的幼儿园》，激发幼儿爱老师、小朋友的情感，从而爱上幼儿园。

3. 过渡环节时，教师引导幼儿为班级自然角的植物浇水，引导幼儿爱护班级的花草。

4. 户外活动时，鼓励幼儿选择自己喜欢的玩具游戏。开展丰富多样的户外游戏，激发幼儿来园的热情。

（教师：林锌芳）

五、环境创设

主题墙：利用两个月的时间，通过绘本故事《我爱幼儿园》，让幼儿了解幼儿园的一日生活，并联系实际生活思考每天来幼儿园需要做哪些事情，引导幼儿适应幼儿园的快乐生活。

（1）高高兴兴上幼儿园

本班幼儿处于熟悉环境、玩具，对幼儿园充满好奇与新鲜感，但又对环境很陌生的阶段，所以制定了每天高高兴兴上学来的目标。

（2）我心爱的玩具

我们发现幼儿已经逐步适应幼儿园的一日生活活动，知道来园要放毛巾、水杯，能够向老师介绍自己喜欢的玩具，因此开展了一系列活动。

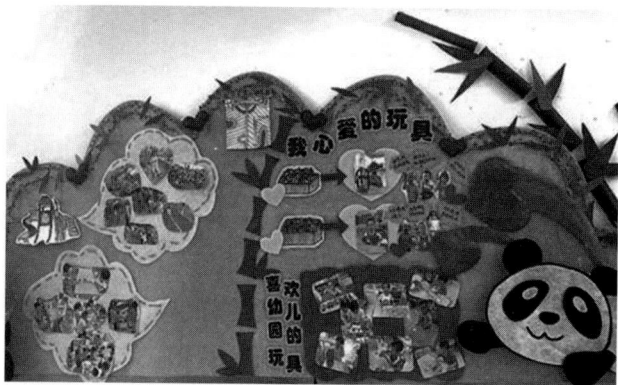

（教师：林锌芳）

六、家园共育

（一）亲子共读

◆小朋友们，今天我给大家带来一个故事，故事的名字叫《我爱幼儿园》。故事讲到这里就结束了，小朋友们想一想：

1. 故事里的小男孩喜欢上幼儿园吗？

2. 小男孩在幼儿园里都做了哪些事情呢？

3. 你喜欢上幼儿园吗？你在幼儿园里会做哪些事情呢？

扫码看视频

◆教育价值：

《指南》中指出3～4岁幼儿应达到的发展目标，即"在成人的帮助下能较快适应集体生活，喜欢上幼儿园，喜欢和小朋友一起玩，并对群体活动有兴趣"等，这些都体现着孩子在面对新环境、新群体时的积极心态。积极的情绪

不仅能让孩子更快适应幼儿园的生活与学习，而且能让孩子在遇到各种困难时表现得更勇敢、更乐观。绘本《我爱幼儿园》不仅帮助幼儿熟悉幼儿园环境及生活作息，而且通过生活经验的迁移帮助幼儿萌发喜欢上幼儿园的情感，通过主人公的讲述，让爸爸妈妈更全面地了解幼儿园生活。

◆幼儿园策略：

在幼儿园中，教师会利用绘本帮助幼儿熟悉幼儿园的环境，激发幼儿爱幼儿园的情感；在生活环节以贴苹果的方式鼓励小朋友做的每一件事情，激励小朋友愿意做力所能及的事；在娃娃家进行角色扮演游戏，帮助幼儿在喜爱的游戏中缓解入园焦虑。

◆家长指导：

1. 从幼儿园把幼儿接回家后，多与孩子聊聊幼儿园的生活，让他表演在幼儿园学的儿歌舞蹈等，正面引导孩子对园里生活的美好回忆。

2. 在家中鼓励孩子自己的事情自己做，如自己穿鞋、自己吃饭、自己玩游戏等。可以采取一些奖励机制，如在孩子每学会一项技能时奖励其一个小贴画等，让孩子逐渐克服生活中的小困难，从而更好地适应集体生活。

3. 必须坚持天天送孩子去幼儿园，态度要坚决，要说"明天该去幼儿园了"，不要说"明天去幼儿园好不好"，也不要哄骗孩子或答应孩子不合理的要求。

（二）其他活动

1. 第一期：幼儿家长线上讲解《我爱我的幼儿园》。

2. 第二期："制作爱的相册"（班级全家福）"猜猜我有多爱你"。

3. 成长档案册（个性化自我介绍）。

（教师：陈璐）

第二节　中　　班

活动一：积极实现愿望

一、绘本推荐

绘本推荐表——积极品格		
绘本名称	《愿望树》	
绘本作者	［西］安东尼奥·桑多瓦尔 著 ［西］埃米利奥·乌韦鲁阿加 绘　杨玲玲　彭懿 译	
推荐理由： 　　愿望树原本是一株干瘪的小树苗，树叶是枯萎的，树干是瘦小的，老师叮嘱孩子们不能碰这棵树。直到小男孩注意到这棵小树苗需要被关爱、呵护，才能茁壮成长。 　　绘本内容轻松有趣，情景生活化，很容易引起孩子的共鸣，引导孩子知道关心他人、爱护身边的东西。这是一本很适合亲子共读的经典绘本。		

（续）

（推荐教师：高欣然）

二、集体教育活动

集体教育活动 1：拔河比赛我能赢

活动目标：

1. 愿意尝试实现"拔河胜利"这一愿望，积极和同伴寻找取胜的好方法。

2. 体验一起努力实现愿望的成就感。

活动准备：

物质准备：拔河视频、专用拔河绳子、红绳子、哨子等。

经验准备：幼儿看过拔河的相关视频。

活动过程：

（一）生成愿望——我们想赢

1. 回顾上学期拔河视频，引发幼儿思考。

提问：在视频中你们都看到了什么？为什么他们赢了？你们的心情是什么样的？

2. 幼儿讨论：他们怎么赢得拔河比赛的？

（二）实现愿望——想办法赢

1. 想一想、说一说。

（1）幼儿尝试想办法，共同寻找能赢得拔河比赛的关键方法。

（2）师幼梳理拔河要点，幼儿自由发言（腿要弯曲、手要用力、向后仰和重心向下坐等）。

2. 看一看、试一试。

（1）幼儿自由分组（6人一组），尝试进行拔河。

提问：他们为什么赢了？有哪些好方法我们可以尝试？

（2）出示第一次拔河的照片并进行对比，请幼儿梳理经验和能够赢得拔河比赛的好方法。

提问：图中左右两队拔河时有什么不一样？怎样才能获胜呢？

（3）再次尝试第二次拔河，将梳理的好方法运用到拔河中。

（4）师幼小结赢得拔河比赛的关键方法。

3. 比一比、赛一赛。

（1）幼儿进行热身活动，实现想赢一次拔河比赛的愿望。

（2）中二班、中三班进行友谊拔河比赛。介绍班级和比赛规则，进行比赛。

（三）总结成果——提升幼儿实现愿望的经验

1. 梳理总结。

提问：你们怎样实现班级愿望的？为什么能够取得胜利？

2. 两队握手拥抱，领取班级奖状。

（教师：孙娟）

集体教育活动2：暖心大行动

活动目标：

1. 愿意想办法并尝试帮助幼儿园的劳动者实现愿望。

2. 体验帮助幼儿园的劳动者实现愿望后的愉悦。

活动准备：

物质准备：PPT、愿望许愿瓶、愿望计划单、商品若干。

经验准备：幼儿在共享区利用许愿瓶收集劳动者的愿望。

活动过程：

（一）出示图片，帮助幼儿回忆幼儿园里的劳动者们

提问：幼儿园有哪些劳动者？

（二）引导幼儿分组制定与实施"愿望计划单"

1. 出示许愿瓶，引导幼儿了解幼儿园里不同劳动者的愿望，激发幼儿想要帮助他人实现愿望的兴趣。

提问：厨师、保安、保洁、老师的愿望是什么？

2. 引导幼儿自由分组，通过讨论制定"愿望计划单"。

提问：怎么帮助××实现愿望？你想怎么做？

3. 鼓励幼儿大胆实施"愿望计划单"。

指导语：中二班暖心大行动开始啦！我们出发去帮助幼儿园的劳动者实现

愿望吧。

提问：劳动者们的愿望实现了吗？你有什么感受？

（三）鼓励幼儿向劳动者表达感谢

提问：你想把它送给谁？说些什么？

活动延伸：

在共享区"小超市"开展爱心小商品活动，引导幼儿在日常生活中主动关心幼儿园里的劳动者。

（教师：孙娟）

三、区域活动

（一）科学区

我们先在科学区的植物角种植了各种花草，吸引幼儿兴趣。然后通过讲述《愿望树》绘本，使幼儿能更好地照顾小植物，每天来到科学区游戏的幼儿能积极主动地为植物浇水、松土、修枝叶，并用绘画的形式记录在记录单上。

（二）图书区

我们投放《愿望树》绘本，让幼儿不断熟悉故事内的情景，讲述故事大概情节。引导幼儿了解只有积极、热心地去照顾一株小树苗，它才能长成参天大树。同时与植物角相结合，将绘本中所学的照顾植物的正确方法应用到实践中。

（三）美工区

我们布置了愿望创意坊，幼儿可以在创意坊制作美工作品。比如制作许愿瓶，幼儿能够自选材料进行装饰制作，并积极主动地向同伴分享经验。

（四）建筑区

幼儿有一个愿望是去看看许愿池是什么样子的，于是他和家人来到了澳门许愿池，并将自己和许愿池的合影带回班中。幼儿来到建筑区游戏时，积极主动地和其他小朋友采用围拢和搭高的技能搭建照片中的许愿池。

（五）共享区

幼儿扮演小超市的促销员，热情邀请小顾客在共享区画下自己的愿望，放进许愿瓶，并和同伴积极想办法帮助他人实现愿望。

（教师：马婧怡）

四、一日生活

1. 过渡环节时，幼儿发现魔尺脏了，于是询问老师能不能提供抹布，他们想把小魔尺变干净。老师为幼儿提供浸湿的干净抹布，他们积极主动地拿起小抹布去擦拭魔尺，很快小魔尺就像新买的一样干净。

2. 幼儿来园时，不但能独立整理自己的小柜子，还能积极帮助好朋友整理外套和小柜子。

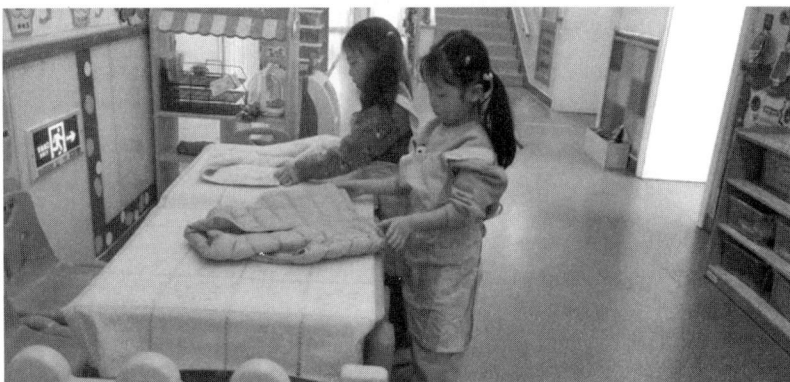

（教师：马婧怡）

五、环境创设

主题墙：

第一阶段：愿望大集合

能够大胆表达和表现自己的愿望和想法，知道每一位幼儿的愿望都是不同的，关注并对同伴的愿望感兴趣。孩子们看着同伴的不同愿望，都希望愿望快快实现，并萌发想要帮助他人或自己努力去实现愿望的心愿。结合劳动节，引导幼儿收集幼儿园的劳动者的愿望，激发幼儿关爱身边劳动者的情感，培养幼儿热爱劳动的优秀品质。

第二阶段：愿望魔法棒

引导幼儿知道实现愿望的方式是多样的，支持幼儿按自己的想法实现愿望，或提供必要条件使幼儿体验经过努力获得的成就感。鼓励幼儿主动关心身边的人和事，愿意帮助别人并付诸行动。同时萌发集体意识，形成基本的认同感和归属感。

（教师：张鸣）

六、家园共育

亲子共读

◆小朋友们，今天我给大家带来一个故事，故事的名字叫《愿望树》。

◆家长指导：

绘本《愿望树》的小树原本一株干瘪瘪的小树苗，树叶是枯萎的，树干是瘦小的。老师叮嘱孩子们不能去碰这棵树，因为担心树会被碰倒、被伤害。直到有一个小男孩开始注意到这棵树，并开始思考为什么树会这样枯萎：它需要被关爱、被呵

扫码看视频

护，才能茁壮成长。然后，更多的小孩走近它，抚摸它的树干，给它浇水，给它拥抱，读诗给它听……渐渐地，这棵小树长大了，结出了果实。孩子们把这颗果实寄给了另一个没有树的学校，希望给其他的孩子带去快乐，把积极美好的愿望传递下去。

我们班里借助这一故事在各环节渗透积极主动的态度，在主题环境中布置一棵愿望树，从许下愿望到努力实现愿望，引导幼儿怀有一颗向往美好的心。

那么家长朋友可以怎么做呢？家长可以陪同幼儿共同阅读绘本《愿望树》，并在日常生活中引导幼儿做事情有积极的态度，主动关心帮助他人，如尊敬为自己服务的工作人员，关心热爱身边的动植物等。

◆家长小妙招：

1. 营造和谐的家庭氛围，当孩子有需要时，父母能积极地回应并给予适当的支持与鼓励。

2. 用故事影响幼儿的行为，引导幼儿养成积极向上、关爱他人的优秀品质。

3. 经常带孩子走进社会，随时随地进行引导。如珍惜食物、爱惜物品、尊重别人的劳动成果。

（教师：张鸣）

活动二：不要哭，清楚地说

一、绘本推荐

绘本推荐表——积极品格	
绘本名称	《不要哭，清楚地说》
绘本作者	崔丽然 著
推荐理由： 　　住在森林里的呜呜兔总喜欢哭，不喜欢说话，看到妈妈端上来的早餐不是自己喜欢的胡萝卜汤就哭；迷路了不开口问路，取而代之也是哭；妈妈生病了，呜呜兔也因为哭而无法成功打电话叫来救护车。黑女巫把呜呜兔变成了只会哭的哨子，呜呜兔不能说话了。后来优雅的森林守护神帮助了呜呜兔，让他勇敢说话、爱上表达，再也不会呜呜哭了。 　　这本绘本针对当下孩子们容易出现的爱哭、不爱表达这一性格和沟通问题，提出一些更好的应对方法和建议。本书通过一个生动活泼的小故事，让孩子在小主人公身上看到自己的影子，从而得到更多启发。认真阅读本书对家长和孩子都会有很大的帮助。很多小朋友在遇到无法解决的事情时，尤其是心里特别着急的情况下容易哭鼻子，这个时候往往很难让家长或老师了解他们所要表达的是什么。这本书通过可爱的卡通形象，演绎生动有趣的故事，告诉小朋友遇事不要慌、不要哭，要说清楚遇到了什么事，需要什么样的帮助，这样有助于他们更好地完成交际，提高情商，快乐健康地成长。这本绘本颜色鲜艳，画面温馨，能很快吸引幼儿的注意力，书中的小故事也让孩子们感同身受。	

（续）

（推荐教师：石海溶）

二、集体教育活动

集体教育活动1：情绪小妙招

活动目标：

1. 了解不同的情绪带给人的不同感受，学习用合理的方式排解不开心的情绪。

2. 学会保持积极的情绪。

活动准备：

物质准备：不同情绪的照片。

经验准备：幼儿有过不同的情绪感受。

活动过程：

（一）观看视频，知道不同的表情表达不同的情绪

提问：图片上面是什么？你觉得你在什么时候会有这样的表情？

这个表情表达的是什么情绪？你有什么感受？

（二）基本部分： 出示幼儿的生活照，知道不同情绪可以用不同的方式排解

1. 出示图片1，师幼共同梳理缓解生气情绪的方法。

提问：当你生气时，你会怎么做？

小结：当我们生气时，我们会看风景、深呼吸，让自己冷静下来，不再想这个问题。

2. 出示图片2，师幼共同梳理减少大嚷大叫情绪的方法。

提问：你在什么情况下会出现这个情绪？当出现这种情绪时，你会怎么

做？我们可以用哪些方法排解？

小结：当我们大嚷大叫时，我们可以先到别的地方冷静下来，然后玩一会儿玩具，转移注意力。

3. 出示图片 3，师幼共同梳理缓解大哭情绪的方法。

提问：你在什么情况下会大哭？你旁边的人会怎样做？

小结：当我们大哭时，大人通常会抱抱我们，让我们安静下来。

（三）结束部分

师幼小结：当我们出现不同的情绪变化时，我们可以在成人的提醒下，使用深呼吸、看风景、玩玩具等方式转移注意力，从而逐渐平复自己不好的情绪。

（教师：石海溶）

集体教育活动 2：我会这样做

活动目标：

1. 通过角色扮演，引导幼儿用合理的方式疏解不好的情绪。

2. 能够在别人的安抚下调节自己的情绪。

活动准备：

物质准备：《不要哭，清楚地说》绘本。

经验准备：能在别人的安抚下初步稳定情绪。

活动过程：

（一）回顾故事内容，激发幼儿参与游戏的兴趣

提问：故事里面都有谁？他在故事里面经常会有什么情绪变化？

（二）分角色扮演，知道不同的情绪用不同的方式疏解

1. 幼儿选择角色，并说明扮演的理由。

提问：你选择了哪个角色呢？为什么会选这个角色呢？

2. 幼儿扮演角色，感受不同情绪。

（1）游戏一：我是呜呜兔。

游戏方法：一名幼儿扮演呜呜兔，其他幼儿分别扮演乌龟、呵呵猪、兔妈妈、女巫、女神等角色，演出故事的内容。

（2）游戏二：情绪小怪兽。

游戏方法：一名幼儿分别扮演不同的情绪怪兽，然后其他幼儿分别扮演同伴、老师，扮演怪兽的小朋友表演自己的情绪，其他幼儿用不同的方法来帮助幼儿缓解不良的情绪。

师幼小结：当我们发现自己有不好的情绪时，能够在别人的提醒下逐渐平静下来。

（三）幼儿听着音乐，一起快乐地游戏，活动自然结束

（教师：石海溶）

三、一日生活

创设活动游戏墙。以故事为依托，当幼儿产生不好的情绪时，自己就把不好的情绪贴在兔子哨子上面。当自己能够在成人的提醒下逐渐平静下来，就把自己疏解不良情绪的方法贴在金袋子上面，与同伴分享。

（教师：石海溶、曹靖、翟一凡、连莲）

四、环境创设

主题墙：情绪兔

第一阶段：老师通过讲述绘本，让幼儿初步知道哭是不能解决问题的，通过在过渡环节、图书区等反复播放此故事，幼儿哭的情况逐渐变少了。

第二阶段：第一阶段之后，我们又调整了活动的内容，和孩子们一起梳理出除了哭之外还有哪些不一样的情绪，如大嚷大叫、尖叫、生气等不良的情绪，接着和孩子们一起讨论用哪些方法疏解这些不好的情绪。

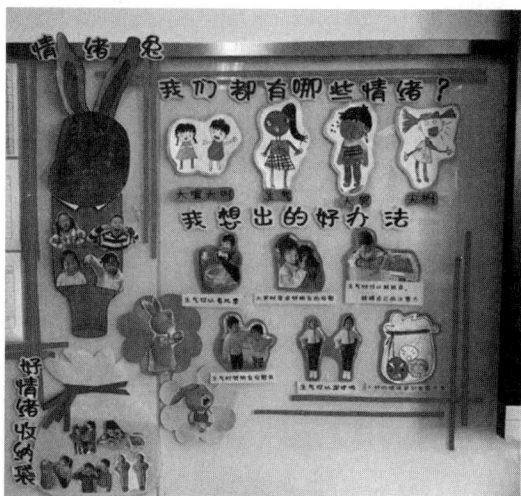

五、家园共育

亲子共读

◆小朋友们，今天我给大家带来一个故事，故事的名字叫《不要哭，清楚地说》。

◆家长指导：

1. 绘本的教育价值。《不要哭，清楚地说》形象地向孩子揭示了这样一个道理：情绪很重要，要能在成人的提醒下不乱发脾气，并能清楚地说出自己遇到的事，需要帮助时能清楚地说出来。

2. 幼儿园开展活动介绍。

（1）再次和幼儿阅读绘本，使幼儿更深入地理解绘本。

（2）和幼儿一起梳理除了哭之外的情绪还有哪些，当产生这些情绪时，知道用哪些方法缓解。

（3）通过体验活动，知道当在幼儿园里产生不良的情绪时，我们应该如

扫码看视频

何做。

3. 家长指导。

（1）倾听。当幼儿有不良情绪时，家长可以先耐心倾听原因，并帮助幼儿一起解决。

（2）适时提醒。成人提醒幼儿逐渐地平稳强烈的情绪。

（3）鼓励。幼儿出现不良情绪时，家长需要鼓励幼儿大胆表达不良情绪，学习用深呼吸的方式缓解不良情绪。

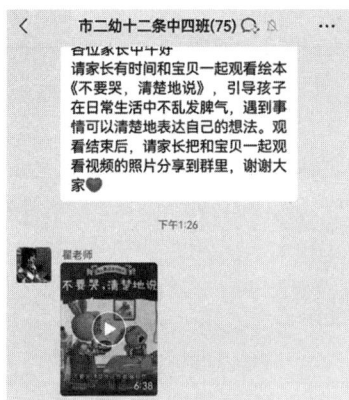

（教师：石海溶、曹靖、翟一凡、连莲）

第三节　大　　班

活动一：不拖拉，马上行动

一、绘本推荐

绘本推荐表——积极品格	
绘本名称	《不拖拉，马上行动》
绘本作者	王落 著　吕晓琳 绘
推荐理由：	

推荐理由：

　　幼儿做事情拖拉，很多时候是因为他们对时间没有概念，认为拖拉几分钟甚至几个小时都没有关系。针对这种情况，最好的办法是让他们认识到时间的紧迫性以及不按时做事情产生的不良后果。就像故事中的大象陀陀，虽

（续）

然有能力很快地把事情做完，却总喜欢找各种各样的借口磨磨蹭蹭的，意识不到自己给别人带来了很多麻烦。最后当陀陀自己也成为做事拖拉的受害者，它才终于意识到拖拉是多么不好的习惯。

　　绘本巧妙地通过故事引导幼儿认识到拖拉会造成的后果，引导幼儿学会珍惜时间，战胜拖拉的坏习惯，学会自己管理好自己的时间，积极做事情。

（推荐教师：卢佳）

二、集体教育活动

集体教育活动1：不拖拉，马上行动

活动目标：

1. 了解故事内容，知道拖拉是个坏习惯。

2. 知道做事情不能拖拉，这也是对他人的尊重。

3. 感受做事情不拖拉所带来的良好情绪体验。

活动准备：

故事PPT。

活动过程：

（一）观察封面，引发猜测兴趣

提问：这是关于谁的故事呀？故事里会发生什么事情呢？

（二）教师讲述绘本，引导幼儿观察了解绘本内容

1. 教师讲述绘本，用提问引发幼儿思考。

（1）为什么要管小象叫陀陀呀？

（2）你们知道什么是拖拉吗？

（3）故事中的小拖拉是什么样子的？

（4）后来发生了什么事情？

（5）最后发生了什么事情？

2. 教师提问，引导幼儿理解做事情不拖拉的意义。

提问：为什么说这是陀陀有生以来最开心的生日？

（三）结合绘本，教师完整讲述故事

（教师：李琦）

集体教育活动 2：不拖拉的好方法

活动目标：

1. 通过讨论，理解做事情不拖拉的意义。

2. 做事情时能够不拖拉，感受其好处和快乐。

活动准备：

故事 PPT、纸、笔、画垫。

活动过程：

（一）观察绘本封面，回忆绘本内容

提问：还记得《不拖拉，马上行动》这个故事吗？故事中发生了什么事情？最后怎么样了？为什么？

（二）通过提问，引发思考

提问：你有过拖拉的时候吗？做事情拖拉会怎么样？

（三）通过讨论，了解做事情不拖拉的方法并实践

提问：我们要做"小拖拉"吗？我们可以怎么做才能不拖拉？

1. 分小组讨论，以图画或符号形式进行记录。

2. 每组推选一位幼儿介绍本组的好方法，最后全班一起讨论出做事情不拖拉的方法。

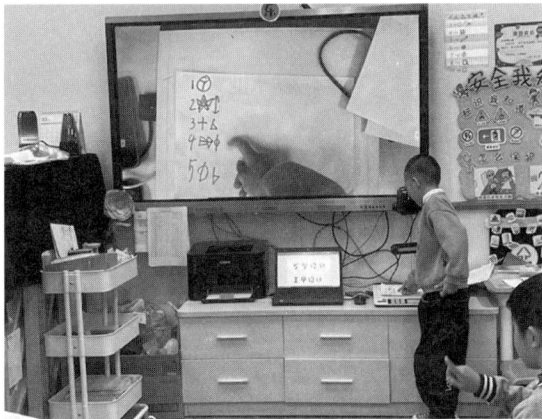

（教师：冯芃）

三、一日生活

1. 师幼共同梳理幼儿在园一日生活，结合大班幼儿的时间经验，帮助全班幼儿明确什么时间需要做什么事情，知道事情的重要程度，从而在做事情时可以先把重要的事情做完，有时间再去做其他事情。

2. 幼儿早上来园时会有迟到现象，为了鼓励幼儿积极按时间来园，我们为幼儿讲述了《上幼儿园不迟到》的绘本故事，加深幼儿积极来园不迟到的意识。同时，我们结合大班幼儿的进区计划，投放了电子表，引导幼儿每天早上来园做进区计划时，将来园时间记录下来，从而鼓励幼儿每天都能积极来园。

3. 班级开展了"我来讲一讲"活动，幼儿都积极上台，按照自己的理解为大家讲演《不拖拉，马上行动》绘本故事，进一步加深了对做事情不拖拉的认识。

（教师：潘楠楠）

四、环境创设

板块一："时"不宜迟

由于我们班幼儿做事情时经常会出现拖拉的情况，本身可以很快完成的事情，会拖到最后没有时间去做了。因此，我创设了"时"不宜迟环境墙饰。首先，幼儿以自己的亲身经历说明了什么是拖拉。然后，借助绘本故事《不拖拉，马上行动》，大家一起了解了拖拉是一个坏习惯，会给自己和别人带来很多麻烦。之后，班级开展了"我来讲一讲"活动，幼儿结合自己的理解进行故事讲述和续编。最后，在小组讨论中，幼儿以符号或图画形式将自己的好方法记录下来作为提示。

板块二：我们的约定

幼儿在意识到拖拉带来的不好影响后，一起讨论制定了做事情不拖拉的约定，提出了很多好方法，比如可以同伴提醒、先做重要的事情再做其他事情、不要只说"好的"而要马上行动等。

板块三：我们的一日生活

结合幼儿提出的不拖拉的方法，结合大班幼儿的时间经验，我们创设了"我们的一日生活"板块，使幼儿更加明确什么时间需要做哪些事情，以及哪些事情不是必须做而是可以有选择地去做的。

板块四：进区计划

在活动开展过程中，我发现我班幼儿早上来园时经常会出现迟到的现象，所以结合大班幼儿的进区计划，我们投放了一个电子表，引导幼儿在做计划的同时，书写上每天到园的时间，从而鼓励幼儿都能积极按时来园，不迟到。

（教师：冯苪）

五、家园共育

◆小朋友们，今天我给大家带来一个故事，故事的名字叫《不拖拉，马上行动》。

小朋友们想一想：

1. 这头大象为什么叫"陀陀"呀？

2. 你们知道什么是拖拉吗？

3. 后来发生了什么事情？最后又发生了什么事情呢？

4. 为什么说这是陀陀有生以来最开心的生日？

扫码看视频

◆家长指导：

可能很多小朋友或大朋友都会有拖拉的习惯，就像故事中的大象陀陀，虽然有能力很快地把事情做完，却总喜欢找各种各样的借口磨磨蹭蹭的，意识不到自己给别人带来了很多麻烦。这本绘本巧妙地通过故事引导幼儿认识到拖拉会造成的后果，引导我们要学会珍惜时间，战胜拖拉的坏习惯，学会自己管理好自己的时间，积极做事情。

◆家长小妙招：

1. 培养幼儿的时间观念。家长可以通过"一分钟可以做什么"的小游戏，引导幼儿了解时间的长短以及时间的重要性，也可以引导幼儿学会看时钟，提高对时间的认识。

2. 对幼儿管放结合。对于幼儿的事情，家长不要包办代替或过度管理，这样就会造成幼儿养成拖拉的习惯，认为不管怎样都有家长帮助解决，家长可以适当让幼儿为自己的拖拉承担后果。

3. 给予幼儿自我管理的机会。家长可以在日常为幼儿渗透一些时间管理的小方法，引导幼儿自己安排自己的事情，并及时给予正向的鼓励。

（教师：冯芃）

活动二：积极解决问题

一、绘本推荐

绘本推荐表——积极品格		
绘本名称	《做计划大挑战》	
绘本作者	〔美〕布赖恩·史密斯 著　　〔美〕莉萨·M. 格里芬 绘　　邹虹 译	
推荐理由： 小男孩布雷登在生活中遇到了许多困难，面对困难，布雷登感到困惑，想要退缩。这时妈妈和他的老师给了布雷登一个好方法去积极面对困难，并克服它，那就是制定任务计划。在制定计划的过程中，布雷登发现问题并没		

（续）

有想象的那样难以解决，而且解决了问题很快乐。于是他变得可以积极、乐观地面对困难，不退缩，还把会这个好方法分享给他人。

这个绘本故事不仅提供给幼儿正面的情绪引导——积极面对困难，不怕挑战，并且通过长辈教给主人公做计划解决问题的方法，告诉孩子解决问题的恰当方法，引导幼儿在克服困难的过程中感受到自己的能力，培养幼儿的自信心和积极克服困难的乐观精神。

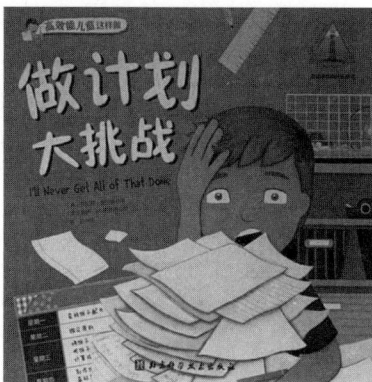

（推荐教师：张宇桐）

二、集体教育活动

集体教育活动 1：做计划大挑战

活动目标：

1. 引导幼儿通过阅读绘本《做计划大挑战》掌握做计划解决问题的好方法。

2. 能积极面对生活中遇到的问题，具有不害怕不退缩的乐观精神。

活动准备：

物质准备：绘本《做计划大挑战》。

经验准备：有过制订计划的经验，有绘画表格的相关经验。

活动过程：

（一）提问引发兴趣

提问：你在生活中遇到过困难吗？你遇到困难时是什么样的心情？你会怎么做？

（二）讲述绘本《做计划大挑战》

1. 讲述绘本，引导幼儿发现解决问题的好方法。

（1）阅读绘本前半段，引导幼儿发现"制订计划解决问题"的好方法。

提问：故事中布雷登遇到了什么困难？如果是你会怎么做？妈妈教布雷登怎么做的？

指导重点：幼儿能够说出遇到困难要主动克服，不退缩；可以制订一个克服困难的计划。

（2）阅读绘本后半段，引导幼儿发现"需要解决的问题很多时要分清主次"。

提问：故事中布雷登突然遇到了哪些问题？他是怎么做的？（将事情分主次，做计划）

指导重点：引导幼儿说出重要的事情先做，不重要的事情后做。

2. 试一试：引导幼儿回忆自己遇到过的一件感觉困难的事，并解决它。

提问：你遇到过什么困难的事？你想到解决的好办法了吗？可以制订解决计划吗？

指导重点：引导幼儿在制订解决计划的时候按照做准备、分配时间、完成它的顺序一步一步来。

（三）自然结束：与其他小朋友分享自己的计划

（教师：张宇桐）

集体教育活动 2：春游计划大挑战

活动目标：

1. 学会制订春游计划，为春游活动做准备。

2. 感受制订计划的有趣和好处，喜欢做计划。

活动准备：

物质准备：春游计划表、笔。

经验准备：有外出游玩的经验。

活动过程：

（一）提问引出活动主题

提问：你去公园游玩过吗？每次都是谁带你去？每次出去玩都会做哪些准备？

（二）制订春游计划

1. 提问：什么是春游？我们的春游和爸爸妈妈带你去玩有什么不一样？

小结：出去玩是爸爸妈妈照顾我们，春游是小朋友的活动，要自己照顾自己。

2. 小组讨论：照顾好自己是一件有挑战性的事情，你能在春游活动中照顾好自己吗？我们都需要做哪些准备？

重点指导：引导幼儿根据游玩的经验回忆需要准备哪些物品，知道注意事项。

3. 完成春游计划表。

重点指导：引导幼儿根据春游计划表用简单的符号画出春游前要做的准备，如了解当天天气，知道春游地点、集合地点，书包里需要带哪些物品等。

（三）与同伴分享自己的计划表和设计理由，同时完善自己的计划表

活动延伸：

将计划表带回家与家人分享，聊一聊表格中的内容，并鼓励幼儿提前收拾好自己的春游背包。

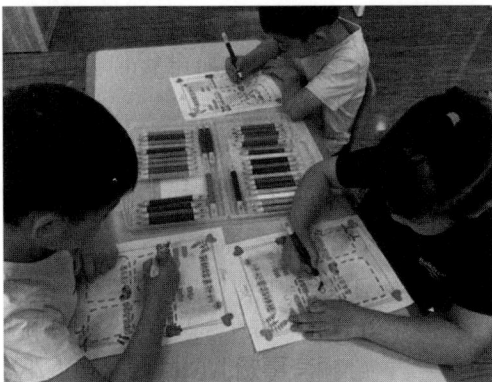

（教师：李淑平）

三、区域活动

（一）美工区

在幼儿进行美工创作之前，利用开始前的1～2分钟完成今日的美工计划表。计划表的内容包括我今日准备完成的美工作品、我准备的材料、我的制作步骤、我遇到的困难、我的作品特点等。通过美工计划表帮助幼儿有条理有步骤地进行创作，避免有的幼儿在进入区域之后不知道该做什么，失去创作的欲望，或者做到一半遇到困难就半途而废等，提高幼儿对美工创作的热情，调动幼儿的积极性。

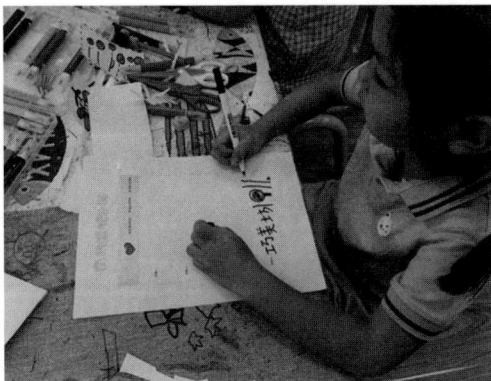

（二）其他区域

图书区、建筑区、益智区都可制订区域计划表，类似于美工计划表，在进

入区域活动之前完成。计划表有助于调动幼儿区域创作的积极性。幼儿经常出现进入区域后不知道该做什么的情况，区域计划表不仅帮助幼儿解决了这一难题，使幼儿在活动的过程中明确了目标，而且让区域活动变得不仅仅是"玩玩具"，更是通过区域活动掌握不同的技能和本领，提升幼儿的自信心。

四、一日生活

过渡环节（上午加餐后）时，引导幼儿完成自己柜子上的"过渡环节做什么"计划表，对餐前的十分钟过渡环节时间进行规划。

过渡环节（午餐前）时，幼儿可根据自己的计划合理安排时间，进行值日生、照顾植物、整理书包、如厕喝水、玩玩具、和同伴聊天等活动，通过体验管理自己的时间，感受到时间的重要性，并为自己可以在有限的时间内完成许多件事情感到骄傲和自信。

五、环境创设

主题墙：做计划大挑战

板块一：通过出示绘本《做计划大挑战》中主要故事内容的图片，引导幼儿发现"做计划""做事情分主次"这些好方法对遇到困难的小男孩布雷登有哪些帮助，帮助他解决了什么问题。例如当布雷登想做饼干但不会做的时候，制订做饼干计划会让事情变得清楚、简单；当他有许多需要完成的作业时，分主次完成作业可以让自己觉得完成作业不是一件困难的事。

板块二：我的_____计划

此板块是为幼儿开创的自由填写板块，幼儿可以回忆自己生活中遇到的不同困难，并像故事中的布雷登一样制订解决问题的计划，从而让困难的事情变得简单，自己也可以积极地面对各种生活中的难题。最后将自己的"解决问题计划表"贴到墙上与大家分享，幼儿可以在浏览其他人的计划表的同时，学到不同解决问题的好方法。

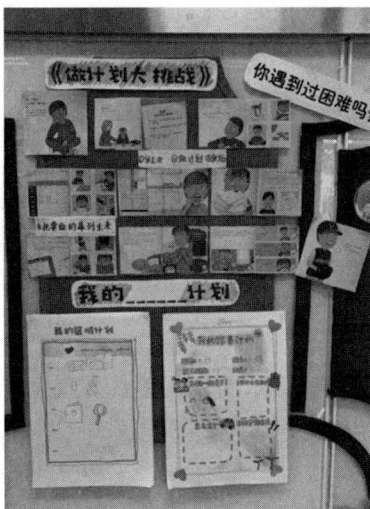

六、家园共育

◆小朋友们，今天我给大家带来一个故事，故事的名字叫《做计划大挑战》。

◆家长小妙招：

当成人在生活中遇到棘手的事情时，会一筹莫展，孩子也一样。对他们来说，弄清从哪里着手来完成一项大任务有很大的挑战性。教孩子分主次、做计划、贴出计划清单，可以把一项大任务分解成几项容易完成的小任务。

扫码看视频

以下这些建议可以培养孩子分主次、做计划的能力。

1. 做一本家庭日历。记录每周需要做的事情，并且列出每日任务清单，让孩子每完成一项便划掉一项。

2. 让孩子从规划简单的事情做起，如刷牙、整理床铺、打包午饭等。

3. 教孩子学会区分事情的重要程度。决定因素可以是事情的紧急程度，也可以是诸如"先写作业再玩耍"这样的规则。

4. 设闹钟。规划好每件事情完成的时间，确保孩子做事时专心致志、不拖沓。

5. 在孩子做计划和排序时，尽量不要干扰他。

6. 帮孩子把大任务分解成几项容易完成的小任务。比如，把打扫房间分解成整理床铺、清扫地板、整理玩具、叠衣服等。

7. 准备一本学习日历或作业记录本，让孩子把各项作业记在上面，并排好做作业的顺序，确定哪些作业需要先做。

8. 留出反思的时间。当孩子完成一项任务后，和孩子讨论一下哪些地方做得好，哪些地方下次需要改进。

（教师：刘燕婷）

文章推送《和您聊聊娃的那些事儿——积极》

各位家长朋友：

本月我们迎来了积极品格，那么什么是积极呢？积极是一种情绪状态，积极情绪不仅是一个人成功与健康的标志，而且能够引导我们更加成功与健康。积极情绪反映了个体参与环境的愉悦水平，高水平的积极情感包括热情、有活力、精力充沛、有兴趣、快乐和决心。

对幼儿来说，积极品格就是能正向看待问题，努力解决问题，遇到困难善于从实践中发现"重生"的契机，学会用乐观、阳光的心态处理与他人、与环境的关系。

一、情景再现

我们在生活中常常会发现孩子在某一时刻会出现这些行为，如当遇到有难度的事情时会抱怨，甚至退缩或逃避；当处于某种低落情绪时很难自我调节，甚至持续时间较长；有时不愿意参与集体活动，并表现出不开心的样子；当做自己的事情时会倾向于依赖成人，表现出不情愿或拖拉等行为……这些都是消极情绪的表现。而我们希望看到的是孩子在集体生活或学习中，常常保持积极、乐观的心态，情绪稳定、快乐。

随着幼儿年龄的增长、经验的丰富，他们接触的事物会越来越多，在这个过程中会有"风调雨顺"的时候，或许也会遭遇"毛毛雨"或"倾盆大雨"，那么幼儿该以怎样的心态面对遇到的困难或挫折呢？这是我们在教育过程中需要关注和重视的。那么，今天我们就来一起聊聊关于"积极"的那些事儿。

二、老师会这样做

1. 教师在设计教学活动时，会充分考虑幼儿的个体差异、兴趣点及发展需要，以提高幼儿在活动中的积极性，使幼儿愿意参与集体活动，感受参与集体活动的快乐。

2. 教师会利用生活中发生的"小事"，帮助幼儿保持积极的情绪，如一个小朋友因为自己搭建的作品被别人不小心破坏了而感到非常愤怒时，教师会说"没关系的，宝贝，我们一起来帮你重新搭一个好吗？相信很快就会搭好的"。

3. 当幼儿因为遇到困难而感到不开心时，教师会说："哦，宝贝，这个确实挺难的，但不要灰心，再尝试一下"，旨在告诉孩子遇到困难是件很正常的事情，引导幼儿学会调节自己不开心的情绪，并努力克服困难。

4. 当幼儿很轻松地完成某项任务并感到满足时，教师在表扬其出色表现的同时，还会为他提出更高的要求，鼓励他"你要不断尝试，可以做得更好哦"。

三、家长可以这样做

我们了解了教师是如何培养幼儿积极品格的，那么家长朋友们可以怎么做呢？我们一起来看看德耕教育专家夏婧博士是如何讲的。

视频看完了，让我们再一起回顾一下吧。

1. 夸夸你的孩子。

2. 允许孩子有自己的主张。

3. 不拿自己的孩子跟别人作比较。

4. 拒绝语言暴力。

扫码看视频

四、绘本推荐

1. 品格故事《好消息坏消息》。

故事启示：绘本讲述了一只兔子邀请一只老鼠去野餐时发生的一系列故事。一路上它们碰到了大风、暴雨、蜜蜂群和闪电等，然而这些在老鼠眼中的"坏消息"，在兔子眼中却都成了"好消息"……故事告诉我们，要勇于面对生活中的挫折和困难，学会换一个角度看待问题，学着建立乐观的心态。

扫码听故事

2. 品格故事《爱抱怨先生》。

故事启示：故事的主人公是一个爱抱怨先生，他平时看什么都不顺眼，觉得一切都糟透了，为此大家都感到很气愤，疏远了爱抱怨先生。故事告诉小朋友们，凡事要有乐观、积极向上的心态，让每一天都过得快快乐乐，这样也会赢得大家的喜欢。

扫码听故事

3. 品格故事《妈妈的红沙发》。

故事启示：突如其来的一场大火，烧毁了家中的一切物品，外婆说："幸好我们还年轻，可以从头开始"。就这样，在大家共同的努力下，一家人终于重建了温暖的家园。故事告诉孩子们，拥有一个乐观的心态是极其重要的，它可以帮助我们渡过难关。

扫码听故事

4. 品格故事《一颗种子掉下来》。

故事启示：有颗小小的种子突然落了下来，它的根须破坏了小动物们的家，就在大家决定砍掉这棵植物时，发现这个植物上结满了西红柿……于是他们决定重新规划生活环境。故事告诉我们，要像小动物们一样，努力应对世界的变化与挑战，善于看到事物的另一面，积极应对新的环境，提高发现美好的感知力。

扫码听故事

亲爱的家长朋友们，随着社会不断的发展，孩子面临的挑战也在不断增多，积极的情绪会影响他们适应未来学习与生活的能力，对他们未来的发展产生重要的影响。幼儿只有拥有积极乐观的心态，才会在日后的成长中更顺利、更幸福、更优秀！

（教师：陈璐、冯芃）

第 七 章

耐 心 品 格

　　耐心是指做事情不急躁、不厌烦，如幼儿做事情认真细致不潦草，排队时不争不抢，遇到困难时反复尝试，轮流时耐心等待等。孩子们"等不及""不能坚持"或做事情"三分钟热度"都与缺乏耐心有关。耐心与自我延迟满足能力具有内在联系，即锻炼幼儿延迟满足能力不单单是让孩子学会等待，还是学会克服当前的困难情境从而获得长远利益的能力。

　　《指南》中涉及"耐心"品格的主要表述有"幼儿能够遵守基本的社会规则，如玩完玩具后能耐心地将玩具一一送回家""在生活或游戏中遇到困难时，能主动向老师寻求帮助，不大哭大闹或轻易放弃""有耐心地完成一件事情""能耐心倾听他人讲话，不随意打断、插话"等。

　　在耐心品格主题下，教师根据幼儿的发展水平、兴趣需求及《指南》引领，选取了《给小鸟一个新的家》《不急不急，我要听完再说》《Grace 说耐心》等绘本，结合家园共育，开展了"我会等待""你玩一会儿我再玩""我会排队""不急等一等"以及"我们班的漂亮树"等活动。

主要内容	年龄班	推荐绘本
做事不急躁	小班	《给小鸟一个新的家》
学会等待他人	小班	《一会儿要等多久》
学会等待他人	中班	《不急不急，我要听完再说》
遇到困难想办法	中班	《遇到困难，我能克服》
学会耐心等待	大班	《Grace 说耐心》
做事有耐心	大班	《小脾气》

第一节　小　　班

活动一：做事不急躁

一、绘本推荐

绘本推荐表——耐心品格	
绘本名称	《给小鸟一个新的家》
绘本作者	陈梦敏 文　唐若芹 图

推荐理由：

　　此绘本讲述的是急性子的威威龙，因为自己的毛毛躁躁制造了不少的麻烦。在歪歪兔的引导下，威威龙逐渐学会了耐心做事。绘本内容旨在引导孩子在遇到困难时不要急躁，要有耐心，冷静地面对问题，才能够处理好问题。对于小班的幼儿来说，在面对一些困难或尝试很多次的事情时往往会失去耐心，从而变得急躁。本绘本内容告诉幼儿遇到事情的时候该如何避免急躁，以及急躁时我们该怎样有耐心地去做事，让孩子将绘本中威威龙的小故事迁移到自己身上，从而养成耐心做事的好品格。

（推荐教师：石瑞、万园园）

二、集体教育活动

集体教育活动1：给小鸟一个新的家

活动目标：

1. 观察画面中威威龙做事的过程，理解耐心做事的好处。

2. 感受耐心完成一件事的喜悦。

活动准备：

PPT 课件、彩笔、画纸。

活动过程：

（一）出示绘本封面，引发幼儿观察与思考

提问：画面中都有谁？他们发生了什么事情？

（二）引导幼儿理解故事内容，养成耐心做事的好品质

1. 播放图片 1～3：初步理解故事内容。

提问：威威龙都做了什么事情？为什么每一件事情都没有做好？

2. 播放图片 4～7：观察画面内容，引发幼儿主动思考。

提问：为什么威威龙会撞到树？小鸟为什么会生气？威威龙是怎么弥补对小鸟造成的伤害的？

3. 播放图片 8～12：知道耐心做事的重要性。

提问：为什么小鸟的房子没有成功？他的好朋友是怎样帮助他的？

4. 小结：只要静下心来坚持做完一件事情，就会拥有耐心。做事不要着急，用一点耐心，你会发现事情会变得更加美好。

5. 体验活动：为小鸟制作一个新家。

重点：鼓励幼儿大胆选择颜料，一笔一笔慢慢地均匀涂色。

（三）展示与交流

鼓励幼儿在集体面前完整地介绍自己的作品。

（教师：任嘉锡、万园园）

集体教育活动 2：我们班的漂亮树

活动目标：

1. 了解与同伴一起做事应遵守的规则。

2. 体验与同伴一起完成作品的乐趣。

活动准备：

在大纸上画好大树的树干和树枝，贴在墙上或板上；将手工纸剪成的绿树叶及不同颜色的果子若干分装在小盘中，每桌1盘；胶、小刷子、垫板、湿抹布等。

活动过程：

（一）引导幼儿观察贴在墙上的大树，引出活动主题

提问：想一想怎样才能把大树打扮得更漂亮？

（二）引导幼儿利用材料共同绘画一棵大树

1. 指导幼儿用绿树叶和果子打扮大树。

教师示范，将绿树叶和果子背面（不带颜色的面）朝上，放在垫板上，涂上胶后粘贴在树枝上。

2. 幼儿自选小盘中的绿树叶或果子，涂上胶后粘贴在树上。

重点要求：不跑、不挤，双手拿抹好胶的绿树叶和果子，不能把胶粘在自己或别人身上；把绿树叶和果子粘贴在树枝的空白处，尽量不要遮挡别人粘的绿树叶和果子；如果粘贴的小朋友比较多，可以在座位上等一会儿。

（三）欣赏与展示

1. 共同欣赏"我们班的漂亮树"。

引导幼儿从不同角度欣赏全班小朋友一起做的树。

提问：请你说一说哪一片绿树叶（或哪一个果子）是自己粘上的？

2. 小结：全班小朋友一起打扮大树，它才会变得这么漂亮。

（教师：赵瑾、万园园）

三、区域活动

（一）益智区

活动目标：能够坚持完块数较多的拼图游戏。

活动内容：在熟悉故事情节的基础上，将故事不同情节的图片制作成拼图，引导幼儿逐步掌握拼图技巧。故事不同情节的拼图块，在画面颜色等方面会有相似之处，因此更加需要幼儿在耐心细致的观察下完成拼图。

（二）图书区

活动目标：能够安静阅读，根据图片线索有序、大声地讲述故事。

活动内容：将图书中的故事画面裁剪成小卡片，初步引导幼儿按照故事发生的先后顺序讲述。

四、一日生活

1. 在使用剪刀时，能够一手握剪刀，一手转纸慢慢剪；在使用画笔绘画时，能够按照由上到下、由左到右、由外到内等顺序慢慢涂色。

2. 当别人正在说话时，不能打断别人说话，耐心等待别人说完后再开始说话。

3. 在盥洗环节，幼儿能够排队等待，按照七步洗手法认真洗手。

4. 在进餐环节，取餐时能够排队耐心等待；能够一口饭、一口菜、一口肉，细嚼慢咽，不着急。

5. 过渡环节小游戏"小小勺子我会用"。

（教师：赵蓓、王硕、陈宇玲）

五、环境创设

板块一：什么是耐心？通过这个小提问了解孩子们对耐心的理解，了解孩子认为在什么时候需要有耐心，并将孩子的观点以图文并茂的形式呈现在墙面上。

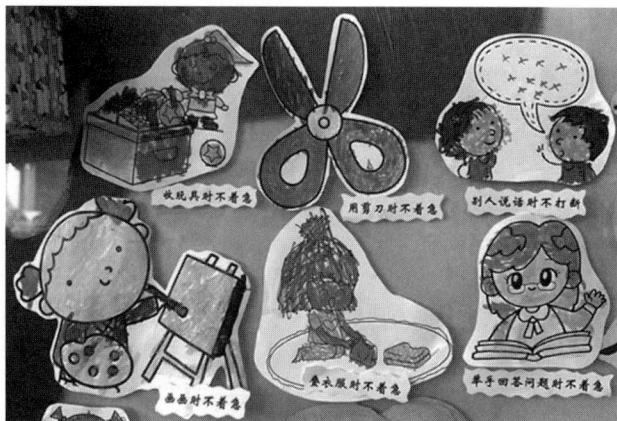

板块二：耐心做事宝宝。将孩子说出的日常需要耐心做的事情和老师与孩子一起梳理出来的事情一件件地呈现出来，并鼓励幼儿将自己的小头像贴在自己认为做得好的事情上。

板块三：耐心阶梯。每个宝宝的柜子上有一个小阶梯状的图表，幼儿每天可以将自己的卡通头像以爬楼梯的方式进阶记录自己每天在几件事情上可以做到有耐心。

（教师：赵蓓）

六、家园共育

亲子共读

◆小朋友们平时做事情会急躁吗？你知道做事急躁带来的后果吗？快让我们来听一听，急性子的威威龙都发生了什么事。

故事讲到这里就结束了：

1. 小朋友们猜一猜，威威龙还因为做事急躁，做了什么错事？

2. 小朋友们觉得，这么有耐心做好的小房子，小鸟这回能住进去了吗？

扫码看视频

◆幼儿园是如何开展活动的？

绘本的主要目的是让幼儿在生活中做事有耐心。绘本内容以很直接的图画场景告诉幼儿做事没有耐心的后果，这样的方式能够直观地引起孩子的共鸣。在开展幼儿园的相关活动中，我们将培养孩子做事有耐心，将耐心的良好品质融入幼儿的一日生活中。例如，学会自己翻衣服袖子，有耐心地自己穿脱衣服，排队等候不着急等。在艺术技能培养上，引导孩子有耐心地涂色不出边，剪纸沿线剪，折纸按步骤；在语言领域教学上，引导孩子有耐心地分句朗读，用完整的语句阐述自己的想法；在科学领域，鼓励幼儿有耐心地探索，失败不气馁。全方位地将耐心做事的主旨贯穿在孩子的生活中，能更好地提升孩子对耐心的认知，同时体会到耐心做事的成果。

◆家长指导：

为了更好地让孩子熟悉故事，让孩子在一系列的活动中真正地养成耐心做事的良好品格，需要我们的家长进行配合，从而达到既定目标。那家长需要做什么呢？

1. 首先，家长们要做出榜样，不要有半途而废的行为习惯，在开始新的事情前，一定要把正在进行的事情有个了结。

2. 其次，有意识地给孩子设置点障碍，为孩子提供一些克服困难的机会，因为耐心是坚强意志磨炼出来的，越是在困难的环境中，越能锻炼孩子的耐心。

3. 最后，家长们可以延迟满足幼儿的要求，以培养孩子的耐心。

（教师：罗栋萌）

活动二：一会儿要等多久

一、绘本推荐

绘本推荐表——耐心品格	
绘本名称	《一会儿要等多久》
绘本作者	［日］宫野聪子 著/绘　彭懿 译
推荐理由： 　　幼儿进入小班中期，逐渐适应并熟悉幼儿园生活流程，自主游戏环节以及过渡环节是幼儿比较能够自由支配时间的环节，幼儿有时候会急于完成生活环节，然后获得自主游戏的时间，就会出现不耐心等待的现象，例如插队接水、如厕，匆匆忙忙地叠完衣服塞进柜子，跑着玩滑梯，抢上抢下。班级公约提出奖励小贴画制度，但幼儿不理解得到贴画的条件与意义，只是一味地想得到，导致得到贴画以后不珍惜，随地乱扔。针对以上问题，我们挑选了关于耐心做事、耐心等待的四本图书，带领幼儿通过阅读绘本理解等待的意义，愿意耐心做事，形成良好的耐心品格。 　　本书通过主人公的日常生活细节讲解了什么是耐心等待，故事里的小男孩想要爸爸妈妈陪伴的时候，爸爸妈妈都忙于工作，于是用"等一会儿"这句话来让小男孩先做自己的事情，他在每一个等一会儿的过程中都完成了一	

（续）

些事情，包括画一幅画、折一些纸、吃一袋大米饼、倒一杯果汁等。虽然不理解一会儿是多久，但是在耐心等待的时间里，小男孩理解了"一会儿"的意义，也理解了爸爸妈妈的忙碌，并且通过主动思考，决定和爸爸妈妈一起分担工作，然后一家人终于有时间不用再等待，很快就聚在一起享受欢乐了。

故事内容告诉大家，等待也是一种美好，在耐心等待的过程中，小朋友可以更加清晰地思考自己可以做哪些事情减少等待，也可以充分利用等待的时间做一些力所能及的事情，从而学会耐心等待、主动思考、不急不躁。

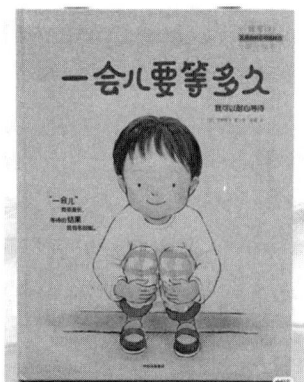

（推荐教师：苗阳）

二、集体教育活动

集体教育活动 1：等一等

活动目标：

1. 在暂时得不到满足时能够耐心等待。

2. 感受小朋友们集体游戏的乐趣。

活动准备：

图片、各种玩具、盖布、故事书。

活动过程：

（一）游戏引入，激发幼儿兴趣

教师准备好玩具并用盖布盖好，请小朋友猜一猜。

提问：小朋友们，请猜一猜布下面藏了什么？

（二）通过捉迷藏游戏，让幼儿学会耐心等待

1. 玩具朋友你好。

引导幼儿注意观察自己的玩具所在的位置、玩具大小及颜色。

2. 我和玩具朋友玩捉迷藏游戏。

教师把玩具藏好，鼓励幼儿根据玩具的形状、大小寻找出自己的玩具。

提问：小朋友们快看看，玩具朋友藏在哪儿？

重点：引导幼儿不着急，一个一个猜，培养幼儿的耐心。

3. 再次玩捉迷藏游戏，鼓励没拿到玩具的小朋友不着急，再等一等。

（1）引导幼儿都能找到自己的玩具。

（2）小结：有的时候，想要的东西不能马上得到满足，我们就需要等一等。小朋友们都应该做一个有耐心、不急躁的好孩子。

（三）分发耐心小徽章，鼓励幼儿做事有耐心

指导语：小朋友们都拿到了玩具，你们高兴吗？老师看到你们的进步感到很高兴，送给你们耐心徽章！

（教师：苗阳）

集体教育活动 2：学会耐心等待

活动目标：

1. 通过游戏感知什么是耐心等待。

2. 在活动中体验耐心等待的快乐。

活动准备：

糖果若干、纸、笔、图片。

活动过程：

（一）游戏引入，激发幼儿兴趣

介绍游戏规则：音乐开始后，幼儿跟随教师跑一跑，音乐停止，找老师拿糖果。

提问：大家都拿到糖了吧，你们是怎么拿的？

提问：我们拿糖果时怎么才能不拥挤呢？

（二）通过寻找标记的基本规律，尝试设计等待标记

1. 教师出示图片，引导幼儿思考。

提问：你有什么好方法提醒大家要耐心等待呢？

2. 幼儿观察提示图片，设计班级的耐心等待标志。

提问：我们能不能设计一个标志来提醒小朋友们耐心等待呢？

提问：你们想什么做？谁来试一试？

3. 幼儿思考设计好的标志应张贴在班里的哪些位置。

提问：我们教室哪里需要耐心等待呢？

重点：引导幼儿发现班里饮水机旁、柜子旁、厕所便池旁、洗手池旁等都需要粘贴耐心等待标志。

（三）幼儿自主粘贴耐心标志，活动自然结束

引导幼儿粘贴标志后再次玩找糖果游戏，将糖果赠送给幼儿，活动自然结束。

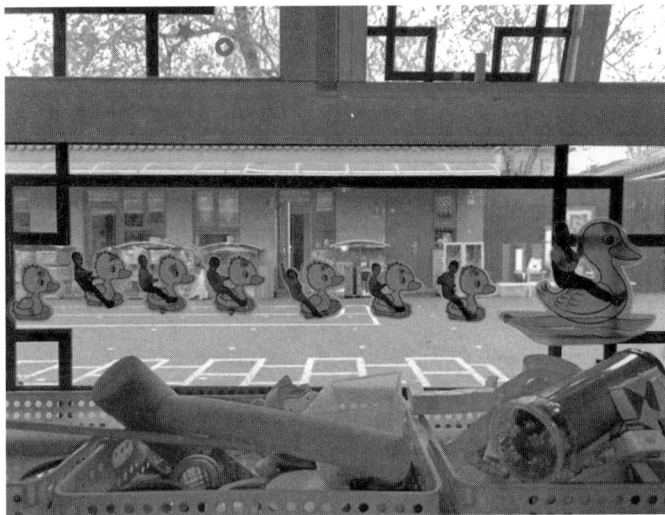

（教师：林梓芳）

集体教育活动 3：排好队等一等

活动目标：

1. 知道在参与活动或公共场所时要主动排队、耐心等待。

2. 增强安全意识，有良好的行为习惯和自我约束意识。

活动准备：

器械若干、歌曲《幸福拍拍手》。

活动过程：

（一）游戏"幸福拍拍手"引入，激发幼儿兴趣

幼儿听音乐跟随老师做动作。

师：小朋友们，我们一起来玩一个"幸福拍拍手"的游戏吧！

（二）通过游戏，让幼儿学会耐心等待

1. 第一次游戏：听音乐做游戏。

游戏规则：幼儿有序进入活动场地，从箱子中取出小鱼，跟着老师玩"网小鱼"的游戏。听口令"变成小鱼游一游，变成小兔跳一跳，变成企鹅走一走……网小鱼了"，幼儿迅速跑进呼啦圈内，游戏结束时请幼儿将小鱼送回家，老师不提醒秩序问题。

小结：刚才送小鱼回家时出现了拥挤和无序的现象，这样很容易发生危险。

2. 师幼讨论"安全又快速地送小鱼回家"的好方法。

提问：小朋友们想一想，怎样能安全又快速地送小鱼回家呢？

3. 第二次游戏：幼儿有序快速地体验送小鱼回家，感受秩序带来的好处。

引导幼儿说出要一个跟着一个走，不推不挤不掉队。

（三）调整休息，幼儿送玩具回家，教师结语

小结：小朋友们都有序地把小鱼送回了家。当很多人在做同一件事的时候，只要大家遵守秩序，就会很快、很安全地把事情做好。希望小朋友都能做一个有耐心、有秩序的小朋友。

（教师：苗阳）

三、区域活动

（一）图书区

投放绘本《一会儿要等多久》，鼓励幼儿读一读、讲一讲。

（二）益智区：拼图游戏

1. 游戏材料：拼图图案是孩子们熟悉的卡通动物以及情景画，富有童趣。

2. 玩法：幼儿根据拼图画面线索或数字标记、拼图块大小等特点进行拼图。先找出一边及两边是直线的拼图片，将画面的四边组合起来，再逐步往图面中心拼，可减少拼图的时间。

四、一日生活

1. 利用过渡环节，为幼儿讲解、播放绘本故事《一会儿要等多久》，引导幼儿感知一会儿要等多久，帮助幼儿学会耐心等待。

2. 我来照顾小蚂蚁。过渡环节时引导幼儿坚持每天与同伴一起耐心、细心地观察照顾小蚂蚁。在教师的帮助下，利用放大镜观察小蚂蚁的成长过程，用吸管为小蚂蚁喂水、食物，使用小镊子打扫蚂蚁城堡。

3. 蔬菜宝宝快快长大。在老师的引导下和同伴一起体验种蔬菜，一起观察照顾植物。每天来离园时间，愿意和它们打招呼，说一句甜甜的话，如"你们要快快长大哦"，引导幼儿耐心等待植物慢慢长大。

4. 小小提示标。在生活墙、桌面等幼儿经常看到的地方粘贴提示标识，引导学会排队时不插队、耐心举手回答问题、耐心清理桌面、朋友之间友好相处、不跑不挤等。在生活或游戏中遇到困难时，能主动向老师寻求帮助，不大哭大闹或轻易放弃。

5. 通过"我的苹果树宝宝长大了""趣味小贴画"等形式鼓励每天坚持来园和耐心做好每件事的小朋友。

（教师：万园园）

五、环境创设

主题墙：学会等待

以集体讨论的形式讨论"一会儿"是多长时间。教师帮助归纳总结，以绘画或图片的方式呈现孩子们的回答内容，以照片的形式呈现生活中幼儿学会等待的照片，引导幼儿知道在什么情况下可以等待，感知等待的美好。

（教师：陈璐）

六、家园共育

(一) 亲子共读

◆小朋友们大家好，我是佟佟老师，今天我给大家带来一个故事，故事的名字叫《一会儿要等多久》。

教师提问：

1. 小朋友们通过欣赏故事，知道一会儿是多久了吗？是画一幅的时间，还是吃一袋大米饼的时间？

2. 在等待一会儿的时间里，我们还可以做哪些事情呢？一起来想一想吧！

扫码看视频

3. 等待的结果是不是也可以很美好呢？你愿意多等一会儿吗？

◆家长指导：

这是一本读给孩子听的绘本，也是给父母看的绘本，大人每一次说的"等一会儿"，对孩子来说都是如此漫长，而翔翔妈妈的"对不起"、爸爸的"谢谢"给了翔翔耐心等待的力量。"一会儿"有多漫长，等待的结果就有多甜蜜。最后翔翔也等来了爸爸妈妈全心全意的陪伴，孩子的等待也有了意义。

通过共读绘本，家长们要更加关注孩子的内心和需求，即使需要等待也要充分沟通，将结果和内心的想法告诉孩子，并且做事要说到做到，经常向孩子表达爱。解决孩子成长过程中的痛点，帮助孩子提升自控力和自我调节能力，学会延迟满足，在耐心等待中提升自己的抗挫折能力。

◆家长小妙招：

1. 引导孩子耐心等待，可以在等待的过程中给予孩子做其他事情的小建议。在生活中遇到需要等待的情况时，家长可以在等待的时间里给予幼儿一些事情或是小任务来完成。

2. 带领孩子认识时间的概念。通过做一件事或是看一本书等方式来感知等待的时间，初步感知时间的概念。

3. 鼓励孩子耐心做事并给予相应的奖励进行强化。生活中利用小奖励的方式鼓励幼儿耐心做完一件事情。

(教师：佟宗燕、王静文)

(二) 其他活动

家长进课堂——绘本活动《很慢很慢的蜗牛》。

由家长推荐并带给幼儿好听的绘本故事。蜗牛在旅途中遇到了好朋友毛毛虫，在相互鼓励下一起到达了终点，品尝到了果实甜甜的味道。故事告诉小朋友们，做事要一点点来，不急躁，坚持下去。

（教师：韩丽敏）

第二节　中　　班

活动一：遇到困难耐心想办法

一、绘本推荐

绘本推荐表——耐心品格	
绘本名称	《遇到困难，我能克服》
绘本作者	魏爱平 编绘

推荐理由：

　　小鹿贝贝的好朋友小熊马上要过生日了，贝贝想送给他一个特别的礼物。在做蛋糕的过程中，贝贝遇到了困难；缺少鸡蛋，买鸡蛋的时候，发现超市没有鸡蛋了，就用鸭蛋代替；在写生日快乐字样时，巧克力酱用完了，就用巧克力豆代替。

　　这本书的人物形象可爱生动，内容简单易懂，生动的故事情节能够吸引幼儿的注意。故事引导幼儿在日常做事的时候，遇到困难能够耐心想办法，并坚持完成。

（续）

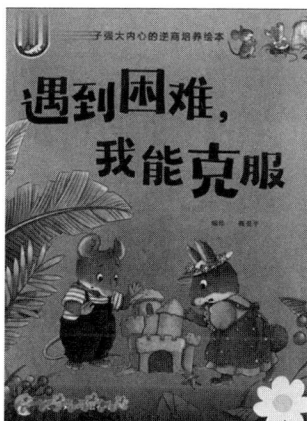

子强大内心的逆商培养绘本

遇到困难，我能克服

编绘：程冠予

（推荐教师：石海溶）

二、集体教育活动

集体教育活动1：选鸭蛋

活动目标：

1. 通过游戏能踩高跷往前走，保持身体平衡。

2. 体验体育游戏的快乐并耐心坚持完成任务。

活动准备：

物质准备：小鹿、小熊头饰、沙包做的鸭蛋、网球、高跷。

经验准备：听过故事《遇到困难，我能克服》，看过踩高跷视频。

活动过程：

（一）回忆故事内容，激发幼儿的兴趣

1. 通过提问引导幼儿回忆故事内容。

提问：还记得故事中小鹿用什么材料给小熊做的蛋糕吗？

2. 教师小结激发幼儿活动兴趣。

小结：今天，就请大家来扮演小熊和小鹿，把鸭蛋从超市买回来。

（二）通过情景游戏，练习踩高跷并完成任务

1. 教师带领幼儿进行热身活动。

教师邀请幼儿扮演小熊和小鹿，带领大家从头到脚依次活动全身关节。

2. 情景游戏"选鸭蛋"。

（1）情景介绍：去往超市的路上有好多水坑，小熊和小鹿只能踩着高跷往前走。

（2）第一次游戏，教师示范，幼儿初步尝试踩高跷。

教师示范动作，并讲解注意事项，提醒幼儿注意安全。幼儿自行尝试，感受踩高跷的乐趣。

师幼总结踩高跷的动作经验，如何走得更稳、更快。

（3）第二次游戏，幼儿自己探索，熟练动作。

教师提醒幼儿在行走的同时也要注意地上的障碍，不要摔倒。

请个别幼儿上前示范，引导幼儿发现动作要领：用脚底中心踩在高跷上，双手要拉直绳子，眼睛向前看。

（4）第三次游戏，踩高跷选鸭蛋比赛。

幼儿分两组进行游戏，在绕过障碍的基础上，要捡起对应的鸭蛋走回来。速度快的组获胜。

（三）结束活动：整理放松

教师带领大家进行放松活动，并整理好高跷。

活动延伸：

回家后问问爸爸妈妈是不是也玩过踩高跷，可以和爸爸妈妈比比赛，看看谁更厉害。

（教师：翟一凡）

集体教育活动2：小熊的生日会

活动目标：

1. 能根据物体的特征按照 ABB 或 ABC 的规律排序。

2. 初步尝试创造新的排序规律。

活动准备：

课件准备：生日蛋糕图片。

材料准备：彩色笔。

纸面教具：生日蛋糕、礼物。

活动过程：

（一）情景导入，出示图片"贝贝制作的蛋糕"，引导幼儿发现排序规律

师：森林里要为小熊举办生日会，狮子大王邀请小动物们去参加，可是贝贝的蛋糕还没有做完，我们一起帮助贝贝制作蛋糕吧！

师：贝贝用哪些图形装饰蛋糕？缺的这块应该放什么图形？

（二）出示组图"生日蛋糕"，分发纸面教具"生日蛋糕"，引导幼儿尝试按规律完成排序

1. 出示组图，分发纸面教具，请幼儿用连线的方式帮助贝贝制作蛋糕。

师：小动物们到生日会的会场啦，这里准备了好多好吃的食物，可是小动物要按照食物摆放的规律排序，才能吃到食物。问号处的食物分别是什么呢？请你按照前面的规律连一连。

2. 操作课件，验证猜想。

（三）发放纸面教具"礼物"，鼓励幼儿分组操作，尝试创造新的排序规律

1. 发放纸面教具，鼓励幼儿按规律装饰。

师：小动物吃饱啦，接下来要送礼物，大象想送项链，贝贝想送帽子，小猴子想送围巾，请小朋友帮小动物把礼物装饰得漂亮一些，但一定要按规律装饰哦！

2. 幼儿分组操作，教师观察。

3. 引导幼儿分享交流。

师：你装饰的是什么礼物？是按照什么样的规律装饰的？

4. 结束活动。

师：小动物们很感谢小朋友的帮助，邀请你们一起参加小熊的生日会，我们一起出发吧！

（教师：曹靖）

三、区域活动

（一）建筑区

我们通过拍摄视频的方式，记录幼儿在建筑区搭建过程中缺少积木，同伴间是如何通过商榷耐心地解决问题的。通过绘本中贝贝的榜样作用，引导幼儿在建筑区搭建房子的过程中遇到问题时，能够耐心地解决问题。

（二）图书区

第一阶段：与幼儿共同筛选出耐心做事情以及耐心等待的图书，根据幼儿现有的情况以及特点，确定耐心做事更适合本班幼儿现阶段的特点。

第二阶段：让幼儿不断熟悉故事内容，并初步地表演出故事内容，引导幼儿在遇到不同困难时都能耐心地想办法克服。

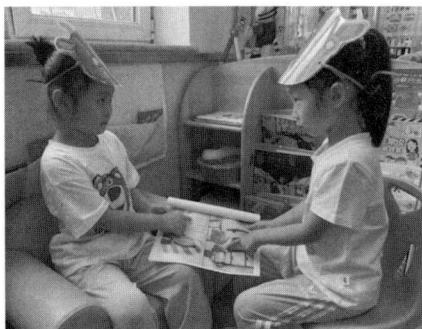

（教师：翟一凡）

四、一日生活

1. 幼儿在遇到拉锁拉不上的情况时，耐心地想办法解决问题；当起床后发现自己的枕套没套好时，努力想办法套进去。

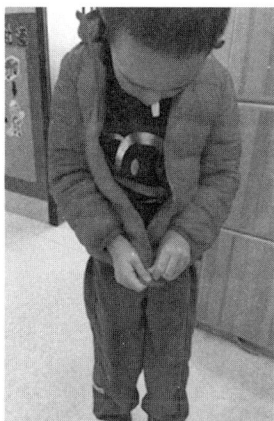

2. 在一节制作风筝的教育活动中，幼儿在用绳子绑中间的骨架时，发现不好绑，但是她们并没有气馁，遇到小的骨架时，一个小朋友自己耐心地缠，遇到大的骨架时，两个小朋友合作耐心地缠，直到把骨架缠结实才结束。

3. 幼儿在过渡环节、加餐后等时间，记录自己每天耐心完成的一件事，帮助幼儿提升耐心做事的信心与方法，鼓励幼儿遇到困难能够耐心克服。

（教师：石海溶）

五、环境创设

主题墙：我能耐心做事情

第一阶段：老师通过讲述绘本，让幼儿知道遇到困难了也要试着想办法，并尝试解决问题，让幼儿理解故事的内涵。

第二阶段：师幼共同梳理什么是耐心，通过讨论说明哪些情况是耐心，耐心解决问题的方法有哪些。

（教师：瞿一凡）

六、家园共育

亲子共读

小朋友们，我们一起听个关于耐心的故事，故事的名字叫《遇到困难，我能克服》。

扫码看视频

◆家长小妙招：

家长陪孩子阅读相关绘本。在日常生活中如果孩子遇到了困难的事情，积极引导孩子努力解决问题。

1. 鼓励幼儿坚持完成一件事情。当幼儿做事情遇到困难时，引导孩子一步一步坚持完成，做事有始有终。

2. 幼儿做事不包办代替。幼儿遇到问题时，鼓励幼儿按照自己的想法做事，并能够坚持完成。

3. 为孩子树立良好的学习榜样。家长在遇到事情时不急躁，耐心坚持完成。

（教师：石海溶）

活动二：耐心倾听

一、绘本推荐

绘本推荐表——耐心品格	
绘本名称	《不急不急，我要听完再说》
绘本作者	许萍萍 著　彼得潘插图 绘

推荐理由：

　　樱桃奶奶原本想把故事讲得特别好听，可小叮当却等不了，不停地插嘴问故事的发展，害的故事都变得不好听了。小朋友们都好生气，他们都不想再跟小叮当一起玩儿了。到了幼儿园里，老师要交代一些事情，小叮当又忍不住打断老师的话了，这次，老师决定要帮他改改这个毛病。

　　在倾听他人讲话时，总是忍不住想要提出问题，说出答案？在词不达意时也着急解释？这本书教会我们应该如何耐心听完别人说的话再作回答，学会耐心倾听。

（推荐教师：陈鑫）

二、集体教育活动

集体教育活动1：不急不急，我要听完再说

活动目标：

1. 初步了解故事内容，能够耐心倾听他人讲话。

2. 感受听他人完整讲话后再说话的心情与对方的反馈。

活动重难点：

活动重点：能耐心地听对方把话说完再提问。

活动难点：感受听他人完整讲话后再说话的心情与对方的反馈。

活动准备：

绘本 PPT。

活动过程：

（一）谈话导入，激发幼儿兴趣

指导语：有一个小朋友叫小叮当，他每次说话都很着急，我们一起来看看在他身边都发生了什么事。

（二）阅读绘本，引发思考

1. 阅读绘本，了解故事内容，引导幼儿发现小叮当身上的问题。

提问：樱桃奶奶在讲故事讲到一半的时候，小叮当在干什么？

樱桃奶奶说了什么？其他小朋友是怎么说的？大家还愿意和他一起听故事吗？

2. 根据绘本内容进行提问，引导幼儿知道因为小叮当总是随意插话，好朋友不高兴了。

提问：和小朋友一起做游戏时，为什么好朋友有些不高兴了？老师是如何提醒小叮当的？他按老师教的方法做了之后有什么效果？

（三）引导幼儿想一想自己平时有没有像小叮当一样的行为

提问：你觉得小叮当的行为好吗？你以后打算如何做？

小结：太着急打断别人说话，不仅会让别人忘记接下来想要说什么，也是不礼貌的行为，要耐心地把话听完再说。

（教师：许小雪）

集体教育活动2：我会听完再说

活动目标：

1. 引导幼儿在游戏中学会耐心倾听。

2. 感受耐心倾听后再行动的游戏乐趣。

活动重难点：

活动重点：引导幼儿学会耐心倾听。

活动难点：在活动过程中感受认真倾听的益处。

活动准备：

录有各种声音的录音带、森林地图、各种植物和动物小卡片。

活动过程：

（一）回忆绘本内容，激发幼儿兴趣

提问：小朋友们还记得之前讲过的小叮当的故事吗？小叮当在别人讲话的时候是怎么做的？后来又是怎么做的？

（二）倾听游戏，幼儿体验

1. 玩倾听游戏"这是什么声音"，让幼儿学习倾听。

播放录有各种声音的录音带，让幼儿猜猜是什么声音，并适当地调低音量。

提问：为什么有一些小朋友听出的声音多，有些小朋友听出的声音少呢？

2. 游戏：我会做。

听教师指令做动作，让幼儿除了学习耐心听，还要学习听清、听明白。

（1）当听到老师指令时做出相应动作。

（2）幼儿熟悉游戏之后适当加大难度，并适时对幼儿进行表扬。

（三）讨论：在日常生活中，小朋友在什么时候会注意倾听呢？

小结：只有耐心倾听我们才会听懂别人讲的话，从别人那里知道更多的东西，而且耐心倾听别人讲话也是一种礼貌。

（教师：许小雪）

三、区域活动

（一）图书区

开放倾听角，通过小朋友讲故事等活动深入培养幼儿耐心倾听的好习惯。

（二）益智区

玩倾听游戏"传声筒"，一个小朋友对第二个小朋友说一句悄悄话，第二个小朋友再传给第三个小朋友，传到最后一个小朋友时，看看是否与第一个小朋友说的话相同，从而培养幼儿的倾听能力。

（三）美工区

玩"你说我画"小游戏，幼儿根据小朋友的描述画出对应的图案，从而培养幼儿耐心倾听的能力。

(四) 科学区

投放听声辨物玩具，并不定期更换，使幼儿通过听声音分辨不同的事物，培养幼儿耐心倾听的能力。

（教师：张钰）

四、一日生活

1. 教育活动时，耐心听老师讲故事，像小叮当学习，做一个耐心听别人说话的好孩子。

2. 在区域活动时，耐心听取其他小朋友给予自己的建议，通过自己的判断进行游戏。

3. 户外活动时，能在嘈杂的环境中耐心听老师讲述游戏规则，并且按照规则进行游戏。

（教师：陈鑫）

五、环境创设

教研墙：结合绘本《不急不急，我要听完再说》，用绘画的方式表现幼儿的问题，将解决办法运用不同的方式逐渐更新墙面。

（教师：陈鑫）

六、家园共育

亲子共读

◆小朋友们大家好，今天张老师给小朋友们带来一个有意思的故事，故事的名字叫《不急不急，我要听完再说》。

小朋友们，好听的故事到这里就结束了，请问：

1. 小叮当做了什么？

2. 他这样做对吗？

扫码看视频

3. 橘子老师用了什么方法让小叮当不打断别人说话？

4. 小叮当改掉打断别人说话的坏习惯了吗？

◆教育价值：

该绘本可以引起孩子的兴趣，还能很好地培养孩子的倾听习惯。故事中的小叮当从打断别人说话，变得乐于倾听，学会耐心地把话听完再说，培养了良好的倾听习惯，为以后的生活学习奠定了基础。

◆家长小妙招：

1. 与幼儿一起阅读绘本，回顾故事内容，引导幼儿耐心倾听。

2. 家长是孩子的第一任老师。大人要耐心倾听别人讲话，等别人讲完再表达自己的观点，为孩子做出榜样。

3. 在倾听练习中融入趣味性十足的小游戏。

（1）大家来找碴。通过"漏数"游戏来锻炼孩子的听觉注意能力。例如，家长以每秒 1 个数字的速度从 1 数到 10，中间随意漏数几个数，孩子发现"漏数"数字时，就立马说出漏掉的数字。

（2）拍电报。家长随意说出不同事物的名称，当念到特定的某种类别的物品时，幼儿拍手反应；或随机说数字，让幼儿听到某一个数时拍手。

（教师：张钰）

第三节　大　　班

🛸 **活动一：耐心等待别着急**

一、绘本推荐

绘本推荐表——礼貌品格	
绘本名称	《Grace 说耐心》
绘本作者	廖树清 文/图
推荐理由： 　　Grace 第一次向爸爸要糖吃的时候，爸爸给她出了道选择题：现在吃，只能吃一颗糖，如果等到明天可以吃两颗糖。Grace 等到了第二天，爸爸兑	

(续)

现了承诺，并表扬她"有耐心"。Grace问爸爸什么是耐心，爸爸的回答简单又具体，"耐心就是等待，不着急"。

　　本书文字简洁、色彩简单，将原本抽象的概念"耐心"用日常生活中熟悉的情景来解释，易于孩子理解和接受，让孩子明白"耐心"就是等待、不着急、不抱怨；有助于培养孩子良好的性格和一生的好习惯。

（推荐教师：田欣）

二、集体教育活动

集体教育活动1：耐心等待别着急

活动目标：

1. 通过故事内容，初步认识耐心的重要性。

2. 体会故事内容，感受耐心带给我们的好处。

活动准备：

物质准备：《耐心等待别着急》绘本、声音音频。

经验准备：幼儿有等待的经历。

活动过程：

（一）出示音频，引发幼儿兴趣

提问：你听到了谁的声音？这是谁呢？

（二）理解故事内容，引导幼儿大概了解故事内容，初步感受耐心的重要性

1. 教师讲述故事，幼儿大概理解故事内容。

提问：故事里有谁？他们在做什么事情呢？

2. 教师引导幼儿一页一页地阅读故事，引导幼儿理解故事内容。

提问：你听到了什么？发生了什么事情让小猴子很吃惊？

3. 继续阅读，引导幼儿说一说小猴子为什么沮丧。

提问：小猴子遇到了谁？山羊大叔说了什么？小猴子按照山羊大叔说的做了吗？

4. 让幼儿结合图片边听故事边思考。

提问：皮皮等到它的桃子树结果了吗？为什么后来的皮皮等到了？皮皮因为耐心等待，所以三年后吃到了自己种的美味的桃子。

5. 鼓励幼儿分组阅读，激发幼儿的兴趣。

（三）分享自己阅读时的发现

活动延伸：

将绘本投放到阅读区，供幼儿阅读并熟悉故事内容，鼓励幼儿分角色扮演故事的人物，用绘本中的人物语言进行对话。

（教师：田欣）

集体教育活动 2：遇事不着急

活动目标：

1. 知道在活动中和公共场所玩耍时要主动排队、耐心等待。

2. 有初步自我约束的意识，养成良好的行为习惯。

活动准备：

PPT 课件。

活动过程：

（一）游戏"钻山洞"，体验没有秩序带来的危险

两名幼儿面对面站立，双手对在一起当拱门。其他小朋友自由地钻山洞。

师：看谁能又快又安全地钻过每一个山洞，不能漏掉每一个山洞。

提问：刚才在钻山洞的时候，你都发生了什么事？你看见了什么事情？

小结：刚才幼儿自由地钻山洞，游戏过程中出现了拥挤、无序、碰撞、掉鞋等现象。

（二）讨论又快又安全地钻过山洞的方法

提问：怎样又快又安全地钻过山洞？

小结：钻山洞时，大家要从同一个山洞出发，排好队，一个跟着一个，不推不挤不掉队，这样就会又快又安全地钻过每一个山洞了。

（三）播放背景音乐，再次玩"钻山洞"的游戏

幼儿自由游戏，教师及时鼓励幼儿排队的行为。

小结：当很多人在做同一件事情的时候，只要大家排好队、守秩序，就会很快、很安全、很开心地把事情做好。

活动延伸：

和幼儿为需要排队的地方设计一个排队标志，提醒大家共同遵守。

（教师：田欣）

三、区域活动

（一）共享区中医馆

我们先让幼儿观察别人排队就医的视频，让幼儿初步了解看病时的人物等，然后通过讲述班内的《你好，安东医生》的绘本，帮助幼儿理解在就医过程中，虽然很着急很难受，但是也需要排队。再次参加中医馆游戏的幼儿，已经能够学会耐心等待，排队不着急，不催促医生等。

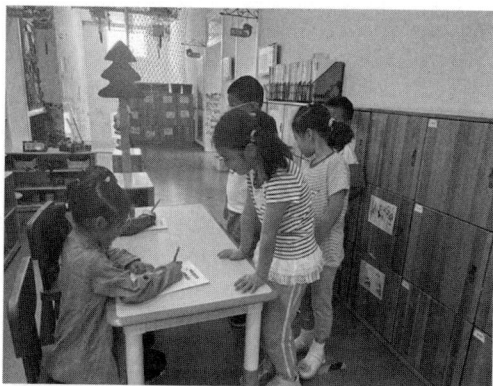

（二）图书区

第一阶段：与幼儿一同筛选耐心方面的图书，为幼儿梳理日常生活需要耐心等待的场合，讨论在不同的情景中，我们为什么需要耐心，耐心能为我们带来什么好处，提升幼儿生活经验。

第二阶段：投放绘本《Grace 说耐心》，让幼儿不断了解当自己急躁的时候怎么让自己耐心下来，同时与共享区中医馆相结合，将绘本中学到的方法运用到生活中。同时在图书区投放不同情景的图片，鼓励幼儿在不同情景中展示自己的耐心。

四、一日生活

1. 过渡环节时，老师为幼儿讲《一会儿要等多久》的故事，使幼儿熟悉故事，并知道翔翔和爸爸妈妈之间发生了什么事，知道每个人都有自己一天必须完成的事情，在别人忙碌的时候学会耐心等待，在别人忙碌的时候我们可以做一些自己的事情。

2. 在幼儿排队放书包、盥洗、取餐等需要等待的地方，事先把做好的耐心等待的标语图片布置在幼儿能够看见的地方，提醒幼儿耐心等待不着急，不催促他人。

3. 幼儿在排队做游戏的时候，请值日生提醒小朋友耐心排队不着急。

4. 在幼儿学本领学不会开始急躁的时候，引导幼儿耐心尝试，等待结果，学会本领。

5. 事先把准备好的耐心好方法粘贴在耐心墙上，当幼儿感觉急躁、着急时，可以主动到耐心墙上寻求解决办法，自主调节着急的心情，让自己安静下来，学会耐心。

五、环境创设

第一阶段：开展讨论活动"耐心是什么"。幼儿通过讨论得出了结果，"耐心是等待不着急""小朋友说话时能听完，不插嘴"等。鼓励幼儿在日常生活中能够耐心等待，耐心听别人说话，耐心做事情。

第二阶段："怎样才能有耐心"。幼儿学着在日常生活、游戏中不急躁、不放弃、耐心做事。我们将孩子们热烈讨论的画面和讨论结果呈现在环境中。还将"耐心"绘本推荐展示在墙面中，引导幼儿在绘本中体会耐心的好处和学会耐心。并且利用家园共育，引导家长与幼儿共读绘本，为幼儿建立不急不躁、耐心的家园环境。家长的积极反馈也呈现在墙面环境中。

六、家园共育

亲子共读

◆小朋友们大家好,今天老师给你们带来一个好听的故事,故事的名字叫《Grace 说耐心》。让我们一起来听一听吧。

◆家长小妙招:

1. 在家中营造良好的家庭氛围,父母以身作则,每天答应孩子的事情尽量按时做到。

2. 用故事影响幼儿的行为,引导孩子养成良好的耐心品格。

3. 经常带孩子外出,随时随地进行引导。如到商场、医院、乘坐公共交通时,耐心排队,不着急、不催促。

4. 引导幼儿说一说耐心能带来什么好处。从好处出发,知道耐心能够帮助我们有秩序地做很多事。

5. 亲子互动增强社交能力。如在家中利用情景游戏、角色互演的方式,转变观念,换位思考,逐步增强幼儿的耐心等待意识。

（教师：田欣）

活动二：小脾气

一、绘本推荐

绘本推荐表——耐心品格	
绘本名称	《小脾气》
绘本作者	［法］贝亚丽斯·丰塔内尔 著 ［法］露西尔·普拉森 绘　赵欣昕 译
推荐理由： 　　这是一个关于耐心、情绪的奇幻故事,让孩子学会静下来、慢一点,细心观察生活,耐心对待自己与他人。画面中的小女孩就是小脾气,用情绪代替其名,既形象又直抒胸臆,她抱胸挺立,存有戒备和自我保护意识,脸部表情凸显不安。猫头鹰和几只小鸟围在她身边,猫头鹰更是直视读者。小脾气被黑色暗夜包围,头上巨大高耸的兔耳装饰显示出主人公的高傲与脾气。 　　小脾气为什么只身来到森林之中呢?当急脾气的小脾气遇到慢吞吞的小乌龟,会发生什么有趣好玩的事儿呢?我们一起来跟着绘本体验小脾气的情绪变化吧。	

（续）

（推荐教师：苑轶凡）

二、集体教育活动

集体教育活动 1：小脾气女孩

活动目标：

1. 理解故事内容，根据画面大胆连贯讲述故事。

2. 知道做事要有耐心、不急躁。

活动重难点：

活动重点：理解故事内容并连贯讲述故事。

活动难点：能对比小女孩与乌龟性格的不同，理解耐心做事的好处。

活动准备：

物质准备：绘本《小脾气》PPT 和纸质书。

经验准备：幼儿有连贯讲述故事的经验。

活动过程：

（一）出示小女孩图片，激发幼儿阅读兴趣

提问：今天班里来了位新朋友，她有一个有趣的名字——小脾气。

（二）通过绘本，引导幼儿理解故事内容并连贯讲述

1. 教师边讲述故事边提问，引导幼儿了解故事内容。

提问：小女孩来到森林遇见了谁？看到了什么风景？为什么会看到这样的风景？

提问：小女孩欣赏到美丽的风景后有什么感觉？为什么？后来发生了什么使小女孩开始注意到身边的美景？

师幼共同小结女孩看到不同风景的原因。

提问：小女孩与乌龟最大的不同是什么？为什么与乌龟一起旅行后欣赏到了美丽的风景？她从乌龟身上学到了什么？

2. 教师完整讲述故事。

教师总结：急脾气小女孩与慢吞吞乌龟的不同是乌龟很有耐心，小女孩能看到美丽的风景是因为学会了静下心来耐心地去欣赏。

3. 幼儿分组连贯讲述绘本。

重点指导：引导幼儿仔细观察故事画面，根据画面连贯讲述绘本，重点讲述小女孩经历了什么，发现了怎样的美景。

（三）幼儿连贯讲述，巩固故事内容

提问：哪位小朋友愿意来试一试讲述故事？

活动延伸：

将绘本投放到图书区，供幼儿继续阅读讲述。

（教师：赵松阳、张京）

集体教育活动 2：解绳结

活动目标：

1. 能专心坚持完成解绳任务。

2. 感受坚持专心完成任务的骄傲与喜悦。

活动准备：

彩绳、多媒体放映机、摄像工具。

活动过程：

（一）情境引入，给出任务

设置情境，介绍解绳结任务，鼓励幼儿积极参与。

师：你能不被故事影响，专心解完绳结吗？

（二）幼儿尝试解完一根彩带上的全部绳结

1. 幼儿解绳结，教师播放绘本故事《小猫钓鱼》，并摄像记录。

师：老奶奶请小朋友们帮忙解完一根彩带上的全部绳结就可以看故事了，可是她不喜爱做事不专心的小朋友，没解完绳结不做其他事情，能做到吗？

师：解完的小朋友摇动你的彩带我就知道了。

2. 播放录像，幼儿议论。

师：有的小朋友虽然解得慢，可是他坚持解完了 6 个绳结。

师：（播放录像）你感觉你自己哪里做得好，哪里做得不够好？下次你会怎么做？

3. 教师总结。

师：要记得自己的任务，有头有尾，坚持做完。还要专心地做，不要被其他事情影响而分了心。

（三）幼儿再次尝试解绳结

1. 幼儿解第二根彩带的绳结，教师播放绘本故事，并摄像记录。

师：我们再试一次，解完全部的绳结，举起来让老师看到。此次你会不会被故事影响了？

2. 播放录像，幼儿议论。

师：（播放录像）你感觉自己这一次哪里进步了？感觉自己进步了的小朋友挥一挥你的彩带喝彩一下。

（四）挑战解更多的绳结

师：这儿还有被猫弄得更乱的彩带，有 10 个结，你能坚持解完再看绘本故事吗？完成任务后挥一挥你的彩带告诉我。

（教师：张京）

三、区域活动

（一）图书区

将绘本投放在图书区，引导幼儿通过自主阅读、同伴共读等形式，仔细观察画面及人物表情，联系前后页内容用连贯的语句讲述故事，加深对故事的理解。

（二）益智区

鼓励幼儿玩儿一些需要耐心的玩具，如多米诺骨牌。鼓励幼儿认真拼摆，坚持完成一组骨牌，体会最后胜利的成就感。

四、一日生活

1. 在区域游戏和自主游戏中，当幼儿遇到困难时，引导幼儿联想小脾气的故事，尝试静下心来仔细想办法解决问题，耐心完成游戏。

2. 当孩子做到耐心时，不要吝惜夸奖，及时给予肯定与表扬。

五、环境创设

主题墙：我有耐心

主要分为三个板块：耐心是什么？做哪些事需要耐心？耐心大比拼。在"耐心是什么"板块中，通过集体讨论的方法，拓宽幼儿思路，引导幼儿积极思考，说一说自己理解的耐心是什么，初步了解耐心。在"做哪些事需要耐心"板块中，通过画一画的形式，调动幼儿已有的社会经验，将自己日常生活中需要耐心做的事画出来，帮助幼儿进行总结梳理，知道在我们的日常生活中很多事情都需要耐心去做才能成功，进一步加深幼儿对耐心的理解。在"耐心大比拼"板块中，组织幼儿沿图案轮廓粘贴豆豆，比比谁用的时间最短，粘得最牢，幼儿记录比赛结果，体验耐心做事的好处。在比拼过程中，会出现豆豆粘不牢、胶棒粘手又粘纸、怎么都粘不住的情况，这就是考验孩子们有没有耐心去克服困难，坚持完成的机会。

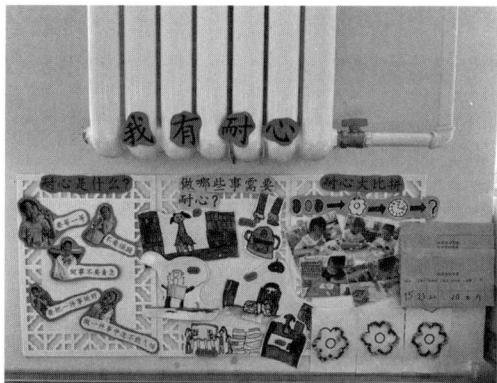

六、家园共育

亲子共读

◆今天老师给小朋友们带来的故事叫《小脾气》。

通过故事，小朋友们想一想：

1. 你们做事情没有耐心时，事情做成了吗？

扫码看视频

2. 你是如何解决自己没有耐心这个问题的?

3. 我们要怎么让自己更有耐心呢?

◆家长指导:

家长可以引导幼儿在家多做一些关于培养耐心的事情。如画画、与幼儿共同阅读绘本故事、听一听舒缓音乐等。当幼儿出现不耐烦、急躁的情绪时,及时对幼儿进行安抚,也可利用绘本中的语言来稳定其情绪并鼓励幼儿再次尝试,在每一次尝试过程中引导幼儿学会面对事情时不急躁,有条理地完成琐碎的事情。倡导家长合理地给予孩子延迟满足,慢慢培养孩子的耐心。

(教师:赵骞禹)

文章推送《和您聊聊娃的那些事儿——耐心》

各位家长朋友:

本月我们迎来了耐心品格,那么什么是耐心呢? 耐心是指做事情不急躁、不厌烦,是反映幼儿做事情认真细致不潦草的过程,是幼儿排队时的不争不抢、是幼儿遇到困难时的反复尝试,是幼儿轮流时的安心等待……

中国有句俗语"心急吃不了热豆腐",西方哲人柏拉图也曾说"耐心是一切聪明才智的基础"。对幼儿来说,缺乏耐心会直接影响其学习行为,如做事半途而废、注意力不集中等,因此我们要重视对幼儿耐心品格的培养。

一、情景再现

我们在生活中常常会发现孩子在某一时刻会出现这些行为,如交流时不注意倾听别人讲话、排队时爱插队、游戏时频繁调换玩具、遇到困难或者不如意的时候总是发脾气或者大哭大闹……这些行为是缺乏耐心的表现,孩子们"等不及""不能坚持"或"三分钟热度"做事情都与缺乏耐心有关。

二、老师会这样做

1. 在集体教育活动过程中,引导幼儿能耐心倾听他人讲话,不随意打断、插话,想要讲话时要举手或者询问对方:"我可以说一说吗?"

2. 在区域游戏环节,教师会引导幼儿耐心地遵守基本的社会规则,如小班幼儿"在成人提醒下,能耐心地将玩具一一送回家";中班幼儿"能基本遵守玩具收纳规则,耐心地将玩具物归原处";大班幼儿"能一起协商制订玩具收纳规则,并遵守规则,耐心地收纳玩具"。

3. 在自主游戏环节,教师会提醒幼儿不要随意更换玩具,要有耐心地完成某一件事情,如户外游戏中,幼儿能坚持自主探索皮球的玩法,不随意更换体育器材。

4. 当有幼儿在生活或游戏中遇到困难时，教师会利用这个契机，鼓励幼儿自主寻找解决办法，可以主动向老师寻求帮助，不大哭大闹或轻易放弃。

5. 教师会利用班级中的植物角，引导幼儿每天观察和照顾自己带来的植物或动物，并为动植物拍照记录，培养幼儿的坚持性和耐心。

三、家长可以这样做

我们了解了教师是如何培养幼儿耐心品格的，那么家长朋友们可以怎么做呢？我们一起来看看德耕教育专家夏婧博士是如何讲的。

视频看完了，让我们再一起回顾一下吧。

1. 为孩子树立良好的学习榜样。

2. 有意识地延迟满足孩子的需求。

3. 设置有趣的游戏，专门培养孩子的耐心。

4. 给孩子营造耐心环境。

扫码看视频

四、居家小游戏

小朋友在家里就可以玩一些培养耐心的小游戏哦！请爸爸妈妈准备好材料，我们一起游戏吧！请孩子在活动后帮忙清理桌面，这也是培养耐心的必要环节。

1. 看谁搭得高。

材料：纸杯、纸或卡片若干。

玩法1：先放一个纸杯，然后在纸杯上放一张纸，再向上放一个纸杯，再向上放一张纸……看谁摞得又高又稳。

玩法2：每两个杯子上方叠放一个杯子，第一层很重要。看谁围的"城墙"又坚固又高大。

家长可以和小朋友比一比谁搭得高。在游戏过程中难免会出现碰倒纸杯的情况，家长可以在培养孩子专心、耐心做事能力的同时，培养孩子的抗挫能力。

2. 立鸡蛋。

材料：3～10个熟鸡蛋。

玩法：尝试将这些鸡蛋都立起来，千万不要碰倒已经立好的鸡蛋。

这个游戏可以锻炼孩子的小肌肉控制能力和耐心品格。家长还可以和孩子一起探索熟鸡蛋可以立起来的科学原理。

3. 制定一日生活安排表。

材料：一张纸、水彩笔。

内容：根据孩子每天的作息，陪同孩子合理地制订一天的生活计划。还可以加入一些家务劳动，鼓励孩子按要求完成，每天坚持，并适当地给予孩子一定的奖励。这个小游戏可以培养孩子的时间管理能力和耐心做事的能力。

五、绘本推荐

1. 品格故事《妈妈，买绿豆！》。

故事启示：故事以小主人公的视角展开。孩子跟妈妈一起买绿豆、煮绿豆汤、冻绿豆冰沙，还有种绿豆、观察它的生长过程等。这些稀松平常的小事中呈现出亲子温馨美好的场景，孩子的每一次体验都是培养耐心品格的过程。

扫码听故事

2. 品格故事《西西》。

故事启示：这是一个相当热闹的故事，有很多人在踢毽子、跳房子、丢沙包、荡秋千……只有一个小女孩西西，在喧嚣的人群里安静地坐着。故事在结尾处为我们揭开了谜底，原来她是在进行一项伟大的工作——给一位画家当模特儿。故事告诉我们，当我们为了完成一件非常有意义的事而坚持不懈地努力时，难免会感到孤独，但也一定会在坚守中开出高贵的花朵。

扫码听故事

3. 品格故事《公鸡的新邻居》。

故事启示：从前公鸡一直是一个人自由自在地生活，直到有一天隔壁搬来了一个新邻居，公鸡希望能和它成为朋友，可它却怎么也遇不到这位神秘的新邻居，于是它为此想了很多办法……故事不仅让我们感受到公鸡结交新朋友的快乐，还告诉孩子们，即使是性格、习惯差异巨大的人，只要本着真诚、耐心去交往，也可以成为好朋友。

扫码听故事

4. 品格故事《阿利的红斗篷》。

故事启示：牧羊人阿利为自己做了一件漂亮的红斗篷，从剪羊毛到梳、纺、织、缝衣服……不仅让孩子获得衣物制作的基本知识，而且从中感悟到辛勤劳动后的快乐和锲而不舍的精神。

扫码听故事

亲爱的家长朋友们，随着社会不断的发展，孩子面临的挑战也在不断增多，拥有较强的耐心，会让孩子在学习和生活中更好地面对挫折、压力和困难，变得更自信、更优秀。因此，让我们一起来培养孩子的耐心品格吧！

（教师：陈璐、冯苋）

第八章

品格培养相关经验分享

落实立德树人根本任务，培养幼儿良好社会品格

铁艳红

党的十八大提出，要把立德树人作为教育的根本任务。立德树人在学前教育工作中呈现出的教育重点就是对于幼儿品格培养的重视。在充分借鉴、总结、概括前人理论成果的基础上，我园立足于园所的实际情况，探索以绘本为载体，开展秩序、独立、礼貌、感恩、积极、耐心等幼儿良好社会品格教育的有效方法与策略，丰富幼儿品格发展的策略研究，帮助教师解决实践困惑，完善教育策略，并逐渐形成和完善幼儿品格教育的园本课程，为促进大中小各年龄班幼儿的品格发展奠定基础，并在一定程度上提高教师和家长的品格教育水平。

一、培养中班幼儿"不大声喧哗"秩序品格的有效方法

针对幼儿在公共场合中常有大声喧哗、乱跑乱叫的问题，我们在实践中从幼儿一日生活出发，从幼儿感兴趣的绘本、班级墙面环境、幼儿自主意识三个角度来探索实践，运用了：①投放幼儿感兴趣的绘本，如《大声吼叫的小狮子》；②围绕绘本创设墙面环境；③利用提示牌帮助幼儿形成"能够根据场合调节自己说话音量大小"的自主意识等方法与策略，为培养幼儿"不大声喧哗"这一秩序品格提供了有效的帮助，同时也针对中班 4～5 岁儿童秩序品格教育给家长一些可供参考的可行措施。

二、借助绘本阅读互动在家园共育中促进幼儿积极品格的发展

在幼儿园的各种教学活动中，互动贯穿着整个活动过程。在绘本阅读中，良好的互动策略也决定着活动的有效性。我们在实践中，通过在区域游戏中利用绘本阅读互动的形式促进幼儿积极品格的发展，在集体教育活动中借助绘本互动促进幼儿积极品格的发展，在家园共育中借助绘本互动促进幼儿积极品格

的发展。互动不仅拉近亲子距离，促进亲子沟通，也能让家长参与孩子成长的过程，掌握指导家园共育的有效方法和策略，这对幼儿终身学习与发展的意义不可小觑。

三、探索依托绘本教育培养幼儿独立品格的方式与策略

当幼儿进入幼儿园，便迈出了由家庭走向社会的第一步，也意味着幼儿要逐渐摆脱对父母的依赖，依靠自己的能力来独立完成任务，并且获得积极的情绪情感体验。而绘本通过浅显易懂的图片和文字对幼儿审美观、学习观产生了积极的促进作用。实践中，我们将绘本教育与幼儿独立品格培养相结合，通过挖掘绘本的价值，激发幼儿独立意识；分年龄段开展多种形式的独立品格绘本教育活动；将绘本与游戏区相结合，创设独立自主的游戏环境；家园携手，共同促进幼儿独立品格发展，培养幼儿独立自主的优秀品格。

四、巧用绘本开展小班幼儿感恩品格教育

小班幼儿年龄小，缺乏安全感，常常表现出喜欢独来独往的行为，在与同伴交往中出现了拒绝同伴、自我保护意识过强以及以自我为中心等现象。为了解决这个问题，培养幼儿对同伴友好、接纳、关爱之心，教师从引导和帮助他们感受集体温暖、愿意亲近信任老师、同伴和身边人这方面入手，同时以语言教育活动为形式，选择适合小班幼儿易于理解的绘本开展感恩品格教育。在此过程中，教师也结合自身多年教学经验，观察分析幼儿的行为表现，注重其社会性发展，融入体验式交往活动，希望通过活动让幼儿学会知恩、感恩。

五、在实践中探索促进小班幼儿积极品格的发展策略

积极是一种正向的、愉悦的、阳光的情感体验；积极是看待事物的一种热情、乐观的态度；积极是个体健康成长并获得成功的重要心理基础；积极同样是一种良好的学习品质。3～4岁的幼儿刚刚步入幼儿园，初次离开家庭来到幼儿园中，他们往往很难控制自己的欲望与情感，因此培养其积极的情绪，发展其积极的行为尤为重要。结合幼儿情况，我们以绘本故事为基础，通过亲子阅读、环境创设、家园共育、教育活动等方式来开展一系列活动，从而促进幼儿积极品格的养成。

培养中班幼儿"不大声喧哗"秩序品格的有效方法

张宇桐

品格是一个人的基本素质。秩序品格，便是在培养品德时体验事物存在和

发展的规则。在中班幼儿的一日生活中，秩序品格的培养更多地体现在社会秩序上，例如幼儿要遵守一日生活常规中的要求，要遵守共同制订的班级公约等。在家庭教育中，秩序品格则更多地体现在能自主有序地做事、规律生活中。中班幼儿处在能力发展的过渡期，他们的语言能力逐渐加强，社会规则意识初步形成，是学习习惯养成的关键期。

一、从中班幼儿的社会表现明确研究方向

我们从"自我管理""人际交往""社会规则"三个维度作为评价中班幼儿秩序品格的出发点，依据《指南》制定了这三个维度的评价指标，其中中班幼儿的"社会规则"行为表现有：在家中，幼儿身心环境相对放松，和家人交流的时候往往有一点情绪波动便会大声叫喊，企图用音量表达自己的心情。在幼儿园和同伴游戏、交流时，也经常会高声地叫喊，对其他幼儿的游戏过程和教师的教学组织产生了极大影响。基于这类现象，我利用随机取样的方式对老师和家长进行调查，结果显示仅仅有 40% 的幼儿能做到"不大声喧哗"，40% 的幼儿偶尔会出现，还有 20% 的幼儿总会出现这种情况。同其他行为习惯相比，本班幼儿在遵守此社会规则的表现较弱。因此，在制订培养秩序品格教育重点中，我们选择了将"在公共场合中不大声喧哗"作为教学研究重点。

二、制定培养幼儿"不大声喧哗"秩序品格的有效方法

1. 利用有趣的绘本，调动幼儿兴趣。著名科学家爱因斯坦曾说过："兴趣是最好的老师"。在幼儿园生活中，各种有趣的绘本深受孩子们喜爱，所以我们首先将绘本作为引导幼儿遵守"在公共场合不大声喧哗"这一规则的首要措施。基于本次秩序品格培养的重点和中班幼儿阅读的发展水平，我们选择了《大声吼叫的小狮子》这一绘本作为教学材料。绘本采用图文结合的形式，讲述了狮子小吼在家中经常大吼大叫的故事。故事简单易懂，画面夸张有趣，深深抓住了孩子们的兴趣点。在阅读活动中，我们带领幼儿用表演的方式情景再现了绘本中的故事情节，孩子们不仅能够纷纷参与到故事的讲述表演中，也能够准确地说出被吓到的爸爸妈妈是怎样的心情，引导孩子换位思考，深深刻画了小吼大声说话会影响他人的形象。

2. 利用墙面环境，帮助幼儿提升经验。墙面环境是构成班级文化的重要组成部分。在环境创设中，我们首先引用了孩子们都很喜欢的绘本故事《大声吼叫的小狮子》，将绘本中的重点内容展示在墙面环境上，孩子们看到后纷纷指出了小吼做得不对的地方，并且我们将幼儿总结的正确交往行为用简笔画的形式展现出来。接着箭头指向旁边小朋友的形象，提醒幼儿换位思考："如果你是被吵到的人，会有怎样的感受？"教师将孩子们的想法收集整理，利用简

笔画和简单文字呈现在环境中。换位思考不仅能帮助幼儿养成替他人着想的习惯，还可以培养孩子在交往中保持同理心。接着利用"嘘"和问号的标识、大喇叭和问号的标识提问幼儿："那什么时候我们需要轻轻地或者安静不说话呢？哪里又需要我们大声说话呢？"根据这个问题，我们后续又开展了相关的谈话活动，并且鼓励孩子们将自己的想法用简单的符号和图画记录下来做成展示画，贴到不同区域相应的环境中。

3. 利用自制提示牌，培养幼儿自主意识。在谈话活动中，老师问道："班里的小朋友如果在很大声地说话，我们应该怎么办？"其中孩子们回答的最多的就是"我们应该提醒他！"那么如何提醒呢？基于生活经验我们发现，生活中我们经常会使用音量键来控制音量。于是，教师和孩子们一起绘制了一张"音量提示图"，图片上不仅有幼儿园日常生活中不同的地点，还有相应的喇叭图案和 3 个空白的音量格。由孩子们分组讨论后，结合不同的地点涂上适当的音量格子：小声交流的地方（如图书区、睡眠室）用涂满一格表示；正常音量说话的地方（如班内其他区域）用两格表示；可以大声说话的地方（如操场、大型玩具处）用三格表示。然后幼儿按照分组，一起将提示牌贴在了相应的位置上。教师只做引导，不同区域的音量由幼儿共同商议后决定。这一活动的目的在于：用静态提示代替了老师的口头提示。当幼儿观察到音量提示牌并能够自主调节说话的音量时，也从被动提示转为自主意识。

三、结论

继系列活动两个月之后，我们再次针对能够"不大声喧哗"进行了调查，结果显示总会出现这种情况的幼儿数量有很大的减少，在区域活动中，教师们还能听到孩子们之间相互提示控制音量的声音。综上所述，在中班幼儿"不大声喧哗"这一秩序品格的教育中，以绘本引发兴趣，进而利用环境提升经验，最后自制提示牌培养自主意识这一系列措施是有效且可实施的。孩子们不仅从自身行为上减少了大声喧哗的现象，也会潜移默化地影响着自己的同伴。我想这种对于社会规则的自然认同，才是秩序品格教育最重要的目的。

借助绘本活动促进中班幼儿积极品格的发展

孙 娟

《指南》中提出，健康指人在身体、心理和社会适应方面的良好状态。幼儿阶段是儿童身体发育和机能发展极为迅速的时期，也是形成安全感和乐观态度的重要阶段。恰当的情感应答关系能够使儿童的正当需求得以顺畅表达，由此带来的安全感、自我悦纳感和惬意感是幼儿形成积极品格的心理基础。因此，幼儿阶段应注重培养积极品格，加强情绪情感方面的教育，这对于幼儿的终生教育来说是个良好且有意义的开端，在幼儿园着眼于人的整体素质提高方面也能产生积极的效应。

在绘本活动中，良好的积极品格也决定着活动的有效性。那么，如何借助绘本活动促进中班幼儿积极品格的发展呢？根据《纲要》的基本要求，要把握幼儿所处年龄段的特征，尊重其认知水平与兴趣爱好，提供不同体裁的文学作品，动静结合，妙趣横生，能够吸引幼儿关注，激活想象力与表达力。在集体教育活动中、区域游戏中、家园共育中借助绘本阅读促进幼儿积极品格的发展。

一、在集体教育活动中借助绘本活动促进中班幼儿积极品格的发展

教师在开展绘本教学的过程中，不仅要挖掘绘本中显性的积极心理因素，也要关注到其中所蕴含的隐性的积极心理因素。绘本中显性的积极心理因素是绘本中直接传达出来的人物形象的优秀特点与品质，幼儿能够依靠自己的视觉以及直观的思维察觉出来。例如绘本《好心情》，早上一起床，胜宇就闻到了诱人的排骨香味，他的心情一下子好起来。可是，妈妈的一句话让他的心情又低落下来。过了一会儿，胜宇又生气了。后来胜宇感受到了爸爸妈妈对他的爱。故事中胜宇心情跌宕起伏的变化告诉我们：人有很多种情绪，包括开心、伤心、生气、愤怒等，自己一个人生闷气是不能解决问题的，要通过沟通说出自己的想法和感受。学会控制情绪的变化，做情绪的小主人，体验好心情带来的快乐。这些接近幼儿真实生活的场景，很容易被他们模仿学习，进而教会他们从乐观地面对生活中小小的困难开始，逐渐获得自信与勇气这种积极的心理品质。绘本中隐性的积极心理因素是指绘本的文字与内容不带有明显的积极心理因素，但在绘本内容的背后却蕴含着积极的心理品质。如美国作家李欧·李奥尼也创作了一本与"勇气"相关的绘本《小黑鱼》，虽然在绘本中并没有提到与"勇气"相关的文字，但阅读下来会发现，无论是对小黑鱼眼睛细节的描写，还是运用不同的绘画技法勾勒出的小黑鱼的身体，都突出了小黑鱼的与众不同，为它后面带领小红鱼们与金枪鱼勇敢战斗埋下深深的伏笔。同时，绘本中不同情节的切换也暗喻小黑鱼在逆境中积极向上，在挫折中不断成长。因此，无论是对绘本中显性积极心理因素还是隐性积极心理因素的挖掘，对幼儿积极心理品质的培养都有着十分重要的意义。除此之外，图文信息投射出的教育契机，不仅可以延伸到不同领域，也会有不同的教学形式展现。例如对绘本主人公对话、动作的模仿，可以生成区域表演游戏，培养幼儿的想象力与创造力；可以生成集体音乐游戏，让幼儿在轻松愉快的环境中习得积极的心理品质；也可以延伸到美术活动中去，通过绘本、手工作品等方式来表达自己内心

积极的情感体验。教师只要善于挖掘和保护幼儿的好奇心、兴趣、求知欲，就会发现绘本中还有许许多多的元素可以被用来培养幼儿的积极心理品质。

二、在区域游戏中利用绘本活动促进中班幼儿积极品格的发展

从幼儿的角度出发，其本身的认知能力是有限的，模仿练习以及实际操作是其学习和提升的重要渠道。在区域活动中，表演游戏就为幼儿的进步提供了一个学习和实践的路径。表演游戏主要指的是老师选择一个具体的文学作品，然后经过探讨和了解，使得幼儿对于文学作品中的具体情节以及主要人物的情绪状态有较深刻的印象。老师在讲述完文学作品之后，又要为幼儿创立一个相似的表演情境，然后提供相关道具，引导幼儿通过模仿诠释文学作品中出现的角色，将其表演出来。选择表演游戏，可以培养幼儿的情绪调节能力。因为模仿是孩子的天性，通过对于文学作品的感知和调节，其情绪就容易受到主人公的影响，就会产生自然的模仿行为。表演游戏有助于幼儿将这种模仿需要表达出来，为自己的情绪表达奠定基础。通过对表演过程的分析我们发现，幼儿的几种基本情绪中，对于"开心"和"生气"的表达更加富有张力，分析其主要原因可能是受到家庭环境的影响作用——家长更乐于表达自己高兴或者是生气的情绪，而对于恐惧或者是伤心这种负面情绪，通常就隐藏起来，怕影响到幼儿的成长。

三、在家园共育中借助绘本活动促进中班幼儿积极品格的发展

站在家庭的角度，家庭应该配合幼儿园进行幼儿积极品格的教育。家长发现孩子的积极情绪调节能力提高的时候，要予以表扬和支持，鼓励其积极性，当其遇到困难的时候，家长要予以指导，若不能妥善地处理，就应该寻求专业老师的帮助。除此以外，家长要营造良好的家庭氛围，和孩子多谈心交流，注重领导其阅读情绪类的绘本，在具体的阅读过程中，帮助孩子提升积极的情绪调节能力。总而言之，家长就是孩子最好的后备支援。

总之，借助阅读绘本促进幼儿积极品格养成是一项需要全社会作出努力的系统工程，让我们为孩子深埋"悦"读的种子，用阅读点亮童年，让我们的生活弥漫着书香气息，让孩子在阅读中诗意地栖居、愉快地成长。

依托绘本教育培养幼儿独立性的方式与策略

赵松阳

当幼儿进入幼儿园，便迈出了从家庭走向社会的第一步，也意味着幼儿要逐渐摆脱对父母的依赖，依靠自己的能力来独立完成任务，并且获得积极的情

绪情感体验。而绘本作为幼儿最熟悉的物品之一，通过浅显易懂的图片和文字对幼儿审美观、学习观产生了积极的促进作用。本文主要介绍将绘本教育与幼儿独立性培养相结合，通过幼儿园日常教育活动、区域活动、家园共育等形式，培养幼儿独立自主的优秀品格。

一、幼儿独立性培养的重要性

独立伴随着勇敢、自信、认真、专注、责任感和不怕困难的精神，贯穿于幼儿的一生，在幼儿的发展中占据了重要作用。独立性较强的幼儿能够较快地适应环境与社会的发展，有较强的交往能力；独立性相对较差的幼儿缺乏自信心，比较容易出现不良的情绪，例如沮丧、萎靡不振以及焦躁等。所以在幼儿时期，独立性的培养至关重要。

二、利用绘本培养幼儿独立性的策略

（一）挖掘绘本的价值，激发幼儿独立意识

在选择绘本方面，要选择符合幼儿年龄特点，内容容易理解，逻辑清晰、画面色彩丰富的绘本，才能最大限度发挥其教育价值。例如，小班幼儿第一次离开家人来到幼儿园，要试着独立面对新的环境，所以在开学初我们在班级图书区投放了关于爱与成长的绘本，如《我不想离开你》《魔法亲亲》《逃家小兔》等，这些绘本都有一个共同点：以图画为主且画面颜色亮丽，温馨自然，内容简单易懂，符合小班幼儿的阅读特点。通过老师伴读、幼儿自读等方式，帮助幼儿认识到虽然来到幼儿园暂时离开了父母，但父母对自己的爱并没有减少，以此帮助其适应幼儿园生活，迈出独立的第一步。

（二）分年龄段开展不同形式的独立性绘本教育活动

在幼儿独立性培养方面，小、中、大班的侧重点各有不同，所以在开展教育活动时，我们也结合绘本组织不同形式的教育活动，培养幼儿的独立性。

1. 情境式教育活动。小班幼儿喜欢模仿，喜欢拟人化的活动。在社会活动"我会整理"中，通过绘本《找袜子》中小女孩露露乱扔袜子的故事引入，为幼儿创设了一个衣服乱扔、房间乱乱的情境，请幼儿来当房间小管家，帮助露露找到相应衣服并把它们叠整齐放好。在体验过程中，幼儿知道只有把衣服叠整齐放到衣柜里才不会乱，从而鼓励幼儿自己整理物品，感受独立做事的满足和快乐。

2. 体验式教育活动。中班幼儿的主动性和积极性增强，愿意在日常活动中主动思考，尝试自己独立做事、解决问题。但同时我们也发现，由于幼儿存在个体差异，能力不一，有些幼儿无法靠自己解决问题但又羞于启齿。在绘本《不会做，没关系》中，小男孩遇到了一系列困难，他哭着告诉妈妈"我不会

做"，而妈妈则告诉他"不会做，没关系，只要努力练习就一定能学会"。我们借助绘本情境开展了体验活动，由小朋友扮演故事中的妈妈，老师来扮演故事中的小男孩，通过模拟绘本中的情境对话来告诉孩子，现在不会做不代表永远不会，只要我们努力坚持就一定能够学会新本领，提升幼儿的自信心。

3. 小组式教育活动。大班幼儿合作协商能力增强，分组活动成了大班教育活动中的主要形式。在绘本活动《奶奶的膝盖兜儿》中，幼儿以小组为单位对家里的长辈开展了"感恩大调查"，每组幼儿自己商量分工，每人确认好自己负责采访调查的部分，回家采访完长辈后将结果记录在调查表上，第二天在活动中分享。活动可以培养幼儿之间的合作交往能力和独立完成任务的责任意识。

（三）将绘本与游戏区相结合，创设独立自主的游戏环境

游戏区作为幼儿一日生活中必不可少的部分，也承担着很重要的教育作用。将幼儿喜爱的绘本人物形象投放到游戏区中，为幼儿创设一个寓教于乐的游戏环境。绘本《阿立会穿裤子了》讲述的是一个叫"阿立"的小男孩从不会穿裤子到会穿裤子的过程中发生的好玩又好笑的故事。我们将"阿立"的形象做成玩偶投放到小班娃娃家中，在小床旁边还放了绘本中出现的裤子、衣服、小动物，这样一来，小班幼儿在给"阿立"穿衣服的过程中既锻炼了自理能力，又消除了对于新环境的紧张感。

（四）家园携手，共同促进幼儿独立性的发展

幼儿独立性的发展离不开家庭的教育。为更全面地了解家长对于幼儿独立性的认识，我们围绕着独立性的不同维度设计了家长调查问卷。通过结果统计，我们发现家长普遍认为幼儿能够在家中独立穿衣进餐、自己整理物品，但在敢于尝试完成有一定难度的任务，遇到事情能够自己先想办法解决的维度上能力不够。结合家长调查结果及园所品格教研活动，我们开展了"家园共读一本书"的活动。老师围绕着家长关心的内容录制与其相关的绘本故事，并从专业角度给予家长在家中培养幼儿独立性的策略与方法，请家长和幼儿在家共同观看，并鼓励家长在家中尝试，借此来达到家园携手促进幼儿独立性发展的目的。

幼儿独立性的培养并不是一朝一夕就可以完成的，它需要幼儿园、家庭和社会的长期共同努力。作为老师，我们也将探索更多的实践活动来培养幼儿独立自主的能力，为幼儿一生的发展打下良好的基础。

巧用绘本培养小班幼儿感恩品格的策略研究

许小雪

《纲要》中提出爱父母、爱同伴、爱家乡、爱祖国的育儿目标，要求幼儿

学会感恩，同时根据本班幼儿出现的以自我为中心的问题，引导幼儿在生活中学习尊重他人，并对他人怀有感恩之情。

一、利用绘本开展感恩教育的优势

幼儿园阶段的孩子具有认知水平低、抽象思维水平低、理解能力较差的特点，这就决定了对幼儿进行感恩教育不能空泛地说教，应根据幼儿的年龄特点、实际发展水平及问题，采用符合幼儿认知特点的方式进行教育。绘本集趣味性、艺术性、教育性等于一体，是最适合对幼儿进行感恩教育的载体。

二、结合小班幼儿年龄特点，巧用绘本开展感恩教育活动

小班幼儿爱模仿，在模仿中获得知识经验。模仿可以成为孩子的学习动机，也可以成为学习经验的过程。因此，教师借助小班幼儿爱模仿这一特点，利用绘本开展感恩教育活动。

三、如何利用绘本开展感恩教育

（一）巧用绘本为感恩教育打基础

1. 选择绘本。感恩教育不是一蹴而就的，而是一步步、递进、体验式深入开展的。幼儿现处于小班下学期，同时也是小班与中班过渡时期，在老师的引导下，有意识地关注周围身边的人，是近期培养的目标。本班幼儿胆子较小，不爱说话，与人沟通能力较弱，关注和自己有关的人意识较弱，但模仿能力强，于是先从观察身边为我们做事的人入手，如保健医、厨师、保安等，了解其对我们的关爱与付出，共同讨论心理感受及怎样表达对他们的感谢。第一，结合问题，教师经过讨论、筛选最终确定一本相关的绘本开展活动；第二，选绘本时，考虑绘本的角色形象、情节、色彩等是否便于幼儿理解，能否带来情感上的体验，从而有效激发幼儿的情感发展。

2. 研读绘本。根据幼儿爱模仿、肢体协调的发展特点，选择了《我会打招呼》这一绘本，借助绘本中丫丫的形象开展丰富的体验式活动。①推荐理由：因丫丫受到小猪的帮助很开心，他决定和妈妈一起上门感谢小猪，同时在路上看到小动物有困难，能有意识地模仿小猪的行为上前帮忙。绘本内容轻松有趣，情景生活化，很容易引起孩子共鸣，初步养成感恩意识。②自我意识：有意识地关注关心与帮助自己的人，并愿意主动表示感谢。③筛选绘本中适宜的内容，根据幼儿实际问题，进行有针对性的运用、指导。

3. 巧用绘本。先为幼儿讲述绘本《我会打招呼》，认识丫丫的形象，重点体会小猪帮丫丫做事情的环节，在老师的引导下尝试理解丫丫的心情。将绘本进行讲述录制，分享到班级家长群中，指导家长在家通过亲子阅读的方式，帮

幼儿巩固故事内容中的重点情节，关注家长都为自己做了哪些事，鼓励幼儿用丫丫的方式与家长互动。

然后，借助绘本中的丫丫形象，结合小班幼儿爱模仿的特点，在日常生活各环节中开展活动。①入园时，将丫丫的形象贴在班级门口，并播放"小朋友早上好，小心台阶别摔倒"，引导孩子听到后，愿意去和丫丫互动说"丫丫早上好，谢谢你"。随后又对游戏进行了改进，请幼儿扮"真人版"丫丫迎接小朋友入园，与小朋友互动。②与孩子一起讨论"当别人关心你时，你开心吗？"的话题，引导幼儿产生关爱同伴的行为。③创设"我爱丫丫"温馨角落，投放有录音功能的鸭子玩具，幼儿可对未来园、请病假、自己喜欢的同伴录一段话，教师将录音发到家长群中，鼓励家长与幼儿一同倾听，让幼儿知道同伴对自己的关心与想念。

（二）巧用绘本开展家园感恩教育活动

1. 让绘本"动"起来。通过对绘本内容的理解，家长录制故事，利用线上"家长进课堂"的形式，将录好的故事发到班级群里和孩子互动，为孩子提供向家长表达感谢的机会。

2. 让绘本"活"起来。利用角色游戏"丫丫的家"创设游戏情景，将家人关心、照顾自己的照片分享到班级群里，体现在环境创设中，引导幼儿在游戏时观察模仿，换位感受。

3. 让绘本"变"起来。根据幼儿实际，鼓励家长创编故事，可制作成图书投放在图书区；也可以录制音频，放在"我爱丫丫"的温馨角落里播放，还可以通过视频互动的形式，直观地感受家人对自己的关心与爱。

幼儿的感恩教育不是靠一节活动就可以完成的，而是通过多种形式从意识转化为行为，在活动中、情感体验中、循序渐进地对幼儿进行培养并加以巩固。只有把感恩教育融于幼儿生活、家庭教育之中，才能不断巩固，使感恩教育效果最大化，让幼儿真正懂得识恩、感恩、报恩和知恩。

在实践中探索促进小班幼儿积极品格发展的策略

苗 阳

3～6岁是孩子身心发展的重要阶段，在这一阶段，孩子们的好奇心、模仿能力强，探索能力、认知能力都在飞速地发展，培养幼儿积极、乐观、正向的品格至关重要。研究表明，具备这种积极品格的人，会有更好的社会道德和社会适应力，能用积极的心态去面对困难与挑战，有较好的人际交往能力，同时身体往往会更健康。著名教育家陶行知曾说过："幼儿比如幼苗，培养得宜，方能发芽滋长，否则幼年受了损伤，即不夭折，也难成材。"3～4岁的幼儿刚刚步入幼儿园，初次离开家庭来到幼儿园，他们往往很难控制自己的欲望与情感，这就需要我们老师培养其积极的情绪，发展其积极的行为。因此，积极品格的启蒙对于小班幼儿来说同样刻不容缓。结合本班幼儿情况，我们制订了本班的积极品格培养方案，具体策略如下：

一、借助绘本故事萌发幼儿的积极意识

绘本故事深受孩子们的喜爱，有趣的画面、丰富的故事、可爱的故事人物，总能引起孩子们的兴趣。基于此现象，我们筛选出了一本符合本班幼儿发展情况，贴近幼儿生活的绘本故事《我会这样做》。通过对绘本故事的倾听与观看，孩子们知道了什么是积极，遇到困难时应该像故事中的主人公龙妹妹一样用乐观、积极的态度去面对。通过绘本故事的引入，幼儿对积极这一词语有了初步的认识。

二、通过集体教育活动在幼儿心中播下积极的种子

在小班初期总有小朋友会这样对老师说："老师这个我不会！""老师您帮我穿衣服！""老师您帮我叠衣服！""老师您帮我……"刚上幼儿园的小朋友在各方面的能力上都有所欠缺，离开了爸妈的包办代替，幼儿在心理和能力上都表现得消极和不自信。因此我们针对本班孩子的现状，开展丰富的教育活动，如"我会这样做""我能自己穿""我是最棒的"等教育活动。在教育活动中帮助幼儿树立了自信心，让幼儿知道"遇到困难我不怕，我很棒，我能行！"鼓励幼儿用乐观、积极的态度去面对生活中的任何事。

三、通过亲子阅读让幼儿的积极品格生根发芽

小班幼儿喜欢听故事，更喜欢爸爸妈妈陪着一起听故事。针对幼儿这一特点，我们老师将绘本故事录制成小视频，发送到班级群中与小朋友和家长一起欣赏。还通过"睡前故事"的方式请家长收集有关积极的故事，利用温馨的亲子阅读形式，让幼儿在不同的故事中感受积极的力量。亲子阅读的形式不仅让幼儿对积极的态度和积极的行为有了更深的认知，同时也传递给家长们一个重要的信息：积极品格的树立与培养对幼儿来说至关重要。家长也应该重视幼儿积极品格的培养，在家园共育的模式中，配合教师共同培养幼儿的积极品格。

四、通过丰富的儿歌助力幼儿积极品格的茁壮成长

小班幼儿自理能力弱、自我服务意识欠缺，究其原因还是幼儿对方法与技能的不了解。因此我们将幼儿的自理能力转化成了幼儿喜欢并乐于接受的儿歌形式。如穿衣服儿歌、系扣子儿歌、叠衣服儿歌等，这些朗朗上口的儿歌像土

壤、雨水一样滋养着幼儿的积极品格，孩子们一边说儿歌一边做动作，以游戏的形式快乐地学习了穿衣服、叠衣服等的好方法。这样不仅促进了幼儿自理能力的发展，而且帮助幼儿树立了自信心，让幼儿在轻松、愉悦的游戏中学会更多的技能，从而能够用积极的态度去迎接任何挑战，催化着积极品格茁壮成长。

五、通过有效的墙饰让幼儿的积极品格开花结果

幼儿间存在个体差异，有的幼儿能够很快学会儿歌，进而掌握方法，但有些幼儿却需要适时地提示与引导。因此，我们制作了有效的墙饰，将故事主人公以墙饰的形式布置在班级的各个角落，充分发挥故事主人公的陪伴与榜样作用。如幼儿柜子边，主人公龙妹妹会以"请你跟我学一学做一做"的方式呈现穿衣服、叠衣服的步骤图，幼儿可根据图片的提示自己叠好衣服、穿好衣服；在盥洗室，龙妹妹会提示小朋友们按六部洗手法认真洗手，上完厕所也会有龙妹妹提示小朋友们便后冲水；在饮水区，龙妹妹还会提示小朋友排队接水、多喝水身体棒等。

六、通过观察记录的撰写让幼儿积极品格的发展落叶归根

积极品格的发展，归根结底还是要立足于幼儿的终身发展。因此，它不是简简单单的一个活动一个游戏就能培养出来的，我们还要以幼儿为根本，关注幼儿出现的问题，将幼儿的行为及时记录下来，以撰写观察记录的方式来记录孩子们的问题及变化，针对孩子们的情况，及时、有效地调整我们的组织计划，对幼儿的积极品格培养有观察、有记录、有调整、有反思。最终将最有效、最适宜的方法运用到孩子身上，让积极品格对幼儿的成长起到积极的促进作用。

家园协同下的个案研究——以"小蔡"为例

陈　璐

《指南》中指出"自己的事情尽量自己做，不愿意依赖别人"，而隔代养育中存在的溺爱问题仍旧普遍出现在部分家庭中，造成幼儿在幼儿园日常生活中常常遇到困难，且一遇到困难就会急躁、大哭，缺乏自信心，甚至扰乱课堂的秩序，出现攻击性行为。面对这样的孩子，我们应该如何做呢？面对家长的不信任与不配合，我们又该如何做呢？

我国著名的幼儿教育家陈鹤琴先生就曾提出过有关家园共育的思想："幼稚教育是一种很复杂的事情，不是家庭一方面可以单独胜任的，也不是幼稚园

一方面能单独胜任的，必定要两方面共同合作方能得到充分的功效。"苏霍姆林斯基说过："没有家庭教育的学校和没有学校教育的家庭都不可能完成培养人这一个极其艰巨的任务。"因此，家庭教育只有与幼儿园保持一致时，才会获得教育的成功。

家庭背景：小蔡（男孩），4岁（中班），一遇到问题就哭，很难控制住自己的情绪，甚至出现了攻击性行为。家中小蔡由爷爷奶奶抚养，奶奶比较强势和溺爱孩子，爸爸妈妈皆比较忙，周末才会接孩子到自己家住两天。小蔡的爸爸妈妈没有太大的话语权。在和其父母的谈话中我们发现，小蔡的爸爸妈妈话很少，对老师的话很少回应，且说的最多的就是"老人在场时我们说话没用"。

教师单方面介入：针对近期小蔡出现的行为问题，起初，在教师单方面介入下，如开展"自己的事情自己做""学会适当控制和表达自己的不开心"等教学活动，鼓励其他幼儿多帮助小蔡，对小蔡进行榜样示范、共情与沟通、不良情绪冷处理等方法，发现效果都不够明显，且尤其周一来园时问题行为最明显。于是教师决定与其父母进行沟通，借助家园共育帮助幼儿解决问题。

家园协同机制：针对小蔡的问题，我们与家长一共开展了三次重要谈话。起初，教师以为父母很配合教师工作，信任教师对幼儿与家庭的引导，但经过了多次谈话后，我们发现父母表面上很配合，实际上没有在家庭方面做出有效调整，经分析，问题可能出在家庭教育上。于是经过教师的多次谈话及为家长提供小蔡在幼儿园的一些表现实录、教师的有效引导策略等，慢慢地，家长有了一定的反思，认识到自身家庭教育的问题，开始听从教师的教育建议。最终，在家园协同下，小蔡的"问题"有了很大的好转。

1. 第一阶段（冲突与质疑）：家长对我们的不信任与不配合。

《幼儿园工作规程》中明确规定：幼儿园应主动与家长配合，帮助家长创设良好的家庭教育环境，向家长宣传科学教育幼儿的知识，共同担负教育幼儿的任务。

在我们和小蔡奶奶沟通无效后，爸爸妈妈终于"有空"出面与教师沟通了。

谈话实录：

教师：小蔡妈妈您好，今天请您来是想和您反映下孩子在园的情况。小蔡由于穿衣服时拉锁不会拉，就开始在教室里边哭边喊"老师我不会""老师请你帮帮我""老师我害怕"，直到拉链拉上为止。美工活动时，小蔡在剪纸折纸时由于不会折，又哭闹了一番，老师上前帮忙后，孩子的情绪才稳定下来。孩子的这个情绪问题、问题解决能力需要咱们关注和引导下。

家长：孩子在家也这样，一遇到问题就哭，奶奶就来帮忙，奶奶特宠孩子，我和他爸爸都比较忙，也做不了奶奶的主，您这个问题我们回去好好说说他。

教师：首先您得关注他用哭解决问题的行为，哭的时候可以采用冷处理，奶奶不要总是上前帮助，让他知道哭是没用的；其次，可以通过绘本阅读、榜样示范等方式引导幼儿认识到解决问题的几种方式、不良情绪的合理宣泄方式。

家长：好的，谢谢您及时地告诉我们，平时在家我们没意识到问题的严重性。

很显然，该家庭的教育方式为忽视（放任）型教养方式，每一次问题的发生都暗示着孩子可能存在的问题，家长常常会说"他在幼儿园这么严重啊，我们孩子在家也哭闹，但没这么严重"。作为教师，应履行的职责就是引导家长及时发现幼儿存在的问题。

但事实上效果并不好，幼儿行为没有得到有效改善，但为后面谈话中对幼儿行为问题的深入剖析及家庭教育问题的解决提供了平台。

2. 第二阶段（困惑与反思）：家长开始意识到问题的严重性。

起初，我们以为第一次沟通后，在家长的配合下，幼儿会有一定的改变，但事与愿违，事件再次升级。于是我们决定进行第二次谈话。由于教师在谈话中显示了对幼儿的长期观察与专业引导，渐渐取得了家长的信任，从而更好地帮助家长树立正确的育儿观，引导家长反思自身的教育问题。

谈话实录：

教师：这一次，孩子因为争抢而挠伤一个女孩，拒不道歉，然后开始出现大哭、脱鞋、脱衣服、站在桌子上的行为。这一次问题更严重了，咱们本着为孩子好的目的，您和我们说一说孩子在家的情况吧！

家长：以前孩子一遇到问题，奶奶直接上去帮忙、哄，后来您和我们谈过了，我们就不让奶奶管了，有时就让他一直哭，有时候烦了就帮他，他事后会主动承认错误。

教师：但他在幼儿园会影响集体生活的，老师不可能一对一服务，现在上前去安慰下他、让他等会儿，他都不能接受。

家长：孩子在家不这样啊。

教师：幼儿园像个小社会，和他在家的生活还是有一定差异的，这是他社会性生活的一面，您得重视到问题的严重性。您能说一说孩子为什么这学期一下子变得这么敏感、畏难吗？他是家里受了什么刺激吗？

家长：这个问题我们想过，我觉得可能是因为这学期孩子开始上网课了，给他报了很多课外班，他爸爸在旁边跟着，是大课堂，孩子每次都会遇到跟不上的情况，一急就哭，有时他爸爸烦了会打他，可能是最近遇到的困难太多了。

教师：确实，孩子的身心健康更重要，这些技能类知识可以根据孩子的情况做些调整，减少课时量，树立他的自信心。您刚刚说到孩子被爸爸打，家里经常会打孩子吗？

家长：不经常，我的童年就是我妈妈打过来的，所以我不希望我的孩子在压力下成长。

教师：可能您的妈妈对您的童年造成了一些阴影，这个我们表示理解，但孩子的成长不是家长童年缺失的一种弥补，在孩子出现问题、遇到问题时，要为孩子树立正确的是非观，培养孩子的独立性、责任感、自我解决问题的能力，这对他未来的成长很重要。

家长：您费心了，我们也挺愁的，确实我们做父母的也不是满分父母，从自身找问题吧！谢谢。

这一次和家长进行了深度谈话，在充分了解和剖析了其家庭情况、家长的问题后，教师给出了一些建议，也给了家长反思自己的空间。鲁迅说过：父母的缺点，就是子孙灭亡的伏线，生命的危机。孩子身上出现的问题，父母常常急于训斥和纠正孩子，但其实孩子的问题就是家庭教育的一面镜子，在引导孩子的同时，更重要的是家长要反思自身的行为，才能有正确的育儿观。

3. 第三阶段（统一战线）：家长对教师的完全信任与全力配合。

当幼儿有了一点点改善时，哪怕只是一点点，都足以值得我们老师为之欣喜和欣慰。越是这样的时刻，教师和家长越不能松懈，要一鼓作气，做好家庭教育中协同一致的助力者。

家庭是孩子的第一任老师，幼儿园老师在家庭教育中充当着旁观者、中间人的角色。作为旁观者，更能发现家庭教育中存在的问题；作为中间人，对家庭内部矛盾给孩子造成的影响能起到调和和缓冲的作用。

针对小蔡的问题，在多次的家园共育中，教师和家长在言行教育上达成了一致。如经过观察，我们发现对小蔡进行言语说服的抚慰情绪方式是没有用的，因为小蔡是由于长期的娇惯而故意通过闹情绪吸引成人注意并为他解决问题的。于是，首先，告诉幼儿"你不要哭，说清楚你想干什么""哭没有用，在爸妈那里不管用，在老师这里更不管用，有事说事"，并对幼儿的"挑衅"行为采取无视态度；其次，采用奖励机制，"如果你能想办法克服一次困难，我就奖励你一个你喜欢的贴画"；最后，由于小蔡长期的情绪化造成其心理上有一定的敏感自卑，因而为了培养小蔡的自信心和社会交往能力，教师在集体面前引导其他幼儿多帮助小蔡，并利用一些契机鼓励小蔡融入班集体中，感受同伴交往的快乐。

此外，我们鼓励家长之间进行教育方法的交流。

谈话实录：

教师：您平时会带孩子出去玩吗？都和谁玩呢？因为我们发现孩子只喜欢跟老师在一起，不愿意和小朋友互动。

家长：平时周末我会带他出去玩，但很少带她和其他小朋友接触，我也不和别的家长约出来玩，我平时很少和朋友约。

教师：孩子长此下去，尤其到了大班，可能会出现自卑心理，因为他没有朋友，不主动交往。咱们班的很多孩子都会约着去南馆玩，周末爸爸妈妈带着，平时爷爷奶奶带着，孩子之间话题很多，也因此认识了更多的朋友，家长之间也能相互交流一些教育理念。

家长：好的，我们今天就带孩子去南馆玩，多和别人交流。

自此以后，经过教师和家长的协同努力，小蔡在面对困难时情绪上有了一些改善，如哭的时间变短或主动找老师、同伴帮忙等。我们还发现小蔡在班级中多了很多好朋友，有很多伙伴会积极地找小蔡来玩耍，小蔡也变得开朗了很多，遇到问题后尝试着自己解决，或找同伴帮助。

由此可以看出，家园共育对幼儿自身的发展、教师的专业发展及家庭教育的引导起着至关重要的作用，小蔡的改变是教师与家长共同努力的成果，以此真实的成功案例来激励更多教师与家长认识到家园协同教育的价值。

在生活中如何培养中班幼儿关爱他人的情感

申 悦

现如今大多数幼儿为独生子女，会得到来自不同程度的关爱，这也导致了幼儿在大多数情况下会以自我为中心，无法正确地关爱身边的人。在《指南》中针对4～5岁幼儿人际交往方面指出：能注意到别人的情绪，并有关心、体贴的表现。所以对于幼儿来说，学会用正确的方式来有效关爱身边的人尤为重要。

一、渗透式的日常生活培养幼儿关心他人的情感

（一）贴近幼儿生活的教育活动

在教育教学活动中，通过五大领域的相关教育活动对幼儿进行正确的引导。例如"关心我们身边的人"，在活动中引导幼儿知道身边都有哪些人在关心着我们，先让幼儿感受到被关爱才能主动关爱他人。

同时我们不仅引导幼儿关爱园内的同伴和朋友，而且引导幼儿关爱自己的父母与家人，并设计了相关教育活动"陪我长大"，在活动中引导幼儿回忆家人对自己的关爱，激发幼儿关爱他人的情感，并且学会如何关心父母与同伴。

从幼儿身边的小事进行观察与分析，随时对幼儿好的关爱行为表现给予具

体、有针对性的肯定和表扬，让幼儿感到满足和自豪，这样不仅让个别幼儿拥有关心他人的心，而且可以带动班级中更多幼儿发自内心地去关心、关爱他人。

（二）丰富有趣的游戏活动

幼儿在园主要的活动是游戏，我们也通过各种不同类型的游戏活动激发幼儿关爱他人的情感，如区域游戏、自主游戏、户外游戏等。

如在区域游戏中，我们在图书区投放了相关图书；在自主游戏中，我们充分引导幼儿自主结伴，自主选择玩具，这不仅能够引导幼儿关注同伴对于游戏的喜爱程度以及是否愿意与自己共同游戏，还可以促进幼儿之间的共同合作、协商意识的培养。

单纯的说教对于幼儿来说过于刻板、单一，在理解方面也有一些难度，实施的过程也有很大的困难，如果通过游戏的方式来表达，孩子在理解与表达自己情感的过程中就会容易很多。

二、多样化的班级环境培养幼儿关心他人的情感

（一）直指主题的墙面环境

在平常的日子中有一些不平常的节日，我们利用节日来设计主题墙的内容，在内容中也与关爱相连，引导幼儿关爱他人。

如在五一劳动节时，我们创设了"厨师叔叔的一天"环境并开展一系列活动。首先引导幼儿观察为我们准备美食的厨师叔叔每天都在做什么，都为我们准备什么食物。然后请幼儿扮演厨师叔叔，为小朋友准备相关食物，虽然我们不能真正进入厨房，但是我们可以进行简单的体验，如为小朋友清洗水果，为自己清洗碗筷与杯子，为班级中的小动物准备食材等，以真实的活动让幼儿进行充分体验。最后，让幼儿总结这一天下来的工作情况。这样幼儿以体验的方式感受厨师叔叔的辛苦，可以引导幼儿以光盘行动的方式回报辛苦的厨师叔叔，再见到厨师叔叔时以简单问候"厨师叔叔好！您辛苦了！""您多喝点水"表达我们对厨师叔叔们的关心。同时也可以将这份关爱迁移到家庭中，主动关心每天为我们准备美食的父母及家人。

（二）创设不同维度的环境

从小事培养幼儿关爱他人的方式有很多，在班级中我们同样可以利用自然角和育心墙共同引导幼儿关爱他人。

从关爱植物到关心他人，利用自然角的植物引导幼儿关爱班级中的植物。班级中设有值日生岗位，一开始教师会提醒值日生们为植物浇水，观察它们的生长情况，慢慢地孩子们每天早上来园后，主动地为班级中的植物浇水，观察它们长没长高，叶子需不需要修剪等。从这些小的方面入手引导幼儿主动关爱

其他事物，慢慢地迁移到在日常生活中主动关心他人。

同时育心墙的创设也在随之改变。前期，我们引导幼儿思考"你在什么时候需要帮助？"然后再次深入思考"你会在什么时候帮助别人？"引导幼儿主动关爱他人，并以自主绘画的方式进行展示。绘画内容由幼儿自主思考，墙面环境根据幼儿每个阶段的想法不同随时更新。

从关爱植物到关爱他人，由浅至深逐步引导幼儿主动关爱他人，帮助他人。关爱就像一颗种子需要呵护与照顾，而教师的逐层引导能够帮助这颗小小的种子健康成长。

三、智慧型的家园共育培养幼儿关心他人的情感

家长与教师是陪伴幼儿最多的人，我们的一举一动都会影响孩子们的发展。

作为教师，应该以榜样的身份出现在孩子的世界中。虽然幼儿园生活只有短短三年，我们对孩子的陪伴也只有短短三年，而这三年确是幼儿性格养成最关键的阶段。教师与幼儿之间的相处应该是平行的状态，教师要融入孩子的世界中，并且要主动关心幼儿的情绪、身体状况等，以身作则地有效引导幼儿主动关爱他人。

作为家长，也要起到表率作用。家长的做事方式以及日常的行为都是孩子直接模仿的对象，都会潜移默化地影响孩子的发展。在陪伴孩子的同时，也要与孩子进行情感交流，家庭成员之间也要相互关心与关爱，为幼儿营造一个健康的成长环境和快乐的生活氛围，让幼儿从真实的体验中得到关爱他人和被他人关爱的重要性，才能够形成关爱他人的情感。其实，"关爱"在我们每一个人的身边，我们拥有很多人的关爱，我们也应该学会关爱他人。

浅谈如何在值日生活动中培养大班幼儿
有序做事的能力

万园园

秩序是一切自然生命体存在的法则，幼儿时期是其秩序行为发展最为迅速的时期，同时秩序行为的发展也是幼儿适应社会的一个必备因素。有序做事是幼儿良好秩序感的主要表现方式。本研究以幼儿每日的值日生工作作为契机，培养大班幼儿有序做事的能力，增强幼儿的自信心、秩序感。

利用值日生工作培养幼儿的劳动习惯，能使幼儿在劳动中不断认识自己，知道自己能做很多事，并能做好，同时受到老师的表扬，进而增强幼儿的自信

心、独立性。值日生工作是培养幼儿生活自理能力的有效途径，同时发展大班幼儿有序做事的能力，更好地为幼小衔接做准备。

一、通过环境创设，帮助幼儿有序开展值日生任务

《纲要》明确指出：环境是重要的教育资源。幼儿的发展是在与周围环境的相互作用中实现的，良好的教育环境对幼儿的身心发展具有积极的促进作用。其中幼儿园墙饰的创设对幼儿的发展起着不可忽视的作用。因此在开展值日生工作之前，为班级创设一个关于值日生的主题"今天我当家"墙饰尤为重要。

1. 设计值日流程图，了解值日生的值日内容。开学初通过集体讨论与孩子确定值日内容和值日流程。擦桌子、摆椅子、发筷子等都是中班时期小朋友能够完成的，那么根据大班幼儿年龄特点，需要增加一些幼儿感兴趣又富有挑战性的值日内容。例如整理床铺，午睡起床后协助老师叠被子、整理床铺；分类收拾玩教具等。同时，与孩子们共同制订一份流程图，说明每一个时间段值日生应该做什么，方便幼儿通过观察流程图上的时间提示对应的内容，更加明确值日内容。

2. 借助值日生标识牌，推动自主选择值日内容。通过"今天我当家"，在来园环节为孩子们创设一个自主选择的空间。值日生可以自主选择值日内容，来园进班自己佩戴值日内容卡，并选择值日的内容（接待员、擦桌子、摆桌子、照顾动植物、天气预报、摆碗筷）。这些内容都是以幼儿最常见最贴近幼儿的"值日生工作"为例，都是在集体讨论之后再实行。这样不仅激发了幼儿当值日生的意愿，而且增强了幼儿当值日生的责任意识。活动一发起，孩子们来园的主动性大大增强，对选择的内容也兴趣高涨，在每日来园中都会听到这样的言语："今天我来选择接待员，来接待小朋友们""我要照顾小动物，把小兔子养得像我一样强壮"等。看到孩子们能够自主选择小任务并独立完成，我们是看在眼里喜在心里。

二、通过标识与分类，帮助幼儿学会归纳与整理

开始孩子对于物品的收纳与整理兴趣并不高，导致自己的小柜子和玩具比较凌乱，做事情没有先后顺序。针对幼儿在生活中的表现，录制、拍摄生活中孩子的小视频与照片并在集体教育活动组织幼儿进行讨论：玩玩具时怎样可以很快找到我们所需要的？自己的小柜子怎么摆放可以节省空间？孩子们商量的方法是分类放置玩具、书包竖着放、衣服叠整齐。孩子们利用小筐或从家带来的纸盒给每种玩具进行分类并用标识记录，以免收纳时放错，就这样每天的区域游戏之后，孩子们能够主动按照要求整齐有序地收放玩具，养成有序做事的

好习惯。

三、通过自评与检查，巩固有序做事的好习惯

要捕捉幼儿在值日生活动中表现出来的良好精神状态和行为，并及时给予肯定，从而加深幼儿对自己良好行为的印象，重复自己认识的良好行为并对此感到更加自信。

1. 借助每日自查表，帮助幼儿提高自我管理能力。我们经常鼓励幼儿自己的事情自己做，但是能够有序地进行自我管理体现得还不够，针对这一点，孩子们想到了自己管自己。要管理自己，需要幼儿每日对自己进行一个评价，鼓励与检查自己是否能够每天坚持整理与收纳，每天在过渡环节对自己所负责的玩具及衣柜的整理情况进行评价，每天通过自评表对自己进行评价。

2. 借助每日检查表，加强幼儿自我管理能力。幼儿自觉管理可以增强自信心。值日生通过每日轮换制度检查小朋友的衣柜以及小组负责制的管理区域，通过值日生检查出的问题与相对应的小朋友进行沟通与交流，同伴间相互指导如何整理自己或班级的物品，这样的活动便于更多的孩子参与值日生工作，也便于教师有系统、连续地观察和指导孩子的工作，充分调动了幼儿自我管理的积极性。

3. 借助评选优秀，强化幼儿做事的持续性。幼儿做得比较好，我们的评价要具有针对性、具体性。在对幼儿进行评价时切忌笼统和重复，不能用固定式的、重复性的话来评价幼儿，如"我觉得你今天表现得很棒"，这样会让幼儿产生麻木感，从而慢慢厌倦值日生工作。例如，在过渡环节时，平时从来不主动参与整理活动的晨晨，竟积极地整理起了游戏区材料。此时我走到晨晨身旁，协助他整理，并肯定了晨晨的行为。事后晨晨主动整理的行为明显增多。要善于观察与思考，发现值日生工作中的亮点，如"你今天在检查卫生时很仔细，我真为你感到骄傲"。每周和每月进行总结，有针对性地表扬个人和小组的表现，鼓励有进步的小朋友，并颁发奖品。

图书在版编目（CIP）数据

幼儿品格培养：以绘本为载体的幼儿园活动案例 /
董欣，铁艳红主编．—北京：中国农业出版社，2024.4
ISBN 978-7-109-31832-8

Ⅰ.①幼…　Ⅱ.①董…②铁…　Ⅲ.①品德教育－教
案（教育）－学前教育　Ⅳ.①G611

中国国家版本馆 CIP 数据核字（2024）第 059539 号

幼儿品格培养——以绘本为载体的幼儿园活动案例
YOU'ER PINGE PEIYANG——YI HUIBEN WEI ZAITI DE YOU'ERYUAN HUODONG ANLI

中国农业出版社出版
地址：北京市朝阳区麦子店街 18 号楼
邮编：100125
责任编辑：马英连
版式设计：杨　婧　　责任校对：吴丽婷
印刷：北京中兴印刷有限公司
版次：2024 年 4 月第 1 版
印次：2024 年 4 月北京第 1 次印刷
发行：新华书店北京发行所
开本：700mm×1000mm　1/16
印张：18.5
字数：365 千字
定价：68.00 元